KB251433

明文東洋古典

新譯

明心寶鑑

金 星 元 譯著

明文堂

서 문

명신보감하면 이왕에 유행하던 초략본을 말하는 것으로 되어 있다。본인이 一九八一년 十一월에 원본 명심보감 강의의 서문에서 언급한 바와 같이 본래의 명심보감과는 수록의 양에 있어 현격한 차이가 있으며 원본의 저자 역시 우리나라 사람이 아니고 중국 명(明)나라 범 입본(范立本)이었고 개간연대(開刊年代)도 서기 一三九三년이었던 것도 밝혔던 바가 있다。

이렇듯 우리가 애용하던 책의 족보를 제대로 알게 된 것은 무척 다행한 일이라 아니할 수 없다。이 원본을 충청감사 민건(閔騫)이 복간한 것이 서기 一四五四년이라는 것도 알게 되었다。

초략본과 원본을 비교하여 보니 초략본에는 원본에 없는 것들이 군데군데 있는데 이것은 아마 초략자가 보충한 것으로 보아지며、권말의 증보편·팔반가·효행편·염의편은 초략자와는 다른 사람이 한 것으로 추측된다。따라서 권말의 권학편(勸學篇)은 본인이 보충한 것인데 항간에 유행되는 책에는 내력도 모르고 덮어놓고 싣고 있으니 웃음을 금치 못한다。

아뭏든 시간이 별로 없는 독자를 위하여 원본 명심보감 강의에 이어 초략본을 기준으로 한 책을 이어 간행케 된 것은 오로지 전문인이 아닌 분을 위한 것으로 없어져가는 이 길을 위하여 많은 도움이 되기를 필자는 진심으로 빌어 마지 않는 바이다。

서기一九八二년 十월 일

역저자 씀

범 례

一、원문(原文)을 앞에 싣고 독법(讀法)·직역(直譯)·어의(語義)·의역(意譯)·여설(餘說)의 각항(各項)을 두어 차례에 따라 서술하였다。

一、원문은 출전(出典)이 확인되는 것은 일일이 출전과 대조하여 바로잡을 것은 바로잡고 여설항에서 원문을 바로잡은 뜻을 첨기하여 밝혔다。

一、독법항에서는 구두점·새김순서 부호·현토·독음을 달아 자학자습(自學自習)할 수 있도록 하였다。

一、원문중 〔 〕로 싼 것은 재래의 초략본에는 그부분만 나와있다는 표시다。

一、직역항에서는 우선 독법항의 새김 순서의 부호대로 새기는 연습을 할 수 있도록 유의하였기 때문에 현대문에 비하여 어색한 감이 없지 않으나 한문 학습에 도움이 되게 하는 데에 목적을 두었기 때문이다。

一、어의항에서는 어려운 단어의 풀이는 물론 인명·지명·출전의 풀이도 게을리 하지 않았다。

一、의역항에서는 그 대문을 바르게 이해할 수 있도록 하는 데 노력하였다。

一、여설항에서는 그 대문에 필요한 사항인데 위에 든 항에서 다루지 않은 것、문장 분석 대문의 정오(正誤) 시비、문법적인 설명、대문과 관계 있는 참고문 등 그 때에 따라 필요한 서술을 하였다。

一、권말의 색인(索引)에 관한 재료는 활용하면 도움이 될 것이다。

新譯 明心寶鑑 目次

繼善篇 第一 凡十一條
(계선편 제일 범십일조)

이 편은 더욱 착하라는 글로 명심보감의 제一 편이며 대개 十一 조목이다.

〔一〕子曰爲善者天報之以福爲不善者天報之以禍

讀法 子ㅣ 曰、爲善者、는 天報之以福。하고 爲不善者、는 天報之以禍。니라
(자왈 위선자 천보지이복 위불선자 천보지이화)

直譯 공자께서 말씀하시기를, 『착한 일을 한 사람에게는 하늘이 이에 갚기를 복으로써 하고, 착하지 못한 일을 한 사람에게는 하늘이 이에 갚기를 화로써 한다』 하셨다.

語義 ○子(자)ㅡ여기서는 공자(孔子)를 말함。 본디 자(子)는 남자의 미칭(美稱)이다。 공자는 주(周)나라의 영왕(靈王) 二十一년(BC 五五一—四七九) 十월 二十一일 노(魯)나라 창평향(昌平鄕) 추읍(鄹邑) 지금의 산동성(山東省) 곡부현(曲阜縣)에서 태어났다。 이 날은 음력으로 환산하면 八월 二十七일이고, 양력으로 환산하면 九월 二十八일이 된다。 유교적 행사로 음력 八월 二十七일에는 중국이나 우리 나라에서는 석전(釋奠)을 올린다。 공자의 이름은 구(丘), 자(字)는 중니(仲尼)。 아버지는 흘(紇 : 字는 叔梁)이고, 어머니는 안징재(顔徵在)라 한다。 노나라의 사구(司寇) 벼슬을 하다가 사직하고, 여러 나라를 두루 돌아다니며 도(道)를 행하려 하였으나, 쓰이지 않아 노나라로 돌아와서 시(詩)·서(書)·예(禮)·악(樂)·역(易)·춘추(春秋) 등 육경(六經)을 산술(刪述)하였음。 그의 언행록(言行錄)에 논어(論語)가 있음。 ○曰(왈)ㅡ옛 새김에는 「가라사대」와 「가로되」가 있는데, 지금 말로 하면 가라사대는 「말씀하셨다」에 해당되고, 가로되는 「말하였다」에 해당된다。 가라사대는 성인·현인·이에 준하는 사람으로 예를 들어보면 공자·

맹자·증자·자사·주자 등이며 이 밖에도 또 있으나, 일반적인 경우에는 가로되로 하였다. ○善(선)—착한 일. 좋은 일. 善事. ○福(복)—행복. ○不善(불선)—나쁜 일. 착하지 못한 일. 좋지 않은 일. 악(惡). ○者(자)—사람. 것. 놈. ○禍(화)—재앙. 재난.

意譯 공자께서 말씀하셨다. 『좋은 일을 실행한 사람에게는 하느님이 행복을 내려주시고, 악한 일을 실행한 사람에게는 하느님이 재앙을 내려주신다』고.

餘說 편명 계선(繼善)의 繼는 「잇는다. 이어 받는다」는 뜻으로 보는 것보다는 논어의 옹야편(雍也篇) 제三 장의 불계부(不繼富)의 경우와 같이 「보태다. 더하다」의 뜻으로 보아 편명의 뜻을 더욱 착하라는 글로 보았다.

이 대문(對文)을 분석하면 다음과 같다.

子曰 ┌爲善者、┐ 天報之以 ┌福。
　　 └爲不善者、┘ 　　　　 └禍。

와 같이 대립구(對立句)를 이루고 있기 때문에 사상(思想)의 통일(統一)을 잡기에 쉬운 대문이다. 이 글은 계고문(戒告文)이다.

이 대문 중의 「善」과 「不善」은 「善事」·「不善事」의 뜻이어야 바로 앞에 나오는 「爲」자와 호응(呼應)이 된다. 「之」자도 앞의 것은 「善者」를, 뒤의 것은 「不善者」를 각각 가리킨다. 「以」자는 앞의 것은 「福」을, 뒤의 것은 「禍」를 수반하여 「가지고」의 뜻이 된다. 「福」과 「禍」는 반대말의 글자이다.

현토(懸吐)에 있어 어떤 책에는 「天이報之」로 「이」吐를 붙인 것이 있으나 필요없는 토이다.

〔二〕 漢昭烈將終勅後主曰勿以惡小而爲之勿以善小而不爲

讀法 한소열 장종 칙후주 왈물이악소

漢昭烈이 將終에 勅後主曰、勿以惡小

直譯 한나라 소열이 죽음에 다다름에 후주에게 신칙하여 말하기를, 『악한 것이 작음으로써 이를 하지 말

—고、착한 것이 작음으로써 하지 아니치 말라』 하였다。

而爲之(이위지)、하고 勿以善小而不爲(물이선소이불위)。하라

語義 ○漢(한)—중국의 고대(古代) 나라 이름。 서기 BC 二〇二년 고조(高祖)가 장안(長安) 지금의 섬서(陝西)에서 왕으로 즉위하여 유자영(孺子嬰)이 폐한 서기 八년까지 二一〇년 동안을 전한(前漢)·서한(西漢)이라 하고、광무제(光武帝)가 하남(河南)의 낙양(洛陽)에서 즉위하여 한실(漢室)을 부흥(復興)한 서기 二五년부터 헌제(獻帝)가 폐한 때 곧 서기 二二〇년까지 一九七년 동안을 후한(後漢)이라 한다。 ○昭烈(소열)—성은 유(劉)、이름은 비(備)、자는 현덕(玄德)。 촉(蜀)의 소열제(昭烈帝)이다。 삼국지(三國志)에 나오는 유·관·장(劉·關·張) 三인 중의 맏형 유로、헌제(獻帝)의 건안(建安) 一三년 오(吳)의 손 권(孫權)과 협력하여 위(魏)의 조 조(曹操)를 무찌르고 건안 一九년에 성도(成都)에 들어가니 스스로 익주(益州)의 목(牧)이 되고、동 二四년에 한중(漢中)을 빼앗고 자립하여 한중왕(漢中王)이라 칭하였다。 이어서 헌제가 폐하고 제위(帝位)에 올랐다。 ○敕(칙)—조칙(詔敕)。 타이름。 ○後主(후주)—뒤를 이을 임금。 이름은 선(禪)。 위(魏)에 항복하여 나라가 멸망함。 ○勿(물)—말라。 禁止辭。 ○爲之(위지)—이를 함。 ○不爲(불위)—하지 않음。

意譯 한나라 소열제가 임종(臨終)에 아들 후주에게 타일러 말을 했다。『소악(小惡)이라해서 행하는 일이 있어서는 안된다。 소악이라도 절대로 하지 말라。 그리고 소선(小善)이라 해서 행하지 않는 일이 있어서는 안된다。 소선이라도 꼭 행하라』고。

餘說 이 대문은 촉지 선주 유비전 주(蜀志、先主劉備傳、注)에 나오는 글로、

「先主遺詔、敕後主曰、勿以惡小而爲之、勿以善小而不爲、惟賢惟德、能服於人、汝父薄德、勿效之。」가 전문(全文)이다。

漢昭烈將終敕後主曰、{ 勿以惡小而爲之、
勿以善小而不爲。

이상과 같은 구문이다。 敕後主라고 했으니 틀림없는 명령문(命令文)이구나 하는 것은 쉽게 파악될 것이고、더욱 「勿……爲之、勿……不爲」 등으로 눈에 띄는 것은 행동(行動)에 대한 금지(禁止)의 내용이

담긴 대문이라는 것도 간취(看取)되었을 것이다.

〔三〕 莊子曰一日不念善諸惡自皆起

讀法 장자 왈 일일 불념 선 제악 자개 기
莊子ㅣ 曰、一日 不念善、이면 諸惡이 自皆 起니라

直譯 장자가 말하기를, 『하루라도 선을 생각하지 않으면 모든 악이 스스로 모두 일어난다』 하였다.

語義 ○莊子(장자)―춘추시대(春秋時代)의 송(宋)나라 사람. 이름은 주(周)인데, 보통 장자라 높여 일컬음. 그의 주장이 노자(老子)의 사상(思想)에 기초를 두었으므로 노장(老莊)이라 병칭(倂稱)함. 장자의 호는 남화진인(南華眞人)이라고 불렀음. 장자가 지은 책을 장자(莊子) 또는 남화진경(南華眞經)이라고도 하며, 모두 一○ 권임. ○一日(일일)―하루. ○不念(불념)―생각하지 않음. ○諸惡(제악)―모든 악. 온갖 나쁜 일. ○自(자)―스스로. 저절로. ○皆起(개기)―모두 일어남.

意譯 장자가 말했다. 『사람이란 하루 한시라도 착한 일을 생각하지 아니하면 그 틈을 타서 여러 가지 악한 일들이 저절로 모두 일어난다』고.

餘說 이 대문은 ……을 아니하면 ……할 것이니라의 가정형(假定型)의 문장으로 한문의 격언(格言)·속담(俗談) 등에 많은 문형(文型)으로, 그다지 어렵지 않은 평범한 것이다.

사람이란 악이 싹틀 수 없도록 선에서만 살아야 한다는 좋은 말이다. 좌우명(座右銘)으로 삼아 이 각박한 사회를 초연하게 살기에 힘써 보자.

〔四〕 太公曰善事須貪惡事莫樂

讀法 태공 왈 선사 수탐 악사 막락
太公이 曰, 善事는 須貪하고 惡事는 莫樂하라

直譯 태공이 말하기를, 『착한 일은 모름지기 탐해야 하고, 악한 일은 즐겨하지 말라』 하였다.

語義 ○太公(태공)—성은 강(姜)이고, 여상(呂尙)·태공망(太公望)이라고도 함. 산동성(山東省) 사람. 생졸(生卒)의 연대(年代)는 확실하지 아니함. 주(周)나라의 무왕(武王)·성왕(成王)을 섬긴 훌륭한 정치가(政治家)요, 병략가(兵略家)이기도 함. ○須貪(수탐)—모름지기 탐함. 「須」모름지기……하여야 함. 명령 또는 결정의 말. ○莫樂(막락)—즐겨하지 말라. 「莫」자는 여기에서는 금지사(禁止辭)로 쓰임.

意譯 강태공이 말했다. 『착한 일을 보거던 하나도 빼놓지 말고 자기가 하도록 욕심을 내어서 하고, 악한 일을 보거던 만의 하나라도 즐겨하지 말라』고.

餘說 이 대문은 다음과 같이 대립구(對立句)로 되어 있다.

太公曰, ⎧ 善事須貪。
　　　　⎩ 惡事莫樂。

〔五〕 太公曰見善如渴聞惡如聾

讀法 태공 왈 견선여갈 문악여롱
太公이 曰, 見善如渴。하고 聞惡如聾。하라

直譯 태공이 말하기를, 『착한 일을 보거든 목마른 것같이 하고, 악한 일을 듣거든 귀머거리 같이 하라』 하였다.

語義 ○太公(태공)—앞 四 조목 참조. ○見善(견선)—착한 일을 봄. ○如渴(여갈)—목이 마를 때 물을 찾듯이 함. ○聞惡(문악)—악한 일을 들음. ○如聾(여롱)—귀머거리 같이 무엇을 들어도 못들은 척 함.

意譯 강태공이 말했다. 『착한 일을 보거든 목이 말라 물을 찾듯이 주저하지 말고, 악한 일을 듣거든 귀머거리 같이 못들은 척 하라』고.

餘說 이 대문은 다음과 같은 대립구로 되어 있다。

太公曰、見善如渴。
聞惡如聾。

〔六〕 馬援曰終身行善善猶不足一日行惡惡自有餘

讀法 馬援이 曰、終身行善、이라도 善猶不足。이오
(마원 왈 종신행선 선유부족)
一日行惡、이라도 惡自有餘。니라
(일일행악 악자유여)

直譯 마원이 말하기를,『죽을 때까지 선을 행할지라도 선은 오히려 족하지 못한 것 같고, 하루 동안만 악을 행할지라도 악은 스스로 남아 있다』하였다。

語義 ○馬援(마원)—후한(後漢)의 정치가。처음에는 외효(隗囂)를 따르다가 광무제(光武帝)에게 사관(仕官)하여 후한의 건무중(建武中) 복파장군(伏波將軍)이 됨。세상에서 마복파(馬伏波)라 일컬음。오수전(五銖錢)의 주조(鑄造)를 실현했음。자는 문연(文淵)。시호(謚號)는 충성(忠成)。무릉(茂陵)사람이다。어려서부터 큰 뜻이 있고, 벼슬은 도독우(都督郵)、빈객(賓客)으로 귀부(歸附)하는 사람이 많았다。봉(封)은 신식후(新息侯)、뒤에 군(軍)에서 졸(卒)함。○終身(종신)—일생(一生)을 마칠 때까지。일평생。종생(終生)。○猶(유)—오히려……같다。재역 문자。○有餘(유여)—남음이 있음。여유가 있음。

意譯 마원이가 말했다。『일평생을 착한 일을 행하여도 착한 것은 오히려 부족한 것 같고, 단 하루만이라도 악한 일을 행하여도 악한 것은 언제나 저절로 없어지지 않고 남아 있다』고。

餘說 이 대문은 다음과 같은 대립구로 되어 있다。

馬援曰、終身行善、善猶不足。
一日行惡、惡自有餘。

어느 초략본(抄略本)에는「一日」을「日月」로 한 책이 있다。이제 원본이 발견되어 살펴보니「日月」은「一日」의 잘못임이 확실해졌다。

〔七〕 司馬溫公家訓積金以遺子孫未必子孫能盡守積書以遺子孫未必子孫能盡讀不如積陰德於冥冥之中以爲子孫之計也

直譯 사마 온공이 가훈에、『금을 쌓아 가지고 자손에게 남기어 줄지라도 반드시 자손이 능히 다 지키지 못할 것이고、책을 쌓아 가지고 자손에게 남기어 줄지라도 반드시 자손이 능히 다 읽지 못할 것이니、음덕 쌓기를 남 모르는 가운데 하여서 써 자손을 위하는 계획만 같지 못하다』라고 있다。

讀法
사마온공 가훈 적금이유자손
司馬溫公이 家訓、에 積金以遺子孫、이
라도 미필자손 능진수 적서이유자손
라도 未必子孫이 能盡守。요 積書以遺子孫、
이라도 미필자손 능진독 불여적음덕
이라도 未必子孫이 能盡讀。이니 不如積陰德
어명명지중 이위자손지계야
於冥冥之中、하여 以爲子孫之計也。니라

語義 ○司馬溫公(사마온공)—송(宋)나라 명신(名臣)。사마광(司馬光)。자는 군실(君實)。태사온국공(太師溫國公)을 증직받았으므로 사마온공이라 함。신종(神宗) 때 왕안석(王安石)의 신법을 반대하다가 실각(失脚)하였고、철종(哲宗) 때 정승이 되어 신법을 모두 폐지하였음。저서(著書)에 자치통감(資治通鑑)·독락원집(獨樂園集)이 있음。○家訓(가훈)—가정 교훈(家庭敎訓)。○積金(적금) 돈을 모으는 것。돈을 쌓아두는 것。○遺(유)—끼치다。남겨두다。○子孫(자손)—아들과 손자。○未必(미필)—반드시…못한다。○能(능)—능히。잘。○積書(적서)—책을 모아。책을 쌓아。○不如(불여)—…하는 것만 같지 못하다。…하느니만 못하다。○陰德(음덕)—조상(祖上)의 덕。남 몰래 베푸는 덕。뚜렷이 드러나지 아니하고 아주 작아서 알기 어려운 덕。○冥冥之中(명명지중)—깜깜한 가운데。○以爲(이위)—생각컨대。생각하기를。가지고…하는。○計(계)—꾀。계획。계교(計巧)。

意譯 사마 온공이 가훈에、『돈을 모아서 자손에게 남겨준다 해도 그 자손들이 반드시 이 재산을 잘 다 지키지 못할 것이고、책을 모아서 자손에게 남겨준다 해도 그 자손들이 반드시 다 잘 읽지 못할 것이니、차라리 남몰래 덕을 쌓아 이것으로 자손들을 위하는 계획을 세우느니만 못하다』하였다。

餘說 이 대문도 다음과 같은 대립구로 성립되어 있다。앞서 나온 대문보다 긴듯 하지만 대립시켜가며 해결

하면 훨씬 이해하기가 쉽다。

司馬溫公家訓、

「積金以遺子孫、未必子孫能盡守。積書以遺子孫、未必子孫能盡讀。」不如積陰德於冥冥之中、以爲子孫之計也。

〔八〕 恩義廣施人生何處不相逢讎寃莫結路逢狹處難迴避

讀法 은의 광시 인생하처 불상봉
恩義를 廣施하라 人生何處ㄴ들 不相逢이라
수원 막결 노봉협처 난회피
讎寃을 莫結하라 路逢狹處면 難迴避니라

直譯 은혜와 의리를 널리 베풀어라。사람이 어느 곳에 산들 서로 만나지 아니하랴。원수와 원망을 맺지 말라。길좁은 곳에서 만나면 회피하기 어렵다。

語義 ○恩義(은의)—은혜와 의리。○廣施(광시)—널리 베풀다。○何處(하처)—어느 곳。○不(불)—않는다는 부정(否定)의 말。「不」자의 음은 ㄷ·ㅈ의 앞에서는 부로 읽고、기타는 불로 읽는다。예를 들면「不動產·不當·不貞·不正·不條理」등은「부동산·부당·부정·부정·부조리」등으로 읽고 이 밖의 것은「불」로 읽는다。허용은 돼 있지만「不實企業」을「부실 기업」으로 읽는 것보다는 이는「불실 기업」으로 읽어야 한다。○相逢(상봉)—서로 만남。○讎寃(수원)—원수와 원망。○莫結(막결)—맺지 말라。○路逢(노봉)—길가에서 만남。○狹處(협처)—좁은 곳。좁은 길목。○難(난)—어렵다。○迴避(회피)—피해 돌아감。조심함。어려워함。

意譯 남에게 은혜와 의리를 널리 베풀어서 좋은 일을 많이 하라。사람이 어느 곳에 살아 있든지 서로 만나지 않을 수 있을가。어느 곳인가에서 또 만나게 된다。남에게 원수와 원한을 조금도 맺어서는 안된다。길이 좁아 피할 수 없는 곳에서 만나게 되면 피하기 어렵다。

餘說 이 대문은 앞 대문과 같이 경행록에 실려 있는 말이라 해서 초략본(抄略本) 등에는「景行錄曰」이라고

대문의 머리에 적혀 있다。이 대문도 완전한 대립구로 되어 있다。

「人生何處」를 「人生이 어느 곳」에로 본 책들이 많으나 그것보다는 「사람이 어느 곳에 산들」로 보는 것이 다음의 「路逢狹處」와의 대에도 맞고 주술 불가분(主述不可分)의 원칙에 어긋나지 않으며 사상의 확실·철저·통일을 이루게 된다。

人生何處(사람이 어느 곳에 살든지)
路逢狹處(길 좁은 곳에서 만나면)

다시 반복하거니와 사람이 어느 곳에 생존해 있든지 서로 만나지 않으랴? 어느 곳인가에서 다시 우연히 만나게 마련이다。〔더구나 원수를 맺어가지고〕 길 좁은 곳에서 만난다면 돌아 피하기 어렵다로 사상의 통일이 완전케 된다。그러므로 「人生」은 사람이란 뜻으로 보지 말고、사람이 생존해 있다로 보아야 할 것이다。

〔九〕 莊子云於我善者我亦善之於我惡者我亦善之我既於人無惡人能於我無惡哉

讀法 莊子(장자)에 云(운)、於我善者(어아선자)、도 我亦善之(아역선지)。하고 於我惡者(어아악자)、도 我亦善之(아역선지)。니라 我既於人(아기어인)에 無惡(무악)、이면 人能於我(인능어아)에 無惡哉(무악재)。ㄴ저

直譯 장자에 이르기를、『나에게 착하게 하는 사람에게도 나는 또한 이에 착하게 하고、나에게 악하게 하는 사람에게도 나는 또한 이에 착하게 할 것이다。내가 이미 남에게 악하게 아니하였으면 남이 능히 나에게 악하게 하는 일이 없을 것이다』하였다。

語義 ○莊子(장자)—三 조목 참조。여기서는 책 이름。○於我(어아)—나에게。○我亦(아역)—나 또한。○善之(선지)—착하게 하다。○既(기)—이미。○能(능)—능히。잘。○哉(재)—반어사(反語辭)이다。

意譯 장자에 말했다。『나에게 선하게 하는 사람에게도 나는 또한 물론 선하게 하겠지만、나에게 악하게 하는 사람에게 까지도 또한 나는 선하게 할 것이다。이렇게 내가 남에게 악하게 않는다면 남이 어떻게 감히 나에게 악하게 할 수 있겠는가、악하게 할 수 없을 것이다』라고。

餘說 이 대문도 역시 대립구로 성립되어 있다。

이 대문의 「我」자를 전부 「汝」자로 대치(代置)하여도 뜻은 마찬가지며、장자의 처지에서 볼 때 제자가 면전(面前)에 있어 그 제자에게 이르는 말이었다면 「汝」자로 되었을 것인데、여기에 「我」자로 되어 있는 것은 부정칭(不定稱)적인 표현의 일단으로 보아야 할 것이다。

〔一〇〕〔東嶽聖帝垂訓〕天地無私神明暗察不爲享祭而降福不爲失禮而降禍凡人有勢不可盡倚有福不可盡用貧困不可盡欺此三者乃天地循環周而復始故〔一日行善福雖未至禍自遠矣一日行惡禍雖未至福自遠矣行善之人如春園之草不見其長日有所增行惡之人如磨刀之石不見其損日有所虧〕損人安己切宜戒之

讀法 東嶽聖帝垂訓(동악성제수훈)에 天地(천지)는 無私(무사)하며 神明(신명)은 暗察(암찰)하여 不爲享祭而降福(불위향제이강복)하고 不爲失禮而降禍(불위실례이강화)하나니 凡人(범인)은 有勢(유세)면 不可盡倚(불가진의)、

直譯 동악성제 수훈에、『천지는 사사로움이 없으며、신명은 몰래 살피어서 제사를 지내지 아니하여도 복을 내릴 것엔 복을 내리고、예의에 벗어나지 아니하여도 화를 내릴 것엔 화를 내리나니、무릇 사람은 기세가 있으면 기세가 다하도록 맡길 수 없고、복이 있

요 有福(유복)이면 不可盡用(불가진용)이오 貧困(빈곤)이면 不可盡(불가진)欺(기)니 此三者(차삼자)는 乃天地(내천지)로 循環(순환)하여 周而復始(주이복시)라 故(고)로 一日行善(일일행선)이면 福雖未至(복수미지)라도 禍自遠矣(화자원의)요 一日行惡(일일행악)이면 禍雖未至(화수미지)라도 福自遠矣(복자원의)니라 行善之人(행선지인)은 如春園之草(여춘원지초)하여 不見其長(불견기장)이나 日有所增(일유소증)하고 行惡之人(행악지인)은 如磨刀之石(여마도지석)하여 不見其損(불견기손)이나 日有所虧(일유소휴)하나니 損人(손인)은 安己(안기)切宜戒之(절의계지)니라

으면 복이 다하드륵 쓸 수 없고 빈곤하면 빈곤이 다하도록 속일 수 없나니, 이 셋은 곧 천지로 순환하여 돌아서 다시 처음으로 돌아간다. 그러므로 하루 선을 행하면 복은 비록 이르지 않을지라도 재앙은 저절로 멀어지고, 하루 악을 행하면 재앙은 비록 이르지 않을지라도 복은 저절로 멀어진다. 선을 행하는 사람은 봄동산의 풀과 같아서 그 풀의 자라남은 보이지 않으나, 날로 더하는 바가 있고, 악을 행하는 사람은 칼을 가는 숫돌과 같아서 그 돌의 덜림은 보이지 않으나, 날로 이지러지나니, 칼을 가는 숫돌에 해당 되는 사람은 자신을 안정시키고 간절히 의당 이를 경계할 것이다』 하였다.

語義 ○東嶽聖帝(동악성제)—도가(道家)에서 존경하는 신의 이름. 三월二十八일은 동악묘(東嶽廟)의 연일(緣日)로 탄신제(誕辰祭)를 지낸다. 〔燕京歲時記, 東嶽廟〕東嶽廟在朝陽門外二里許, 除朔望外, 每至三月, 自十五日起, 開廟半月, 士女雲集, 至二十八日爲尤盛, 俗謂之撣塵會, 其實乃東嶽大帝誕辰也.」 이상에서 동악성제의 윤곽이 잡히었으리라. ○垂訓(수훈)—내린 훈계. ○神明(신명)—하늘의 신령(神靈)과 땅의 신령. ○暗察(암찰)—몰래 살핌. ○享祭(향제)—제사(祭祀). ○失禮(실례)—예의에 벗어남. ○有勢 不可盡倚(유세불가진의)기세가 있으면 그 기세가 다하도록 맏길 수 없다. ○有福 不可盡用(유복불가진용)—행복이 있으면 그 행복이 다하도록 쓸 수 없다. ○循環(순환)—구르는 고리라는 뜻으로 사물(事物)의 인과(因果) 왕래가 끝이 없음의 비유. ○周而復始(주이복시)—돌아서 처음으로 돌아감. ○福雖未至(복수미지)—행복은 비록 아직 이르지 못하더라도. ○禍雖未至(화수미지)—재앙은 비록 아직 이르지 못하더라도. ○雖(수)—비록…할지라도. ○未(미)—아직…하지 아니하다. ○春園(춘원)—봄 동산. ○不見(불견)—보이지 아니함. ○長(장)—자라남. 크는 것. ○日(일)—여기서는

날마다。 ○所增(소증)—늘어가는 바。 더하는 바의 강조형(強調形)。 ○磨刀之石(마도지석)—칼을 가는돌。 즉 숫돌(砥石)。 ○損(손)—덜음。 손모(損耗)。 ○所虧(소휴)—虧는 이지러질 휴자로, 이지러지는 바。 닳는 바의강조형。 ○損人(손인)—「不見其損」의 人으로 「行惡之人」에 해당되는 사람。 즉 악을 행하는 사람。 ○安己(안기)—자신을 안정(安靜)함。 ○切(절)—간절히。 ○宜(의)—마땅히。 ○戒之(계지)—경계함。

意譯 동악성제 수훈에、『천지는 공변되지 사사롭지 않으며、 신명(神明)은 몰래 살피어서 제사를 지내지 않더라도 행복을 줄 사람에게 행복을 내려주고、 예에 벗어나는 일이 없어도 재앙을 내려 줄 사람에게는 재앙을 내려주나니、 대저 사람은 기세(氣勢)가 있으면 있는 한까지 힘을 다 맡기지 못하고、 행복이 있으면 있는 한까지 행복을 다 쓸 수 없고 빈곤하면 빈곤한 때까지 다 속일 수 없나니、 이 세 가지 것은 천지로 끝이 없이 돌고 돌아서 다시 처음으로 돌아간다。 그래서 하루 착한 일을 하면 이내 행복이 닥쳐오지는 않을지라도 재앙은 점점 멀어지고、 하루 악한 일을 하면 이내 재앙이 닥쳐오지는 않을지라도 행복은 점점 멀어진다。 착한 일을 하는 사람은 봄 동산의 풀과 같아서 당장 풀이 자라나는 것을 눈으로 보아 알 수는 없으나 날마다 더해 가는 바가 있고、 악한 일을 하는 사람은 칼을 가는 숫돌과 같아서 당장 숫돌이 닳는 것을 눈으로 보아 알 수는 없으나 날마다 닳는 바가 있나니、 닳는 바에 속하는 사람은 자신을 안정시키고 간절하게 마땅히 경계할 것이다』고。

餘說 이 대문은 제법 긴 문장이니 다음에 구문을 분석한다。

東嶽聖帝垂訓、

{天地無私、} {不爲享祭而降福、
{神明暗察、} {不爲失禮而降禍。}

凡人、

{有勢不可盡倚、
有福不可盡用、
貧困不可盡欺。} 此三者、乃天地循環、周而復始。故

〔一日行善, 福雖未至, 禍自遠矣。
一日行惡, 禍雖未至, 福自遠矣。〕

〔行善之人, 如春園之草, 不見其長, 日有所增。
行惡之人, 如磨刀之石, 不見其損, 日有所虧。〕 損人安己, 切宜戒之。

이상과 같이 병서(並書)를 해 보면 아무리 긴 문장이라도 쉽게 분석이 되니 겁내지 말고 시도(試圖)해 보기 바란다。

〔二二〕子曰見善如不及見不善如探湯

讀法 자왈 견선여불급 견불선여탐탕
子ㅣ曰, 見善如不及, 하며 見不善如探湯。하라

直譯 공자께서 말씀하시기를, 『착한 일을 보거든 미치지 못하는 것 같이 하며, 착하지 못한 일을 보거든 끓는 물을 더듬는 것 같이 하라』 하셨다。

語義 ○不及(불급)—미치지 못함。하여도 할수록 부족함。○探湯(탐탕)—끓는 물에 담그는 것。속히 손을 뺀다。

意譯 공자께서 말씀하셨다。『착한 일에 관계되는 것을 보거든 항상 아직도 부족하다는 마음 가짐으로 노력하며, 악한 일에 관계되는 것을 보거든 마치 끓는 물에 손을 담그는 것과 같이 하라』고。

餘說 이 대문은 논어(論語) 계씨편(季氏篇) 제一一 장 전문(前文)에 나오는 글이다。

공자께서는 이 대문과 같이 하는 사람을 보셨고, 또 그런 말을 들으셨다고 하셨으니 논어 전편(全篇)을 통해 볼 때 안연(顔淵) 같은 사람을 지칭(指稱)하신 것이 아닌가 한다。

天命篇 第二 凡七條
(천명편 제이 범칠조)

이 편은 하느님께서 받은 운명에 관한 글로 명심보감의 제二 편이며 대개 七 조목이다。

〔一〕 孟子曰順天者存逆天者亡

讀法 孟子ㅣ(맹자) 曰、(왈) 順天者는(순천자) 存、하고(존) 逆天者는(역천자) 亡。하나니라(망)

直譯 맹자께서 말씀하시기를, 『하늘의 뜻을 따르는 자는 생존하고, 하늘의 뜻을 거슬리는 자는 멸망한다』 하셨다。

語義 ○孟子(맹자)—성은 맹(孟), 이름은 가(軻)。 조기(趙岐)의 제사(題辭)에는 「자는 듣지 못했다」고 되어 있다。 초순(焦循)의 맹자정의(孟子正義)에는 송(宋)나라 왕응린(王應麟)의 곤학기문(困學紀聞)을 인용(引用)하여 맹자의 자에 관한 문제의 토론에서 「맹자의 자는 듣지 못했다。 공총자에 이르기를, 자거(子車) 『一名 子居』라 주(注)했다。 거빈감가(居貧坎軻：빈한하게 살며 불우한)했기 때문에 가(軻)라고 명명(命名)했고, 자는 자거(子居), 자여(子輿)라고도 일컫는다고 했다。 성증론(聖證論)에 이르기를, 자어(子魚)의 책인 공총자(孔叢子)에 맹자거(孟子居)가 있는데 그것이 곧 가(軻)라고 했다。 의심컨대 모두 부회(附會)인 것이다。」 공총자가 위서(僞書)이므로 증거로 삼기에 부족하다。 노(魯)나라 추(鄒)의 땅에 나셨다。 추(鄒)의 옛땅은 지금의 산동성 추평현(山東省鄒平縣)이다。 세계(世系)는 노나라의 공족(公族) 맹손씨(孟孫氏)의 후손이다。 어머니의 성은 장씨(仉氏) 또는 이씨(李氏), 아버지의 이름은 격(激), 자는 공의(公宜)라는 설이 있으나 믿기 어렵다。 생졸 연월(生卒年月)에 관해서도 여러가지 설이 있다。 七十四세, 九十四세, 九十七세의 네 가지가 있는데 그 중 일반적으로 八十四세(三七二—二八九)설이 가장 타당한 것으로 여긴다。 아내는 전씨(田氏), 아들이 역(睪)이라 전한다。 맹자는 송(宋)·등(滕)·제(齊)·양(梁)·추(鄒)·노(魯) 등 여러 나

라를 주유(周遊)하였다。 ○順天(순천)—천명 즉 하늘의 뜻을 따름。 ○逆天(역천)—하늘의 뜻을 거슬림。 ○亡(망)—멸망(滅亡)。「存」의 대。

意譯 맹자께서 말씀하셨다。『하늘의 뜻 즉 천명(天命)을 순종(順從)하는 사람은 생존(生存)하게 되고, 천명을 거역(拒逆)하는 사람은 멸망(滅亡)하게 된다』고。

餘說 이 대문은 맹자 이루장구상(離婁章句上)에 나온다。 전략 부분(前略部分)을 소개하면 다음과 같으니 해석의 적정(適正)을 기(期)하기 바란다。

「孟子曰、天下有道、小德役大德、小賢役大賢。天下無道、小役大、弱役強。斯二者天也。順天者存、逆天者亡。」

〔二〕 康節邵先生曰天聽寂無音蒼蒼何處尋非高亦非遠都只在人心

讀法 강절소선생 왈 천청 적무음 창창하처심 비고역비원 도지재인심
康節邵先生이 曰、天聽이 寂無音、이라 蒼蒼何處尋。고 非高亦非遠、이라 都只在人心。이니라

直譯 강절소선생이 말하기를、『하늘의 들음이 고요하여 소리가 없다。 푸르고 푸른데 어느 곳에서 찾을 가? 높지도 않고 멀지도 않다。 모두가 다만 사람의 마음에 있다』하였다。

語義 ○康節邵先生(강절소선생)—성은 소(邵)、이름은 옹(雍)、자는 요부(堯夫)。 강절(康節)은 시호(諡號)。 송(宋)나라 진종 대왕(眞宗大王) 상부(祥符) 四년에 낳음。 염계(廉溪)·장횡거(張橫渠)와 같이 송학(宋學)의 선조(先祖)라 일컫고 도서(圖書)·선천(先天)·상수(象數)의 학을 이지재(李之才)에게 배웠다。 벼슬을 아니하였다。 ○天聽(천청)—하늘의 들음。 ○寂(적)—고요함。 ○無音(무음)—소리가 없음。 ○蒼蒼(창창)—푸르고 푸름。 ○何處(하처)—어느 곳。 ○尋(심)—찾음。 ○非(비)—…아니함。 ○高(고)—높음。 ○遠(원)—멀음。 ○都(도)—모두。 다。 ○只(지)—다만。 ○人心(인심)—사람의 마음。

意譯 강절소선생(康節邵先生)이 말했다. 『하늘이 듣는 것은 정적(靜寂)하여 들음에 음성(音聲)이 없다. 창창(蒼蒼)하여 어디에 가서 찾을까? 높은 곳도 아니고 먼 곳도 아닌 오직 사람의 마음속에 전부 있다』고.

餘說 이 대문을 분석하여 보면 다음과 같이 오언 절구(五言絕句)의 한시(漢詩)로 되어 있다.

康節邵先生曰、

天聽寂無音、第一句 起句

蒼蒼何處尋。第二句 承句 임韻(尋)

非高亦非遠、第三句 轉句

都只在人心。第四句 結句 임韻(心)

이상과 같이 일구(一句) 五자인 것을 오언(五言)이라 하고, 四구로 된 것을 절구(絕句)라 한다. 제二구의 끝 글자 「尋」자와 제四 구의 「心」자는 운(韻)자라 하며, 이런 운을 「임」자 운이라 한다.

이밖에 한시(漢詩)에는 오언 율시(五言律詩)・칠언 절구(七言絕句)・칠언 율시(七言律詩)가 있다. 다음에 도시(圖示)한다.

오언 율시(五言律詩)

○○+○○○ 제一구
○○+○○● 제二구 } 제一 련(起) ●운

○○+○○○ 제三구
○○+○○● 제四구 } 제二 련(承) ●운

○○+○○○ 제五구
○○+○○● 제六구 } 제三 련(轉) ●운

○○+○○○○ 제七구
○○+○○○● 제八구 } 제四련(結) ●운

칠언 절구(七言絶句)

○○+○○+○○● 제一구 (起) ●운
○○+○○+○○● 제二구 (承) ●운
○○+○○+○○○ 제三구 (轉)
○○+○○+○○● 제四구 (結) ●운

칠언 율시(七言律詩)

○○+○○+○○● 제一구
○○+○○+○○● 제二구 } (起) 제一련 ●운 ●운
○○+○○+○○○ 제三구
○○+○○+○○● 제四구 } (承) 제二련 ●운
○○+○○+○○○ 제五구
○○+○○+○○● 제六구 } (轉) 제三련 ●운
○○+○○+○○○ 제七구
○○+○○+○○● 제八구 } (結) 제四련 ●운

〔三〕 玄帝垂訓人間私語天聽若雷暗室欺心神目如電

讀法 玄帝垂訓(현제수훈)에、人間私語(인간사어)라도 天聽(천청)은 若雷(약뢰)하고 暗室欺心(암실기심)이라도 神目(신목)은 如電(여전)이니라

直譯 현제 수훈에、『사람들 사이의 사사로운 말이라도 하늘이 듣는 것은 천둥소리와 같고、어두운 방에서 마음을 속일지라도 신의 눈은 번개와 같다』 하였다

語義 ○玄帝(현제)—천제(天帝)。〔管子、幼官〕令曰、非ニ玄帝之命ー。〔纂詁〕玄帝、天帝也。○人間(인간)—사람 사이。인간。인간계(人間界)。○私語(사어)—비밀 이야기。사사로운 말。○天聽(천청)—하늘이 들음。○若ᵥ雷(약뢰)—우뢰 소리와 같음。천둥 소리와 같이 크게 들림。○暗室(암실)—캄캄한 방。아무도 없는 어두운 방。○欺ᵥ心(기심)—자기의 마음을 속임。○神目(신목)—신의 눈。○如ᵥ電(여전)—번개와 같이 밝게 보임。

意譯 현제(玄帝)가 내린 훈계(訓戒)에、『사람들끼리 주고 받는 비밀 이야기라도 하늘이 듣기에는 천둥소리처럼 크게 들리고、아무도 없는 어두운 방에서 자기 마음을 속이더라도 신의 눈으로 보기에는 번개와 같이 밝게 보이는 것이다』하였다。

餘說 「玄帝」는 도가에서 받드는 신이라고 되어 있는 책도 있으나、역시 어의(語義)에서 말한 바와 같이、같은 뜻이더라도 「天帝」로 보아야 신중(神中)에서도 어느 신인가 확실히 깨닫게 될 것이다。

이 대문은 상등 대립구(相等對立句)로 되어 있기 때문에 백문(白文)을 대하여도 그리 어렵게 느껴지지 않으리라 믿는다。

〔四〕 益智書云惡鏰若滿天必戮之

讀法 익지서 운 악관 약만 천필육지
益智書에 云、惡鏰이 若ᵥ滿、이면 天必戮ᵥ之。니라

直譯 익지서에 이르기를、『나쁜 마음이 만일 가득할 것 같으면、하늘은 반드시 이를 죽인다』하였다。

語義 ○益智書(익지서)—송(宋)나라 때 저작한 책 이름。○惡鏰(악관)—「鏰」은 「罐」과 같음。두레박。물 긷는 그릇。나쁜 마음。○若ᵥ滿(약만)—만일 가득할 것 같으면、「若」은 「만일……할 것 같으면」의 가정형(假定形)의 부사(副詞)。○必(필)—꼭。반드시。○戮ᵥ之(육지)—이를 죽인다。죽인다。

意譯 익지서에 말했다. 『사람이 나쁜 마음이 만일 꽉 차 있을 것 같으면 하늘은 꼭 그 사람을 죽인다』고.

餘說 이 대문의 「天必戮之」는 재래 초략본(抄略本)에는 「天必誅之」로 되어 있다.

「若」자는 「만일……할 것 같으면」의 가정형 부사지만, 두번 새기는 글자이므로 재역 문자(再譯文字)라고 한다. 「未」「아직…하지 않다」·「雖」「비록…할지라도」·「將」「마…하려 하다」·「宜」「마땅히…하다」 등도 재역 문자이다.

〔五〕 莊子曰若人作不善得顯名者人〔雖〕不害天必誅之

讀法 莊子(장자)ㅣ 曰(왈), 若人(약인)이 作不善(작불선)하여 得顯名者(득현명자)는 人雖不害(인수불해)나 天必誅之(천필주지)니라

直譯 장자가 말하기를, 『만일 사람이 착하지 못한 일을 하여서, 이름을 세상에 나타낸 사람은, 사람은 비록 해하지 않을지라도, 하늘은 반드시 이를 친다』하였다.

語義 ○莊子(장자)—계선편 제一、三조목에 나왔음. ○得(득)—얻다. ○顯名(현명)—이름을 세상에 나타내다. ○誅之(주지)—베다. 죽이다. 치다. 「書經, 天命誅之.」와 같이 치다로 봄이 좋겠다.

意譯 장자가 말했다. 『만일 사람이 착하지 못한 일을 하고서도 이름을 세상에 나타낸 사람은, 사람들이 비록 해치지 않는다. 할지라도 하늘은 놓치지 않고 꼭 그 사람을 칠 것이다』라고.

餘說 이 대문은 재래의 초략본과 다른 곳이 둘 있다. 「人雖不害」의 「雖」字가 초략본에만 있고, 이 책의 대본에는 없다. 「天必誅之」는 「天必戮之」로 되어 있다. 앞 대문과 살펴볼 때 원본과 초략본이 「戮之·誅之가 반대로 되어 있다. 초략본이라 하더라도 중국에서 온 책을 보고 했을 법 하고, 이 책이 대본(臺本)으

로 삼고 있는 청주간(淸州刊) 원본도 중국 책을 보고 했을 것이므로 양자(兩者) 사이의 옳고 바름을 판별키 어렵다 하겠다。이 책이 그럼에도 불구하고 「雖」를 보충하여 이 부분만을 초략본에 따른 까닭은 다음 병서와 같은 구문의 이유도 있겠지만 대개 책이란 사본 때 글자가 탈락(脫落)되는 경우가 많기 때문이다。

〔人雖不害、
天必誅之。

로 「雖·必」의 똑같은 부사(副詞)가 균형을 이루어야 한다는 점으로 보아 「雖」자의 탈락은 거의 확실하다 할 것이다。

〔六〕 種瓜得瓜種豆得豆天網恢恢疎而不漏

讀法 種瓜得瓜、요 種豆得豆。니 天網이 恢恢、하여 疎而不漏。니라
(종과득과 종두득두 천망 회회 소이불루)

直譯 외씨를 심으면 외를 얻고、콩을 심으면 콩을 얻을 것이니、하늘의 그물은 넓고 넓어서 성기어도 새지 않는다。

語義 ○種瓜(종과)—외씨를 심다。「種」은 「씨」의 뜻도 있지만 「심는다」는 뜻도 있다。○得瓜(득과)—외를 얻는다。○豆(두)—콩。○天網(천망)—「網」은 그물로 천망은 하늘의 그물。곧 하늘이 악인을 잡는 그물。○恢恢(회회)—썩 넓음。광대하여 포용하는 모양。여유가 있는 모양。○疎(소)—「疏」와 같음。드물다。성기다。○不漏(불루)—「漏」는 새다。불루는 새지 아니함。

意譯 외씨를 심으면 외를 얻고、콩을 심으면 콩을 얻는 거와 같이 인과 응보(因果應報)는 꼭 따르게 마련이다。그리고 하늘이 죄인을 잡는 그물은 꽤 넓어서 거칠기는 하지만 누락(漏落)시키지도 않는다。

餘說 하늘은 인과 응보(因果應報)의 신상필벌(信賞必罰)은 빠짐 없이 실행한다는 것이다。

〔七〕子曰獲罪於天無所禱也

讀法 자 왈 획죄어천 무소도야
子ㅣ 曰、獲罪於天이면 無所禱也。니라

直譯 공자께서 말씀하시기를、『죄를 하늘에 지게 되면、빌 곳이 없다』하셨다。

語義 ○獲罪(획죄)—죄를 지다。죄를 얻다。○無所禱也(무소도야)—빌 곳이 없다。

意譯 공자께서 말씀하셨다。『나쁜 일을 하여 하늘에 죄를 지게 되면、아무 곳에도 용서 받기 위하여 빌 곳이 없다』고。

餘說 하늘에 죄를 진 사람은 아무데도 빌 곳이 없다는 것이니、빌 곳이 없다면 용서받지 못한다는 것이다。

順命篇 第三 凡五條
(순명편 제삼 범오조)

이 편은 천명(天命)에 순종(順從)하라는 글로 명심보감 제三 편이며 대개 다섯 조목이다。

〔一〕子夏曰死生有命富貴在天

讀法 子夏ㅣ 曰、死生有命、이오 富貴在天。이니라
(자하 왈 사생유명 부귀재천)

直譯 자하가 말하기를、『죽고 삶은 운명에 있고、부함과 귀함은 하늘에 있다』하였다。

語義 ○子夏(자하)—공자의 제자。성은 복(卜)、이름은 상(商)、자가 자하(子夏)다。공자 보다 四十四세 연소(年少)했다。공자의 제자 중에서도 자유(子游)와 함께 문학、학문에 뛰어났다。○死生(사생)—죽음과 삶。○有命(유명)—운명에 있다。○富貴(부귀)—부자가 되는 것과 신분이 귀하게 되는 것。○在天(재천)하늘에 있음。천명에 있음。

意譯 자하가 말했다。『사람이 죽고 사는 것은 운명(運命)에 달려 있고、부자가 되고 귀인이 되는 것은 천명(天命)에 달려 있다』고。

餘說 이 대문은 논어 안연편(顔淵篇) 제五 장에 있는 글이다。재래의 초략본에는 이 대문을 「子曰」로 하여 잘못되어 있다。

「生死」는 천명이니 숙명적인 것으로 인간의 힘만으로는 어쩔 도리가 없다。「貴」 또한 인간의 선악과 노력에 평행하지 않는다。인력 이상의 것이니 하늘에 일임할 도리 밖에 없다。

〔二〕萬事分已定 浮生空自忙

讀法 만사 분이정　　부생 공자망
萬事ㅣ分已定이어늘 浮生이 空自忙이니라

直譯 모든 일에 분수가 이미 정하여졌거늘 세상 사람들이 공연히 자기 스스로 바빠한다.

語義 ○萬事(만사)—모든 일。 ○分(분)—분수。 명분(名分)。 ○已(이)—이미。 ○定(정)—정하다。 ○浮生(부생)—덧없는 인생。 ○空(공)—공연히。 ○自(자)—스스로。 ○忙(망)—바쁘다。 바빠한다。

意譯 모든 일에 분수가 이미 정해졌는데 덧없는 인생들은 쓸데없이 바빠한다。

餘說 「人生萬事는 塞翁之馬다」라는 말이 있다。〔淮南子、人間訓〕에 있는 말로、인생 화복이 덧없으므로 복이 있다 하여 기뻐할 바 못되고、화가 있다 하여 슬퍼할 바 못된다는 비유이다。

참고할 분을 위하여 다음에 원문(原文)을 적기(摘記)한다。

「近塞上之人、有善術者。馬無故亡而入胡、人皆弔之、其父曰、此何遽不爲福乎。居數月、其馬將胡駿馬而歸。人皆賀之、其父曰、此何遽不能爲禍乎。家富良馬、其子好騎、墮而折其髀、人皆弔之。其父曰、何遽不爲福乎。居一年、胡人大入塞、丁壯者引弦而戰、近塞之人、死者十九、此獨以跛之故、父子相保。故福之爲禍、禍之爲福、化不可極、深不可測也。」

辨似에 대하여 다음을 비교하여 차이점을 알아보자。

「己(몸、기)·已(이미、이)·巳(뱀、사)。」

〔三〕景行錄云 禍不可以倖免 福不可以再求

讀法 경행록 운 화불가이행면 복불가이재구
景行錄에 云、禍不可以倖免이오 福不可以再求니라

直譯 경행록에 이르기를、『화는 요행으로써는 면할 수 없고、복은 재차하는 것으로써는 구할 수 없다』하였다。

語義 ○不可(불가)—안됨。못함。…할 수 없다。○倖(행)—요행(僥倖)。분외에 얻는 행복。○免(면)—벗어남。○再(재)—다시。두번。재차。

意譯 경행록에 말했다。『재앙이라는 것은 요행(僥倖)을 가지고서는 벗어나지 못하고、행복이라는 것은 재차(再次)를 가지고서는 구하지 못한다』고。

餘說 이 대문은 종래 있었던 초략본(抄略本)에는 「禍不可倖免、福不可再求」로 되어 있는데 이 대본에 의하면 「禍不可以倖免、福不可以再求」로 되어 있다。어색했던 것이 바로잡아진 셈이다。

이 대문의 구문은 다음과 같다。

景行錄云、─┬禍┐
　　　　　　└福┘─不可以─┬倖免。
　　　　　　　　　　　　　└再求。

〔四〕 時來風送滕王閣運退雷轟薦福碑

讀法 시래 풍송등왕각 운퇴 뇌굉 천복비
時來에 風送滕王閣이오 運退에 雷轟薦福碑니라

直譯 때가 옴에 바람이 등왕각으로 불어 보내고、운수가 물러감에 천복비에 벼락을 친다。

語義 ○時來(시래)—적기(適期)가 오다。시기가 오다。○風送(풍송)—바람이 불어 보내다。○滕王閣(등왕각)—각(閣)의 이름。당(唐)나라의 등왕 원영(滕王元嬰)이가 홍주(洪州)에 도독(都督)으로 있을 때에 세웠음。원영은 당나라 고조(高祖)의 아들인。원라 강서성 신건현(江西省新建縣)의 서쪽、장강문(章江門)의 의。양자강(揚子江)에 임했음。고군명은 남창부(南昌府) 신건현임。왕발(王勃)이의 등왕각 서문(序文)과 시(詩)는 명 시문임。○運退(운퇴)—운수가 물러감。○雷轟(뇌굉)—우뢋소리가 남。또 벼락을 침。이 대문의 근거가 되겠기 다음 글을 참고로 소개함。〔墨客揮犀〕一書生謁范文正公、自言饑寒、時盛稱歐陽率更書薦福寺碑、一本直數金、范爲打千本、紙墨已具、一夕雷轟其碑、語曰、有客打碑來薦福、無人騎鶴上揚州。」○薦福碑(천복비)—① 요주(饒州: 江西省鄱陽縣)의 천복사비(薦福寺碑)。당나라 이북해(李北海)가 지음。구양순(歐陽詢)의 서(書)。② 원곡선(元曲選) 백종중(百種中)의 一。원(元)나라 마치원찬(馬致遠撰)。제목은「三封書謁揚州牧」。정명(正名)은「半夜雷轟薦福碑」。

意譯 적기(適期)가 찾아오면 왕발(王勃)이가 순풍(順風)을 만나 하룻밤에 배를 타고 등왕각에 다달아 등왕각 서문(滕王閣序文)을 지어서 천하에 이름이 나듯 잘 될 것이며、운수가 물러가면 천복사비에 벼락을 쳐서 천신 만고(千辛萬苦)가 수포(水泡)로 돌아가는 것이다。

餘說 이 대문을 이해하자면 다음에 전하는 말을 참고로 읽어 봐야 도움이 되겠다。그리고 대본의「賤福碑」의「賤」은「薦」의 잘못이다。

「중국 당나라 때 왕발(王勃)이가 망당산 신령의 현몽을 얻어 순풍(順風)을 만나 배를 타고 하룻밤 사이에 남창(南昌)七백리를 가서 등왕각 서문 짓기에 참석 서문을 지어 당당히 당선되어 천하에 문명을 떨친데 반하여 구래공(寇萊公)의 문객 한 사람이 몹시 가난하게 지내므로 어떤 사람이 천복비 비문의 탁본(拓本: 비에 먹물을 칠하고 종이에 박음)을 떠다주면 그 수고한 공으로 후한 보수를 주겠다고 하였다。이에 천신 만고(千辛萬苦)하여 수천리를 애써서 천복비가 있는 지점(地點)에 도착하니 밤은 어둡고 비바람이 몰아치는지라 하는 수 없이 다음 날 아침에 비도 멎고 밝거든 탁본을 뜨려고 객사(客舍)에서 묵고 그 다음날 아침에 천복비가 있는 곳으로 가보니 어젯밤 사이에 그 천복비가 벼락에 깨져버렸다는 것이다。

〔五〕 列子曰痴聾痼瘂家豪富智惠聰明却受貧年月日時該栽定算來由命不由人

讀法 列子ㅣ 曰, 痴聾痼瘂라도 家豪富、요 智惠聰明이라도 却受貧이라 年月日時該栽定、인대 算來由命不由人이니라

直譯 열자가 말하기를, 『어리석고·귀먹고·고질 병자이고·벙어리라도 집은 호화롭고 부자이고, 지혜롭고, 총명할지라도 도리어 빈궁을 받는다. 사주 팔자(四柱八字)는 마땅히 처음에 정해 졌는데 수놓아 보았자 천명에 말미암지 사람에 말미암지 않는다』 하였다.

語義 ○列子(열자)—중국 전국 시대 정(鄭)나라 사람으로 이름은 어구(禦寇), 열자는 존칭. 그의 저서에 열자(列子) 八권이 있음. 당나라 때에 그를 도교적인 칭호로 충허 지덕 진인(冲虛至德眞人)이라고 부르고 그의 저서를 충허진경(冲虛眞經)이라고 부름. 기원전 四○○년 경의 사람. ○痴(치)—「癡」의 속자(俗字). 어리석음. 백치(白癡). ○聾(롱)—귀먹어리. ○痼(고)—고질 병자. 고질. ○瘂(아)—벙어리. 啞와 같은 글자. ○家(가)—집. ○豪(호)—호화로움. ○富(부)—부자. ○智惠(지혜)—슬기. 「智慧」와 같음. 「慧」와 「惠」와는 이 경우 같은 글자. 명심보감의 초략본에는 「慧」로 되어 있는데 대본에는 「惠」로 되어 있음. ○聰明(총명)—기억력이 좋고 슬기가 있음. ○却(각)—도리어. ○受(수)—받음. ○貧(빈)—가난함. ○年月日時(연월일시)—사주(四柱). 사주 팔자(四柱八字). 팔자는 연월일시의 간지(干支)가 각각 二자씩이니까 연월일시의 사주가 두자씩이면 팔자가 됨. 〔예〕 갑자년(甲子年), 을묘월(乙卯月), 병진일(丙辰日) 병인시(丙寅時). ○該(해)—마땅히. ○栽(재)—처음부터. 미리. 載와 같음. 이 책의 대본에는 栽로 되어 있고, 초략본에는 載로 되어 있음. ○算來(산래)—산가지에서 옴. 점치는 점대에서 점괘(占卦)로 나타남. ○由命(유명)—운명에 말미암음. ○不由人(불유인)—사람에 말미암지 않음.

意譯 열자가 말했다. 『치자(痴者)·농자(聾者)·고질병자(痼疾病者)·아자(瘂者)라 할지라도 집이 호화롭고

부자로 살 수 있으며、지혜가 있고 총명한 재질을 가진 사람일지라도 도리어 빈궁(貧窮)하게 사는 수가 있다。이로 보면 사주 팔자(四柱八字)에 미리 정해진 것이니 점쳐보면 운명에 있는 것이지 사람의 재능에 있는 것이 아니다、곧 사람이 잘나고 못나고에 따라 집이 호화롭고 부하고 가난한 것은 아니다」라고。

餘說 이 대문은 다음과 같이 칠언 절구의 시이다。

痴聾痼瘂家豪富、第一句　　起

智惠聰明却受貧。第二句 貧韻 承

年月日時該栽定、第三句　　轉

算來由命不由人。第四句 人韻 結

「貧・人」의 운은 百六운의 진운(眞韻)이다。

孝行篇第四 凡五條
(효행편제사 범오조)

이 편은 부모에게 효도를 행하는데 관한 글로 명심보감의 제四 편이며 대개 五조목이다.

〔一〕詩曰父兮生我母兮鞠我哀哀父母生我劬勞欲報深恩昊天罔極

讀法 시왈 부혜생아 모혜국아
詩에 曰、父兮生我、하시고 母兮鞠我。하시니
애애부모 생아구로 욕보심은
哀哀父母、여 生我劬勞。셨다 欲報深恩、인대
호천망극
昊天罔極。이셨다

直譯 시경에 말하기를、『아버님이 나를 낳으시고 어머님이 나를 기르시니、가엾은 부모님이시여 나를 낳으시기에 애쓰시고 수고하셨다。그 깊은 은덕을 갚고자 하는데 하늘과 같이 다함이 없으셨다』 하였다。

語義 ○詩(시)—시경(詩經)을 말함。중국에서 가장 오래된 시집으로 임금이 민정(民情)을 알기 위하여 각 나라의 민요(民謠) 三천 여편을 채집한 것인데 공자가 그 중의 三백 五편을 뽑아 엮은 책。○兮(혜)—어조사。어구의 사이나 어미(語尾)에 붙여 어기(語氣)가 일단 그쳤다가 음조가 다시 올라가는 것을 나타내는 조사。주로 시부(詩賦)에 쓰임。○鞠(국)—기르다。鞠我는 나를 기름。○哀哀(애애)—슬퍼하는 모양。상심하는 모양。○劬勞(구로)—힘써 일하여 피로함。「劬勞之恩」은 자기를 낳아 고생하며 기른 부모의 은혜。○欲報(욕보)—갚고자 하다。○深恩(심은)—부모의 깊은 은덕(恩德)。시경에는 「之德」으로 「深恩」대신에 있음。마땅히 「之德」으로 고쳐야 할 것이다。이 대문 자체가 시경의 한 대문에서 온 것이 아니라 육아(蓼莪)의 첫 장(章) 후반과 四장의 앞 二구 뒤 二구 이렇게 모아서 된 것이기로 대본대로 두었다。○昊天(호천)—하늘。특히 여름하늘。가을 하늘은 민천(旻天)이라함。○罔極(망극)—다함이 없음。부모의 은혜가 하늘 같이 다함이 없어서 갚을 바를 알지 못함。

意譯 시경에 말했다。

『아버님이시여 날 낳으시고、
어머님이시여 날 기르시니、
가엾은지고 부모님이시여、
날 낳으시기에 무한 애쓰시었네、
그 깊은 은덕 갚으련들
하늘과 같아 끝이 없으시네。』라고。

餘說 시경의 육아(蓼莪)의 시로 효자가 부모의 봉양을 뜻대로 하지 못하여 슬퍼서 읊은 시다。 시경에 나오는 시와 이 대본과는 똑같은 것이 아님은 이미 어의(語義) 항에서 말한 바와 같다。

〔二〕子曰孝子之事親也居則致其敬養則致其樂病則致其憂喪則致其哀祭則致其嚴

讀法 子(자)ㅣ 曰(왈)、孝子之事親也(효자지사친야)、에 居則致其敬(거즉치기경)、하고 養則致其樂(양즉치기락)、하고 病則致其憂(병즉치기우)、하고 喪則致其哀(상즉치기애)、하고 祭則致其嚴(제즉치기엄)。이니라

直譯 공자께서 말씀하시기를、『효자가 부모를 섬기는 데、〔보통〕 거처할 때에는 그 공경하는 마음을 다하고、 봉양할 때에는 그 즐거워하도록 다하고、〔부모〕가 병이실 때에는 그 근심을 다하고、〔부모가 돌아가셔〕 상중일 때에는 그 슬픔을 다하고、 제사지낼 때에는 그 엄숙함을 다할 것이다』 하셨다。

語義 ○孝子(효자)—부모를 잘 섬기는 아들。〔참고〕축문(祝文)에 쓰는 「孝子敢昭告于」의 「孝子」는 「孝는 昆也라」고 주에 있듯이 맏아들이라는 뜻이다。차자(次子)가 제사를 받들 때에는 차자 하모 감소고우(次子何某敢昭告于)라 한다。○事ν親(사친)—부모를 섬김。○居(거)—평상시 거처하는 것을 말함。즉 아무 일도 없을 때。○則(즉)—위를 받아 아래에 접속하는 말로서、…할 때에는。○致(치)—다함。마음을 미루어서 그 극진함을 이룬다는 말。○敬(경)—공경。항상 공경하는 마음을 가져 조금이라도 소홀히 하지 말라는 것。○養(양)—음식을 봉양한다는 말。봉양함。○樂(락)—즐거움。기쁘고 즐거운 것을 말함。즉 부모의 뜻을 기쁘게 해드린다는 말。○病(병)—부모가 병환이 있다는 말。병은 질(疾)보다 심한 것。○憂(우)—근심하고 걱정함。마음이 편안하지 못함。○喪(상)—불행히 부모가 죽어서 그 복을 입는 것。○哀(애)—슬퍼함。지난날의 부모님을 생각해서 아파하고 슬퍼하는 것。○祭(제)—부모가 죽은 뒤에 제사지내는 것。○嚴(엄)—엄숙함。청결하고 엄숙하고 공경하고 삼가하고 두려워한다는 말。

意譯 공자께서 말씀하셨다。『사람에게는 백 가지 행실이 있다하여도 효도가 제일 큰 것이다。그런즉 남의 자식된 자는 진실로 부모를 사랑하는 마음을 가져서 부모 섬기는 도리를 잊지 않고 언제나 그 공경하는 마음을 다한다면、즉 이 공경하는 마음 속에 있으며 이 마음으로 부모를 봉양하면 부모는 즐거워하고、병을 당하면 근심하고、상사를 당하면 슬퍼하고 제사를 지내면 엄숙히 한다』고。

餘說 이 대문은 다음과 같은 구문이다。

子曰、孝子之事ν親也、

居則致₌其敬₋、(居——→敬)

養則致₌其樂₋、(養——→樂)

病則致₌其憂₋、(病——→憂)

喪則致₌其哀₋、(喪——→哀)

祭則致₌其嚴₋。(祭——→嚴)

이상의 괄호안과 같이 居→敬·養→樂·病→憂·喪→哀·祭→嚴의 다섯 가지는 효자가 부모를 섬기는 법을 열거한 아주 평이한 문장이다. 이런 문장을 열거법(列擧法)이라 한다. 이 대문은 효경(孝經)에 있는 말이다.

〔三〕 子曰父母在不遠遊遊必有方

讀法 子(자)ㅣ 曰(왈), 父母(부모)ㅣ 在(재)、어시든 不遠遊(불원유)、하며 遊必(유필) 有方(유방)이니라

直譯 공자께서 말씀하시기를, 『부모님이 생존해 계시거든 먼 여행을 말며 여행을 하더라도 반드시 위치가 있어야 한다』 하셨다.

語義 ○在(재)ㅡ계시다. 생존하시다. ○遠遊(원유)ㅡ학문 같은 것을 배우기 위하여 먼 곳에 감. 멀리 여행함. 「不遠遊」의 「不」은 부정(否定). ○遊(유)ㅡ여행. 여기서는 앞의 「遠遊」의 약어. ○有方(유방)ㅡ방위가 있음. 위치가 분명함. 방향이 있음.

意譯 공자께서 말씀하셨다. 『부모님이 살아 계시거든 슬하(膝下)를 떠나 먼 곳에 나가 있지 말며, 만일 먼 곳에 나갈 일이 있어 나가더라도 반드시 간 곳을 쉽게 알 수 있도록 하여야 한다』고.

餘說 부모님을 모시는 몸은 될 수 있으면 멀리 떨어져 있지 않는 것을 원칙으로 하되 부득이한 경우에는 가되 반드시 가 있는 곳을 분명히 하여 곧 연락을 취할 수 있도록 하라는 뜻이다. 예나 지금이나 본 뜻은 마찬가지다. 다만 교통 수단과 통신 수단의 발달로 거리의 원근 개념이 달라졌을 뿐이다.

이 대문은 논어 이인편(里仁篇) 제一九 장의 글이다.

〔四〕 太公曰孝於親子亦孝之身既不孝子何孝焉

讀法 太公이 曰、孝於親이면 子亦孝之하나니 身既不孝면 子何孝焉이리오
(태공 왈효어친 자역효지 신기불효 자하효언)

直譯 태공이 말하기를, 『내가 부모에게 효도하면 내 자식도 또한 나에게 효도하나니, 내가 이미 효도하지 못하였다면 자식이 어찌 효도하겠는가?』 하였다。

語義 ○於(어)—에게 ○亦(역)—또。 ○身(신)—자신。 ○既(기)—이미。 ○何…焉(하…언)—어찌…하리오。 「焉」은 여기서는 반어 암시(暗示)의 종미사(終尾詞)로 쓰임。

意譯 강태공이 말했다。『자기가 부모에게 효도하면 자기 자식도 역시 자기에게 효도할 것이다。 이 몸이 이미 효도하지 못했다면 자식이 어찌 효도하기를 바랄 것인가?』고。

餘說 「孝於親」은 「我孝於親」으로 「我」자가 생략되어 있으니 「我」자를 보충하여 새겨야 사상(思想)의 통일이 완전하다。

〔我〕孝於親、……我
子亦孝之。……子
身既不孝、……身(我)
子何孝焉。……子

「亦」자 즉 「子亦孝之」의 「亦」은 「내가 그러 하듯이 자식도 또한」의 뜻이 된다。

〔五〕 孝順還生孝順子五逆還生五逆兒不信但看簷頭水點點滴滴不差移

讀法 효순 환생효순자 오역 환생오역아 불신 단간첨두수 점점적적불차이

孝順은 還生孝順子하고 五逆은 還生五逆兒하나니 不信커든 但看簷頭水하라 點點滴滴不差移니라

直譯 효도하고 순종하는 이는 도로 효도하고 순종하는 자식을 낳고, 오역(五逆)하는 이는 도로 오역하는 자식을 낳나니, 믿어지지 않거든 오직 처마 끝의 물을 보아라, 처마에서 떨어지는 물방울은 어기고 옮기는 일이 없다.

語義 ○孝順(효순)—효도하고 순종함. 여기에서는 그러한 사람. ○還生(환생)—도로 낳음. ○孝順子(효순자)—효순하는 아들. ○五逆兒(오역아)—임금·아버지·어머니·할아버지·할머니를 죽인 자식. ○不信(불신)—믿지 못함. ○但看(단간)—오직 보라. 오직…을 보라. ○簷頭(첨두)—처마. 처마 끝. 「簷頭水」는 낙숫물. ○點點滴滴(점점적적)—「點滴」의 첩어(疊語)이다. 「點滴」은 처마에서 떨어지는 물방울. 낙숫물. 또는 그 모양. 여기서는 낙숫물이 떨어지는 모양. ○不差移(불차이)—어기고 옮기지 않음.

意譯 효순하는 사람은 도로 효순하는 자식을 낳을 것이고, 오역하는 사람은 도로 오역하는 자식을 낳을 것이다. 이 말이 믿어지지 않거든 오직 처마에서 떨어지는 낙숫물을 보아라, 방울 방울 떨어져도 조금도 어기고 옮기는 일이 없이 제자리에 떨어진다.

餘說 이 대문은 다음과 같은 구문으로 되어 있다.

孝 順 還 生 孝 順 子、 第一句 起 韻
五 逆 還 生 五 逆 兒。 第二句 承 韻
不 信 但 看 簷 頭 水、 第三句 轉
點 點 滴 滴 不 差 移。 第四句 結 韻

이상과 같이 칠언 절구(七言絕句)로 된 대문이다.

이 대본과 초략본과 틀리는 자가 있어 적는다. 「五逆兒」가 초략본은 「忤逆子」로 되어 있다.

正己篇 第五 凡 二十六條
(정기편 제오 범 이십륙조)

이 편은 자신을 바르게 한다는데 관한 글로 명심보감 제五 편으로 대개 二十六 조목이다.

〔一〕性理書云見人之善而尋己之善見人之惡而尋己之惡如此方是有益

直譯 성리서에 이르기를, 『남의 착한 것을 보거든 나의 착한 것을 찾고, 남의 악한 것을 보거든 나의 악한 것을 찾아라。 이와 같이 해야 바야흐로 이에 유익한 것이 있다』 하였다。

讀法 性理書(성리서)에 云(운)、見人之善(견인지선)이어든 而尋己之(이심기지)善(선)。하고 見人之惡(견인지악)이어든 而尋己之惡(이심기지악)。하라 如此(여차)라야 方是有益(방시유익)。이니라

語義 ○性理書(성리서)—「性理」란 천성·천품 곧 본성(本性)。 성리학(性理學)이란 송(宋)나라의 선비 즉 주염계(周濂溪)·장횡거(張橫渠)·정이(程頤)·주희(朱熹) 등이 제창한 학설로 성명 이기(性命理氣)라 하며 하늘이 부여(付與)한 것을 명(命)이라 하고, 이를 받아 내게 있는 것을 성(性)이라 한다。 이(理)는 일체(一切) 평등(平等)이고, 기(氣)는 각각 다르다。 성(性)은 이(理)를 품수(稟受)하는 것이므로 성범(聖凡)이 이르지 않고, 재(才)는 기(氣)를 품수하는 것이므로 성현우(聖賢愚)가 같지 않다고 하는 설(說)、(「性理大全、性命」程子曰、天所賦爲命、物所受爲性、天之付與、之謂命、稟之在我、之謂性、見於事物、之謂理、理也性也命也、三者未嘗有異、窮理則盡性、盡性知天命矣、天命猶天道也、以其用而言之、則謂之命、命者造化之謂也。朱子曰、天所賦爲命、物所受爲性、賦者命也。所賦者氣也、受者性也、所受者理也。)「性理大全」을 말함。 책 이름

〔二〕 景行錄云大丈夫當容人無爲人所容

讀法 경행록 운 대장부 당용인 무위인소용
景行錄에 云、大丈夫어든 當容人이언정 無爲人所容하라。

直譯 경행록에 이르기를、『대장부거든 마땅히 남을 용서할지언정 남에게 용서받는 바가 되지 말라』 하였다。

語義 ○大丈夫(대장부)—사내답고 씩씩한 남자。 지조가 굳어 불의에 굽히지 않는 남자。 ○當(당)—마땅히。 ○容人(용인)—남을 용서해 줌。 ○無爲(무위)—말라。 ○人所容(인소용)—남에게 용납을 받는 바。

意譯 경행록에 말했다。『대장부라면 마땅히 남을 용서해 줄지언정 남에게 용서를 받는 바가 되〔지 말라〕어서는 안된다』고。

餘說 「大丈夫ㅣ當容人、이언정 無爲人所容。이니라」의 「ㅣ」·「이니라」의 「ㅣ」는 「언정」으로 「이니라」는 「하라」로 부토(附吐)하였다。 즉 「대장부라면……하라、 대장부거든……하라」의 명령문(命令文)으로 보아야 옳을 것이다。

〔三〕 太公曰勿以貴己而賤人勿以自大而蔑小勿以持勇而輕敵

讀法 태공 왈 물이귀기이천인 물이자대이멸소 물이지용이경적
太公이 曰、勿以貴己而賤人。하며 勿以自大而蔑小。하며 勿以持勇而輕敵。하라

直譯 강태공이 말하기를、『자신을 귀히 여김으로써 남을 천히 말며、 스스로를 크게 여김으로써 〔남을〕 멸소 하지 말며、 용맹을 가졌음으로써 적을 가벼히 말라』 하였다。

語義 ○貴己(귀기)—자신을 귀히 여김。 ○賤人(천인)—남을 천히 여김。 「貴己」의 반대어。 ○自大(자대)—자만(自慢)。 자랑함。 ○蔑小(멸소)—업신여김。 ○持勇(지용)—용맹을 가짐。 ○輕敵(경적)—적을 넘봄、 적을 가볍게 봄。 ○勿以……而……—……함으로써 ……하지 말라。

意譯 강태공이 말했다。『자신을 귀중히 여기면서 남을 천하게 여기지 말며、 자만하면서 남을 업신여기지 말

며, 용맹을 가졌다고 하여서 적을 가볍게 말라』고。

[餘說] 이 대문 중에 「蔑小」를 대본에는 「篾小」로 오자(誤字)를 내었기에 바로잡았다。 그리고 「持勇」이 초략본에는 「恃勇」으로 되어 있다。

구문(構文)을 분석하면 다음과 같다。

太公曰、勿以 ─┬─ 貴己 ─┐
　　　　　　　├─ 自大 ─┼─ 而 ─┬─ 賤人。
　　　　　　　└─ 持勇 ─┘　　　├─ 蔑小。
　　　　　　　　　　　　　　　└─ 輕敵。

〔四〕 馬援曰聞人之過失如聞父母之名耳可得聞口不可得言也

[讀法] 馬援이 曰、聞二人之過失一이어든 如レ聞二父母之名一하여 耳可二得聞一이언정 口不レ可二得言一也니라。
(마원 왈 문인지과실 여문부모지명 이가득문 구불가득언야)

[直譯] 마원이 말하기를, 『남의 허물을 듣거든 부모의 이름을 듣는 것 같이 하여 귀로는 들을 수 있을지언정 입으로는 능히 말할 수 없다』 하였다。

[語義] ○過失(과실)—잘못。 허물。 ○父母之名(부모지명)—부모의 이름。 ○耳可二得聞一(이가득문)—귀로는 능히 들을 수 있을 지언정。 ○口不レ可二得言一(구불가득언)—입으로는 능히 말할 수 없다。

[意譯] 마원이 말했다。『남의 과실(過失)을 듣거든 마치 부모의 이름을 듣는 것과 같이 귀로는 듣되 입으로는 능히 말하지 말것이다』라고。

[餘說] 이 대문은 초략본(抄略本)에도 있는데 말구(末句)가 「口不可言也」로 되어 있고, 이 책의 대본(臺

本)은 「口不可得言也」로 되어 있다。이 대문을 분석하여 보면 「得」자가 없어야 옳은 것을 알 수 있다。

馬援曰、
聞人之過失、耳可得聞、
如聞父母之名、口不可(得)言也。

〔五〕 康節邵先生曰聞人之謗未嘗怒聞人之譽未嘗喜聞人言人之惡未嘗和聞人言人之善則就而和之又從而喜之故其詩曰樂見善人樂聞善事樂道善言樂行善意聞人之惡如負芒刺聞人之善如佩蘭蕙

讀法 康節邵先生(강절소선생)이 曰(왈)、聞人之謗(문인지방)이라도 未嘗怒(미상노)하며 聞人之譽(문인지예)라도 未嘗喜(미상희)하며 聞人言人之惡(문인언인지악)이라도 未嘗和(미상화)하며 聞人言人之善(문인언인지선)이면 則就而和之(즉취이화지)하고 又從而喜之(우종이희지)니라 故(고)로 其詩(기시)에 曰(왈)、樂見善人(낙견선인)하며 樂聞善事(낙문선사)하며 樂道善言(낙도선언)하며 樂行善意(낙행선의)하고 聞人之惡(문인지악)이어던 如負芒刺(여부망자)하고 聞人之善(문인지선)이어던 如佩蘭蕙(여패난혜)니라

直譯 강절소선생이 말하기를, 『남의 비방을 들을지라도 곧 성을 내지 말며, 남의 칭찬을 들을지라도 곧 기뻐하지 말며, 남이 남의 악을 말하는 것을 들을지라도 곧 화하지 말며, 남이 남의 선을 말하는 것을 들으면 곧 나아가서 이에 화하고 또 따르면서 이에 기뻐할 것이다。그러므로 그 시에 말하기를, 「착한 사람을 보는 것을 즐거워하며, 착한 일을 듣는 것을 즐거워하며, 착한 말하는 것을 즐거워하며, 착한 뜻을 행하는 것을 즐거워 하고, 남의 나쁜 것을 듣거든 가시를 등에 진 것 같이 하고, 남의 착한 것을 듣거든 향초를 찬 것 같이 할 것이다』 하였다。

語義 ○康節邵先生(강절소선생)―천명편 제二 조목 참조。○謗(방)―헐뜯다。비방(誹謗)。○未ㄷ嘗 怒ㄱ(미상노)―곧 성을 안냄。○譽(예)―칭찬。명예。○和(화)―응함。따름。○就而和之(취이화지)―나아가서 서로 응하여 화합함。○從而喜之(종이희지)―따라서 그를 기뻐하다。○善意(선의)―착한 뜻。착한 마음。○負(부)―등에 지다。○芒刺(망자)―가시。○佩(패)―차다。끈을 달아 몸에 차다。○蘭蕙(난혜)―「蘭」난초과에 속하는 다년초。향기가 높음。줄기는 없고 잎은 뿌리에서 나오며 꽃은 두상화(頭狀花)로 향기가 매우 좋음。「蕙」도 난초의 일종으로서 줄기에 꽃이 여러 개 달리며 보통의 난초보다 향기가 더 강함。전하여 성정(性情)의 아름다움의 비유로 쓰임。

意譯 강절소선생이 말했다。『내가 남의 비방을 듣더라도 이내 성을 내지 말며、내가 남의 칭찬을 듣더라도 이내 기뻐하지 말며、내가 남이 남의 악을 말하는 것을 듣더라도 이내 화응하지 말며、내가 남이 남의 착한 말을 들으면 곧 나아가서 이에 화열(和悅)하고、또 따라서 이것을 기뻐한다。그런 까닭으로 그의 시에 말했다。「착한 사람을 보면 즐거워하며、착한 일을 들으면 즐거워하며、착한 말을 하는 것을 즐거워하며、착한 뜻을 행하는 것을 즐거워 하고、남의 악한 짓을 듣거든 가시를 등에 진 것 같이 하고、남의 선을 듣거든 향초를 찬 것 같이 하라」』고。

餘說 남이 자기에 관한 것에 대한 마음 가짐과 남이 남에 관한 것에 대한 나의 자세를 자세히 서술(敍述)한 대문이다。재삼 음독(吟讀)하여 명심하기 바란다。

〔六〕 道吾惡者是吾師道吾好者是吾賊

讀法 道吾惡者(도오오자)는 是吾師(시오사)요 道吾好者(도오호자)는 是吾賊(시오적)이니라

直譯 나를 싫다고 말하는 사람은 곧 나의 스승이고、나를 좋다고 말하는 사람은 곧 나의 도둑이다。

語義 ○道(도)—말하다. ○是(시)—이. 이것. 곧. ○師(사)—스승. 선생. ○賊(적)—도둑. 해치다.

意譯 나를 싫어하며 잘못된 점을 깨우쳐주는 사람은 나의 스승이고, 나를 좋아하며 칭찬해 주는 사람은 반드시 나를 해치는 사람이다.

餘說 이 대문은 종래의 초략본과 이 책의 대본과는 다음과 같이 다르다.

道吾惡者、是吾師。道吾好者、是吾賊。(대본)
善←　　　賊←　　　惡←　　　師←　(초략본)

〔七〕 太公曰勤爲無價之寶愼是護身之符

讀法 太公(태공)이 曰(왈)、勤爲無價之寶(근위무가지보)요 愼是護身之符(신시호신지부)니라

直譯 강태공이 말하기를, 『부지런한 것은 값을 칠 수 없을 정도의 귀중한 보배가 될 것이오, 삼가는 것은 이것이 몸을 보호하는 부적(符籍)이다』 하였다.

語義 ○勤(근)—부지런함. ○無價(무가)—값을 매기지 못할 정도의 귀중한 것. ○寶(보)—보배. 진귀한 것. ○愼(신)—삼감. 조심함. ○護身(호신)—몸을 보호함. ○符(부)—부적(符籍). 신불(神佛)이 가호(加護)한다는 나뭇조각이나 종이로 만든 것.

意譯 강태공이 말했다. 『사람이 부지런하다는 것은 돈으로 살 수 없는 귀중한 보배가 될 것이고, 모든 일에 삼가는 것은 자기 몸을 보호하는 부적이 된다』고.

餘說 「無價」란 단어는 값이 없는 하찮은 것이라는 뜻 이외에 값을 칠 수가 없을 만큼 귀중하다는 뜻도 있다.

곧 「無價之寶」는 값을 칠 수가 없는 귀중한 보배이다.

〔八〕 景行錄云保生者寡慾保身者避名無慾易無名難

讀法 景行錄(경행록)에 云(운)、保生者(보생자)、는 寡慾(과욕)。하고 保身者(보신자)、는 避名(피명)。하나니 無慾(무욕)은 易(이)、나 無名(무명)은 難(난)。이니라

直譯 경행록에 이르기를、『삶을 보호하는 사람은 욕심이 적고、몸을 보호하는 사람은 이름을 피하나니、욕심을 없애기는 쉬운 일이나 이름 없애기는 어려운 일이다』하였다.

語義 ○保生者(보생자)—삶을 안전하게 보전(保全)하는 사람. ○寡慾(과욕)—욕심이 적음. ○保身者(보신자)—몸을 안전하게 보전하는 사람. ○避名(피명)—이름이 세상에 나는 것을 피함. ○無慾(무욕)—욕심이 없음. ○易(이)—쉽다. 음이 「역」이면 바꾼다는 뜻이 됨. ○無名(무명)—이름이 세상에 나는 것을 없앰. ○難(난)—어렵다.

意譯 경행록에 말했다. 『자기의 삶을 잘 보전하는 사람은 욕심이 적고、자기의 몸을 잘 보전하는 사람은 이름이 세상에 나는 것을 피한다. 욕심을 없애기는 쉬운 일이나 이름이 세상에 나는 것을 없애기는 어려운 일이다』고.

餘說 이 대문은 구문이 다음과 같다.

```
景行錄 云、保 ─┬─ 生 ─┐          ┌─ 寡慾。─┐          ┌─ 慾 易、
               └─ 身 ─┴─ 者 ─┴─ 避名。─┴─ 無 ─┴─ 名 難
```

〔九〕 子曰君子有三戒少之時血氣未定戒之在色及其壯也血氣方剛戒之在鬪及其老也血氣既衰戒之在得

讀法 子ㅣ曰、君子ㅣ有三戒하니 少之時엔 血氣未定이라 戒之在色이오 及其壯也하연 血氣方剛이라 戒之在鬪요 及其老也하연 血氣既衰라 戒之在得이니라

(자ㅣ왈, 군자ㅣ유삼계하니 소지시엔 혈기미정이라 계지재색이오 급기장야하연 혈기방강이라 계지재투요 급기노야하연 혈기기쇠라 계지재득이니라)

直譯 공자께서 말씀하시기를, 『군자는 세 가지 경계할 것이 있나니, 젊었을 때에는 혈기가 아직 정해지지 않았는지라. 이를 경계함에는 색에 있고, 그 큼에 이르러서는 혈기가 바야흐로 강한지라 이를 경계함에는 싸움에 있고, 그 늙음에 이르러서는 혈기가 이미 쇠한지라 이를 경계함에는 얻음에 있다』하셨다

語義 ○君子(군자)—지덕(知德)을 겸비한 훌륭한 남자. 소인의 대. ○三戒(삼계)—세 가지 경계해야 할 것. ○少之時(소지시)—젊었을 때. ○血氣(혈기)—격동(激動)하기 쉬운 의기. ○未定(미정)—아직 정해지지 않음. ○戒之(계지)—이것을 경계함. ○在色(재색)—색을 경계하는데 있음. 색은 남자 여자가 탐하는 것. ○及其(급기)—그에 미치어. 그에 이르러. ○方剛(방강)—바야흐로 굳세다. 한창 굳세다. ○鬪(투)—싸움. ○既衰(기쇠)—이미 쇠약함. ○得(득)—재물을 얻음. 명리(名利)를 얻음.

意譯 공자께서 말씀하셨다. 『도에 뜻을 둔 군자에게는 일생 동안에 있어 각각의 시기를 당하여 주의해야 할 세 가지 사항이 있다. 제一은 나이가 젊었을 시기는 사람의 혈기가 아직 정해지지 않은 시기이므로 쉽게 정에 움직이기 쉽다. 그 중에도 정의 발동이 가장 격심하고 또 맹목적인데 빠지기 쉬운 것은 남녀간의 색이므로 소장(少壯)의 사람은 특히 이점을 경계하지 않으면 안된다. 제二는 나이 三十 또는 四十의 장년기(壯年期)가 되면 인간의 혈기도 강하게 되고 따라서 자기의 주장이 확립하는 반면에는 자아도 강하게 된다. 이 자아의 주장이 강하게 되는 때는 싸움도 일어나는 때이기도 하니, 이 시기의 사람은 특히 남과 싸우는 일을 경계하지 않으면 안된다. 제三으로 노년이 되어오면 인간의 혈기가 이미 쇠퇴하고, 안일을 얻으려는 마음이 성하게 되어 온다. 그래서 안일은 재화의 이익을 많이 얻는 일에 따라서 만족되니까 노년의 사람은 특히 재화의 이익을 얻는 일에 주의하지 않으면 안된다』고.

餘說 이 대문은 논어 계씨편(季氏篇) 제七 장에 있는 글이다。 여기에는 공자왈(孔子曰)로 되어 있는데 이 대문에서는 자왈(子曰)로 되어 있다。 논어에서 따왔다면 마땅히 「孔子曰」로 적는 것이 옳다。

〔一〇〕孫眞人養生銘怒甚偏傷氣思多太損神神疲心易役氣弱病相因勿使悲歡極當令飮食均再三防夜醉第一戒晨嗔

讀法 孫眞人養生銘(손진인양생명)、에 怒甚偏傷氣(노심편상기)、요 思多太損神(사다태손신)。이라 神疲心易役(신피심이역)、이오 氣弱病相因(기약병상인)。 勿使悲歡極(물사비환극)、하고 當令飮食均(당령음식균)、하며 再三防夜醉(재삼방야취)、하고 第一戒晨嗔(제일계신진)。하라

直譯 손진인 양생명에、『성내기를 심히 치우치면 기운이 상하게 될 것이오、생각이 많고 심하면 정신을 손상한다。 정신이 피곤하면 마음을 수고롭게 하기 쉽고、기운이 약하면 여기 따라 병이 난다。 슬픔과 기쁨에 마음을 다하지 말고 마땅히 음식을 고르게 하며、자주 밤에 술에 취하지 말고 첫째로 새벽녘에 성내지 않도록 경계하라』 하였다。

語義 ○孫眞人(손진인)—도가(道家)의 선생。 ○眞人(진인)—참된 도를 체득한 사람。 선인(仙人)。 지인(至人)。 남자의 선인(仙人)을 진인(眞人)이라 함。 ○養生銘(양생명)—생명을 기르는데 유의하여야 할 것을 적은 글。 ○銘(명)—마음에 새겨서 잊지 않는다는 뜻으로、무체의 이름으로 쓰임。 곧 한문의 한 체로서 혹은 그릇에 새겨 스스로 경계하고 혹은 묘비(墓碑) 등에 새겨 그 사람의 공덕을 찬양하는 글이다。 ○怒(노)—성냄。 ○偏(편)—치우치다。 ○傷氣(상기)—기운을 상하다。 ○思(사)—생각。 ○太(태)—심하다。 ○損神(손신)—정신을 손상함。 ○神疲(신피)—정신이 피로함。 ○役(역)—부리다。 ○氣弱(기약)—기운이 약함。 ○相(상)—바탕。 ○勿使(물사)—…하지 말라。 「勿」은 금지사(禁止詞)。 ○極(극)—궁극。 다하다。 ○當令(당령)—마땅히…하게 하다。 ○再三(재삼)—자주。 ○醉(취)—술취하다。 ○晨(신)—

새벽녘。 ○嗔(진)—성내다。 꾸짖다。

意譯 손진인 양생명에、『너무 몹시 성을 내면 기운을 상하게 되고 생각을 너무 지나치게 하면 정신을 손상하게 된다。 정신이 피로하고 보면 마음을 수고롭게 하기 쉽고 기운이 약하면 병이 여기 따라서 일어나게 된다。 슬픈 것이나 기쁜 것을 지나치게 말고 음식도 양에 알 맞게만 먹어라。 자주 밤에 술을 마셔서 취하지 말고 무엇보다도 첫 새벽에 성내는 것을 경계할 것이다』라고。

餘說 다음과 같이 이 대문을 분석해 본다。

首聯 (怒甚偏傷氣、思多太損神。 神韻) 起

前聯 (神疲心易役、氣弱病相因。 因韻) 承

後聯 (勿使悲歡極、當令飮食均。 均韻) 轉

尾聯 (再三防夜醉、第一戒晨嗔。 嗔韻) 結

오언 율시(五言律詩)의 형식으로 된 명(銘)이다。 따라서 「神・因・均・嗔」은 압운(押韻)이다。

〔一一〕 景行錄云食淡精神爽觀淸夢寐安

讀法 경행록(景行錄)에 운(云)、식담정신상(食淡精神爽)。이오 관청몽매안(觀淸夢寐安)。이니라

直譯 경행록에 이르기를、『먹는 것이 담박(淡泊)하면 정신이 상쾌하고、보는 것이 맑으면 잠을 자며 꿈을 꾸어도 편안하다』 하였다。

語義 ○食淡(식담) 음식의 맛이 담박(淡泊)한 음식을 먹는 것。 ○爽(상상)—쾌함。 ○觀淸(관청)—보는 것이 깨끗함。 ○夢寐(몽매)—잠을 자며 꿈을 꾸는 꿈。

意譯 경행록에 말했다。『일상 생활에 있어 담박한 음식을 먹고 살면 정신이 상쾌하고、일상 생활에 깨끗한 것만 보면 잠자며 꿈을 꾸어도 꿈자리가 편안하다』고。

餘說 이 대문은 대본의 「食談」의 「談」은 「淡」의 오자이고、「夢昧」의 「昧」는 「寐」의 오자이고、재래 초략본의 「心淸」은 「觀淸」임이 대본에 의하여 밝혀졌다。

〔一二〕景行錄云定心應物雖不讀書可以爲有德君子

讀法 경행록운 정심응물 수불독서
景行錄에云、定心應物이면 雖不讀書、
가이위유덕군자
可以爲有德君子ㅣ니라

直譯 경행록에 이르기를、『마음을 정하여 모든 일에 응한다면 비록 글을 읽지 않았드라도 써 덕이 있는 군자가 될 수 있다』 하였다。

語義 ○定心(정심)—마음을 결정함。 ○應物(응물)—사물에 대응함。모든 일을 처리함。 ○雖(수)—비록 …할지라도。재역 문자(再譯文字)。 ○可(가)—긍정 또는 단정하는 말。 ○以爲(이위)—생각컨대。 ○有德(유덕)—덕이 있음。

意譯 경행록에 말했다。『마음을 정하여 모든 일을 처리한다면 비록 글은 읽지 않았다 할지라도 생각컨대 덕이 있는 군자라 할만하다』고。

餘說 글만 읽었다고 훌륭한 것이 아니라 글속에 있는 훌륭한 말들을 마음에 간직하고 실행을 하여 얻은 바 지식을 실천하는 산 지식의 소유자야 말로 덕이 있는、다운 군자라 할 수 있다는 것이 이 대문의 대의이다。

〔一三〕近思錄云懲忿如救火窒慾如防水

讀法 近思錄(근사록)에 云(운)、懲忿(징분)을 如救火(여구화)하고 窒慾(질욕)을 如防水(여방수)하라

直譯 근사록에 이르기를, 『분함을 참기를 불을 끄는 것 같이 하고, 욕심을 막기를 물을 막는 것 같이 하라』 하였다.

語義 ○近思錄(근사록)—책 이름. 十四권. 송(宋)나라 주희(朱熹)·여조겸(呂祖謙)의 공찬(共撰). 송나라의 도학자(道學者) 주염계(周濂溪)·정명도(程明道)·정이천(程伊川)·장횡거(張橫渠)의 말에서 수신(修身)·제가(齊家)·치국(治國)의 일상에 필요한 것 六백 二十二 조를 초출(抄出)하여 도학의 요지를 표시한 책. 一, 도체(道體)·二, 위학(爲學)·三, 치지(致知)·四, 존양(存養)·五, 극기(克己)·六, 가도(家道)·七, 출처(出處)·八, 치체(治體)·九, 치법(治法)·十, 정사(政事)·十一, 교학(敎學)·十二, 경계(警戒)·十三, 변이단(辨異端)·十四, 관성현(觀聖賢)의 十四문(門)으로 분류함. ○懲忿(징분)—분한 것을 참음. ○救火(구화)—불을 끔. 소화(消火). ○窒慾(질욕)—욕심을 막음. ○防水(방수)—물을 막음.

意譯 근사록에 말했다. 『분나는 것과 욕심 나는 것은 군자의 수도(修道)에 커다란 장애물이니 이것을 참고 막기를 불난데 불을 끄고, 물 터진데 물을 막듯이 하라』고.

餘說 「懲忿 窒慾」이라는 말은 역경(易經) 손괘(損卦)에 나오는 말인데 분노(忿怒)와 사욕(私慾)은 덕을 쌓는데 해로우므로 이를 참고 억제함이 마땅하다는 것이다. 이 대문은 「如救火·如防水」의 비유어(比喩語)를 가지고 이룬 글이다.

이 대본이나 초략본에는 거의 「如救火」가 「如故人」으로 「救火」가 「故火」로 되어 있다. 초략본 중에 「救火」로 된 책이 있어 다음과 같이 병서(並書)하여 검토해 보니 「故人」보다는 「救火」가 정당성이 인정되어 고치기로 하였다.

近思錄云、懲忿如救火。
窒慾如防水。

〔一四〕 夷堅志云避色如避讎避風如避箭莫喫空心茶少食中夜飯

讀法 이견지 운 피색 여피수 피풍
夷堅志에 云、避色을 如避讎、하고 避風을
여피전 막끽공심다 소식중야반
如避箭。하라 莫喫空心茶、하고 少食中夜飯。하라

直譯 이견지에 이르기를, 『욕정을 피하기를 원수 피하는 것 같이 하고, 바람 피하기를 화살을 피하는 것 같이 하라. 빈 속에 차를 마시지 말고, 밤중에는 밥을 먹기를 적게하라』 하였다.

語義 ○夷堅志(이견지)—책 이름. 송나라 홍매(洪邁)의 찬(撰)으로 신선과 귀신의 이야기를 잡록(雜錄)한 것. 원래 四백 二十권이었으나 지금은 산일(散佚)되어 五十권 뿐임. ○夷(이)—오랑캐. 동쪽 오랑캐임. 그래서 중국에서는 우리나라를 동이(東夷)라 했다. ○志(지)—기록하다. 적다. ○避(피)—피함. ○色(색)—여색(女色). 남자와 여자 사이에 탐하는 것. ○讎(수)—원수. ○風(풍)—바람남. 마음이 들뜸. ○箭(전)—화살. ○莫(막)—…말라. 금지사(禁止詞). ○喫(끽)—먹다. ○空心(공심)—빈속. 공복. ○茶(다)—차. 「早取曰茶、晩取曰茗。」 본음(本音)이 차. 예 차례(茶禮). ○中夜(중야)—밤 중. 한 밤중.

意譯 이견지에 말했다. 『여색을 피하기를 원수를 피하 듯이 하고, 바람 피하기를 날아오는 화살을 피하 듯하라. 속이 비었을 제 차를 마시지 말고, 한 밤 중에 밥을 많이 먹지 말라』고.

餘說 이 대문은 다음과 같이 오언 절구(五言絕句)의 한시형으로 되어 있다.

避色如避讎、起第一句
避風如避箭。承第二句 箭韻

莫喫空心茶、轉 第三句

少食中夜飯。結 第四句 飯韻

〔一五〕〔荀子曰無用之辯不急之察棄而勿治〕若夫君臣之義父子之親夫婦之別則日切磋而不舍也

讀法 荀子ㅣ曰、無用之辯、과 不急之察、을 棄而勿治。니 若夫君臣之義、와 父子之親、과 夫婦之別、은 則日切磋而不舍也。니라
(순자 왈 무용지변 불급지찰 기이물치 약부군신지의 부자지친 부부지별 즉일절차이불사야)

直譯 순자가 말하기를, 『쓸데 없는 의논과 급하지 않은 고찰을 버려두고 다스리지 말지니, 무릇 군신간의 의와 부자간의 친함과 부부간의 분별과 같은 것은 곧 날로 힘써 닦으면서 버리지 말 것이다』 하였다.

語義 ○無用之辯(무용지변)—쓸데 없는 논의. ○不急之察(불급지찰)—급하지 않은 고찰. ○棄而勿治(기이물치)—버려두고서 다스리지 않는다. ○夫(부)—대저. 무릇. 그. ○君臣之義(군신지의)—임금과 신하간의 도(道). ○父子之親(부자지친)—부자간의 정애(情愛). ○夫婦之別(부부지별)—남편과 아내 사이의 분별. ○切磋(절차)—「切磋琢磨」의 준 말로 골각(骨角) 또는 옥석(玉石)을 자르고 갈고 쪼고 닦는다는 뜻으로, 학문과 덕행(德行)을 힘 써 닦음의 비유로 쓰임. ○不舍(불사)—버리지 않음. 「舍」는 「捨」와 통용.

意譯 순자가 말했다. 『무익한 의논과 불급의 고찰은 버려야할 것이다. 그러나 군신의 도, 친자의 정애(情愛) 부부의 분별은 인륜(人倫)이므로 서로 경계해 가면서 날마다 높여가지 않으면 안된다』고.

餘說 이 대문은 순자 천론편(天論篇)에 있는 말이다. 출전(出典)에 의하여 이 대본의 오자(誤字)를 다음과 같이 바로잡는다. 「父子之親」의 「親」자를 「恩」자로 했기에 고치었다. 그리고 전반부는 초략본에 나왔지만 후

반부는 생략되어 있다。

〔一六〕子曰衆惡之必察焉衆好之必察焉

讀法 자 왈 중 오 지 필 찰 언 중 호
子ㅣ曰、衆이 惡之라도 必察焉。하고 衆이 好
지 필 찰 언
之라도 必察焉。이니라

直譯 공자께서 말씀하시기를、『모든 사람이 미워할지라도 반드시 살필 것이며、모든 사람이 좋아할지라도 반드시 살필 것이다』하셨다。

語義 ○衆(중)—여러 사람。모든 사람。○惡之(오지)—미워하다。○焉(언)—어조사。여기에서는 지정의 뜻을 나타내는 조사(助詞)。

意譯 공자께서 말씀하셨다。『많은 사람이 어느 사람을 미워할 경우에도 그 세평(世評)을 그대로 곧 신용(信用)하지 않고 반드시 충분히 그 인물을 관찰한다。또 많은 사람이 어느 사람을 좋아할 경우에도 똑같이 해서 반드시 충분히 그 인물을 관찰한다』고。

餘說 이것은 대개 사람에 대한 세평이라는 것은 틀리기 쉬운 것이므로 경솔하게 세평을 신용하지 않고、그 인물에 대해서 스스로 신중하게 관찰해야 할 것을 설명한 것이다。이 신중한 관찰이 있어서 비로소 「惟仁者라야 能好人、하며 能惡人。이니라」(里仁、三)인자다운 실(實)을 올릴 수 있기 까닭이다。이 대문은 논어 위령공(衞靈公) 제二七 장에 있다。그러므로 본 대본의 「好」와 「惡」의 선후가 논어와 달라 바로잡았다。

〔一七〕酒中不語眞君子財上分明大丈夫

讀法 주중불어 진군자 재상분명 대장부
酒中不語는 眞君子요 財上分明은 大丈夫니라

直譯 술자리가 무르익었을 때에 말을 하지 않는 사람은 참다운 군자고, 재물에 대하여 분명한 사람은 대장부다.

語義 ○酒中(주중)—술자리가 한창일 때. ○不語(불어)—말을 하지 않음. ○財(재)—재물. ○分明(분명)—똑똑함. 명료함.

意譯 술자리에서 말을 많이 하지 않는 사람은 참다운 군자이고, 재물을 가지고 분명한 사람은 대장부이다.

餘說 「酒中不言」이라고 된 책도 있으나 「酒中不語」로 된 책이 많기로 이를 따랐다. 더욱 이 책의 대본도 「語」로 되어 있다.

「酒中不語」란 말은 술자리에서 전연 말을 않는게 아니라 말을 많이 지꺼리지 않는 것으로 풀이하여야 옳을 것이다. 술이 얼큰하면 이소리 저소리 이야기가 많이 나오는 것이 상정(常情)이다. 이렇게 말을 듣기 싫을 정도로 많이 않는 것으로 적당히 말하고 적당히 끝내는 것을 뜻한다.

〔一八〕 萬事從寬其福自厚

讀法 만사 종관 기복 자후
萬事에 從寬이면 其福이 自厚니라

直譯 만사에 너그러움을 좇으면 그 복이 저절로 많아진다.

語義 ○萬事(만사)—모든 일. 만 가지 일. ○從寬(종관)—너그러움을 따르다. ○其福(기복)—자기에게 오는 복. ○自厚(자후)—저절로 많다.

意譯 모든 일을 행하는데 너그러운 것으로 하면 자기에게 오는 복도 저절로 많아진다.

餘說 인간이 너그러운 마음을 가지고 일상 생활사를 처리해가면 복이 저절로 많아진다는 것이다。 사람이란 혼자만이 살 수 있는게 아니고 사람끼리 모이어 살게 되어 있다。 이 사람들에게 관대(寬大)하게 대해야 자신에게 보탬이 오는 것이다。

〔一九〕太公曰欲量他人先須自量傷人之語還是自傷含血噴人先汚其口

讀法
태공 왈 욕 량타인 선수자량
太公이 曰、欲量他人이어든 先須自量하
상인지어 환시자상 함혈분인
라 傷人之語、면 還是自傷。이니 含血噴人、이
선오기구
면 先汚其口니라

直譯 강태공이 말하기를、『다른 사람을 알고자 하거든 먼저 모름지기 스스로를 알라。 남을 해롭게 하는 말이면 도리어 곧 스스로를 해롭게 하나니、피를 머금고 남에게 뿜으면 먼저 그 입이 더러워진다」 하였다。

語義 ○欲(욕)—하고자함。 하려함。 ○量(량)—헤아리다。 상량(商量)하다。 추측하다。 ○須(수)—모름지기…하다。 명령 또는 결정의 말。 재역 문자(再譯文字)。 ○含(함)—머금음。 ○噴(분)—뿜다。 ○汚(오)—더럽다。

意譯 강태공이 말했다。『남의 마음이 어디에 있는지 추측코자 하면 먼저 자기의 마음을 추측하여 생각해 보아라。 남을 해치는 말이라면 도리어 자기를 해치는 말이 된다。 이것은 마치 자기 입으로 피를 머금어 남에게 뿜으면 먼저 자기입이 더러워지는 것과 같다』고。

餘說 이 대문은 가정법의 문장이다。

남에 대해서	수정토	재래토	나에 대해서	수정토	재래토

欲量他人	이어든	인대	先須自量	하라	하라
傷人之語、	면	는	還是自傷	이니	이니
含血噴人、	이면	에	先汚其口	니라	니라

〔二〇〕 凡戲無益惟勤有功

讀法 凡戲(범희)는 無益(무익)이오 惟勤(유근)이 有功(유공)이니라

直譯 무릇 유희는 이익이 없고、오직 부지런한 것만이 공적이 있다。

語義 ○凡(범)—무릇。대저。대개。○戲(희)—놀다。희롱하다。유희(遊戲)하다。○惟(유)—오직。오직…할 뿐이다。○功(공)—공。공훈(功勳)。공적(功績)。

意譯 대개 공연히 희롱하고 놀기만 하는 것은 아무런 유익함이 없고、오직 부지런한 사람만이 공훈을 세울 수 있다。

餘說 이 대문은 다음과 같은 상등 대립구(相等對立句)로 성립되어 있다。「凡」자와 「惟」자의 사용법을 알아 두기 바란다。

凡戲無益。
惟勤有功。

〔二一〕 太公曰瓜田勿躡履李下不整冠

讀法 太公(태공)이 曰(왈)、瓜田(과전)에 勿躡履(물섭리)。하고 李下(이하)에 不整冠(부정관)。하라

直譯 강태공이 말하기를、『외 밭에서 신을 고쳐신지 말고、자두 나무 아래에서 갓을 고쳐 쓰지 말라』 하였다。

語義 ○瓜田(과전)—외 밭。○勿躡履(물섭리)신을 신지 말라。신을 고쳐 신지 말라。「躡」은 신을 신다。「履」는 신。○李下(이하)—오얏나무 아래。자두나무 아래。○不整冠(부정관)—갓을 바로잡아 쓰지 아니함。갓을 바르게 고쳐 쓰지 아니함。

意譯 강태공이 말했다。『남의 외 밭을 지나갈 때에는 외를 훔치지나 않나 하고 의심할 터이니 구부리고 신발을 고쳐 신지 말고、남의 자두나무 아래를 지나갈 때에는 혹시 자두를 훔치지나 않나 의심할 터이니 갓을 바로 고쳐 쓰지 말라。즉 어떤 행동이 장소에 따라 의심을 유발할 우려가 있으면 하지 말라』고。

餘說 이 대문은 고래로 글자가 약간씩 달리 전해 오고 있다。다음을 참조하기 바란다。

「〔古 樂 府、君 子 行〕君 子 防ニ未 然ー、不ㇾ處ニ嫌 疑 間ー。瓜 田 不ㇾ納 履。李 下 不ㇾ正ㇾ冠。〔注〕翰 曰、納、取也。取ㇾ履、疑ㇾ盜ㇾ瓜。正ㇾ冠、疑ㇾ盜ㇾ李 也。」

「〔書 言 故 事、冠 履 類〕別ニ嫌 疑ー曰ニ瓜 田 不ㇾ納ㇾ履。」

「瓜・爪」는 구별하는데 혼동하기 쉽다。외에는 손톱 있고、손톱에는 손톱 없다로 기억하면 「瓜(외 과)・爪(손톱 조)」를 구별하는데 도움이 된다。「瓜」자는 수로는 十四라는 뜻이 있다。외꽃이 피었다 시들어 떨어지기까지는 十四일 동안이 걸린다는 데서 근거한 뜻이다。여자는 十四세가 되면 월경을 갖는다고 해서 여자의 나이 十四세를 과년이라 한다。지금도 노인들의 말에 아무개에게 과년(瓜年)된 딸이 있을 걸 하는 말을 듣는 경우가 있다。「過年」이라고도 쓰지만 어원에 치중한다면 「瓜年」이라야 한다。

〔二三〕景行錄云心可逸形不可不勞道可樂身不可不憂形不勞則怠惰易蔽身不憂則荒淫不定故逸生於勞而常休樂生於憂而無厭逸樂者憂勞其可忘乎

讀法 景行錄(경행록)에 云(운)、心可逸(심가일)이언정 形不可不勞(형불가불로)요 道可樂(도가락)이언정 身不可不憂(신불가불우)니 形不勞(형불로)면 則怠惰易弊(즉태타이폐)하고 身不憂(신불우)면 則荒淫不定(즉황음부정)이라 故(고)로 逸生於勞而常休(일생어로이상휴)하고 樂生於憂而無厭(낙생어우이무염)하나니 逸樂者(일락자)는 憂勞(우로)를 其可忘乎(기가망호)아

直譯 경행록에 이르기를, 『마음은 편안할 수 있을지언정 나타남은 수고롭지 않을 수 없고, 도는 즐길 수 있을지언정 몸은 근심하지 않을 수 없을 것이니, 나타남이 수고롭지 않으면 게을러서 피곤하기 쉽고 몸에 근심하지 않으면 주색에 빠져서 마음을 정하지 못한다。 그러므로 편안한 것은 수고하는 데서 생겨 늘 기쁜 것이고, 즐거운 것은 격정하는 데서 생겨 싫지 않은 것이니, 편안하고 즐거운 사람은 격정과 수고로움을 그 가히 잊겠는가?』 하였다。

語義 ○可(가)—…할 수 있다。 ○逸(일)—편안하다。 ○形(형)—나타남。 ○不可不(불가불)—아니할 수 없다。 ○勞(로)—수고로움。 ○道(도)—길。 준수하여야 할 도덕。 ○樂(락)—즐거움。 ○憂(우)—근심。 걱정。 ○怠惰(태타)—게으름。 ○易(이)—쉽다。 ○弊(폐)—피곤함。 ○荒淫(황음)—주색(酒色)에 빠짐。 ○不定(부정)—믿기 어려움。 정하지 못함。 ○常(상)—늘。 항상。 ○休(휴)— 좋아함。 ○厭(염)—싫어함。 ○其可忘乎(기가망호)—그것을 잊을 수 있겠는가?

意譯 경행록에 말했다『마음은 편안할 수 있다손 치더라도 나타남은 항상 수고로와야 하고, 도를 즐길 수 있다손 치더라도 몸에 걱정이 있어야 한다。 나타남이 수고하지 않고 보면 게으르고 쉽게 피곤하며, 몸에 걱정

하는 것이 없다 보면 주색의 음탕한 데로 빠져 믿기 어렵다。그렇기 때문에 편안한 것은 수고하는 데서 생기어 항상 좋을 것이고、즐거운 것은 걱정하는 데서 생기어 언제나 싫지 않을 것이니、모든 일에 편안하고 즐겁고자 하는 사람은 그 걱정과 수고를 잊을 수 있겠는가?』라고。

餘說 이 대문은 다음과 같은 대립구(對立句)로 된 문장이다。

景行錄云、

〔心可逸 形不可不勞。
 道可樂 身不可不憂。

〔形不勞、則怠惰易弊。
 身不憂、則荒淫不定。

故

〔逸生於勞、而常休。
 樂生於憂、而無厭。

逸樂者、憂勞、其可忘乎。

끝으로 첨언(添言)코자하는 말은 대본에 따라「身不可不憂」및「身不憂」의「身」자가「心」자로、「其可忘乎」의「其」자가「豈」자로 되어 있는 초략본(抄略本)이 있어 이를 바로잡는다。

〔一三〕 景行錄云耳不聞人之非目不視人之短口不言人之過庶幾君子

讀法 경행록 운이불문인지비 목불
景行錄에 云、耳不聞人之非하고 目不

直譯 경행록에 이르기를、『귀로는 남의 그릇된 것을 듣지 않고、눈으로는 남의 단점을 보지 않고 입으로

視人之短하고 口不言人之過라야 庶幾君子니라
(시인지단 구불언인지과 서기군자)

는 남의 허물을 말하지 않아야 군자에 가깝다」 하였다.

語義 ○不(불)—이 대문에 세번 나오지만 뜻은 다 같이 「아니다」로 부정(否定)을 나타낸다. ○非(비)—비위(非違). 그릇되고 옳지 않은 것. 잘못. ○短(단)—단점. 부족한 점. ○過(과)—허물. 과실(過失). ○庶幾(서기)—가까움. 거의 되려함.

意譯 경행록에 말했다. 『귀로는 남의 비위(非違)를 듣지 않아야 하고, 눈으로는 남의 단점을 보지 않아야 하고, 입으로는 남의 과실을 말하지 않아야만 거의 군자에 가깝다고 한다』고.

餘說 이(耳)·목(目)·구(口)의 세 가지 감각에 따라 남의 비위·단점·과실 등을 듣지도, 보지도, 말하지도 않아야 군자라고까지는 할 수 없지만 군자의 범주에 가깝다고 하였다. 즉 군자의 범주에는 반드시 이 세 가지가 결여(缺如)되어서는 안된다는 말도 되며, 이 밖에도 여러 가지 조건이 허다하다는 뜻도 있다.

〔二四〕 蔡伯喈曰喜怒在心言出於口不可不愼也

讀法 蔡伯喈ㅣ 曰喜怒는 在心하고 言出於口하나니 不可不愼也니라
(채백개 왈 희노 재심 언출어구 불가불신야)

直譯 채백개가 말하기를, 『기쁨과 노여움은 마음에 있고, 말은 입에서 나오나니, 삼가지 않을 수 없다』 하였다.

語義 ○蔡伯喈(채백개)—후한(後漢) 어(圉)의 사람. 이름은 옹(邕). 성품이 지극히 효도스러우며, 젊어서부터 박학하고 사장(辭章)·술수(術數)·천문(天文)을 좋아하였음. 음률을 교묘(巧妙)히 조작(操作)하고 금(琴)을 잘 탐. 벼슬은 의랑(議郞), 봉(封)은 고양후(高陽侯). 가평중(嘉平中) 양사(楊賜)와 육경문자(六經文字)를 주정(奏定)하고 몸소 쓰고

비(碑)에 새겨 태학(太學) 문 밖에 세움。재이(災異)가 자주 일어남에 정황(程璜)에 의하여 원방(遠方)에 귀양 감。다음에 사면(赦免) 되어 돌아와 강해(江海)에 망명하다가 왕윤(王允) 때문에 옥사(獄死)함。뒤에 좌중낭장(左中郎將)을 받음。저서에 채중랑집(蔡中郎集)이 있음。주자(朱子)의 사위라고 전해짐。○伯(백)—맏。「伯仲叔」의 「伯」임。○喈(개)—종소리。새소리。○於(어)—…에서의 개사(介詞)。

意譯 채백개가 말했다。『사람이 기뻐하고 노여워하는 것은 사람의 마음 속에 있고、말은 입으로부터 나오는 것이니、삼가하지 않을 수 없다』고。

餘說 「蔡伯喈」의 「喈」자가 「諧・皆」자로 되어 있는 책이 많다。이 책의 대본도 「皆」로 되어 있어 오식(誤植)을 바로잡았다。

〔一二五〕 宰予晝寢子曰朽木不可雕也糞土之牆不可圬也

讀法
재여주침 자왈 후목 불가조
宰予晝寢。이어늘 子ㅣ曰、朽木은 不可雕
야 분토지장 불가오 야
也。며 糞土之牆、은 不可圬也。니라

直譯 재여가 낮잠을 자고 있거늘、공자께서 말씀하시기를、『썩은 나무에는 조각을 할 수 없으며、더러운 흙으로 쌓은 담은 흙손질을 할 수 없다』하셨다。

語義 ○宰予(재여)—공자의 제자로 십철(十哲)의 한 사람。중국 춘추 시대(春秋時代) 노나라 사람이다。성은 재(宰)、이름은 여(予)。자는 자아(子我) 또는 재아(宰我)라고 불렀음。말을 잘 하였고、늘 낮잠을 잘 자서 공자께서 이러한 경계의 말씀을 하셨다고 함。○晝寢(주침)—낮잠。○朽木(후목)—썩은 나무。○不可(불가)—…할 수 없다。○雕(조)—새기다。○糞土(분토)—썩은 흙。더러운 흙。○牆(장)—담。「墻」은 속자。○圬(오)—흙손。흙손질 하다。「杇・釫」와 같음。

意譯 제자 재여가 낮잠을 자고 있었다。거기서 공자께서는 몹시 심하게 재여의 태도를 꾸짖으시며 말씀하셨

다。『썩어빠진 나무는 아무리 이에 조각을 하여 훌륭한 것으로 하려 생각하여도 될 수 있는 것은 아니다。또 썩은 담 같은。썩은 흙으로 된 담은 아무리 흙을 발라서 고쳐 토담을 만들려 해도 될 수 있는 것은 아니다。재여는 그 후목 분토(朽木糞土)와 같은 것이다』고。

餘說 이 책의 대본에 「不可圬也」의 「圬」자를 「汚」자로 오식(誤植)을 내었기에 바로잡았다。그리고 「杇・杇・圬・釫・汚」는 다음과 같이 다르다。

「杇・圬・釫」는 「흙손 오」로 같은 글자다。

「杇」는 「朽(썩을 후)」자의 와자(譌字)다。

「汚」는 「더러울 오」자이다。논어에는 「朽木」을 「휴목」으로 읽고 있다。

〔二六〕〔紫虛元君誠諭心文福生於淸儉德生於卑退道生於安靜命生於和暢患生於多慾禍生於多貪過生於輕慢罪生於不仁戒眼莫看他非戒口莫談他短戒心莫自貪嗔戒身莫隨惡伴無益之言莫妄說不干己事莫妄爲〕默默默無限神仙從此得饒饒饒千災萬禍一齊消忍忍忍債主寃家從此盡休休休盖世功名不自由〔尊君王孝父母敬尊長奉有德別賢愚恕無識物順來而勿拒勿旣去而勿追身未遇而勿望事已過而勿思聰明多暗昧算計失便宜損人終自失倚勢禍相隨戒之在心守之在氣爲不節而亡家因不廉而失位勸君自警於平生可歎可驚而可畏上臨之以天鑑下察之以地祇明有王法相繼暗有鬼神相隨惟正可守心不可欺戒之戒之〕

讀法

紫虛元君誠諭心文에 福生於淸儉하고 德生於卑退하고 道生於安靜하고 命生於和暢하고 患生於多慾하고 禍生於多貪하고 過生於輕慢하고 罪生於不仁이니라。 戒眼莫看他非하고 戒口莫談他短하고 戒心莫自貪嗔하고 戒身莫隨惡伴하라。 無益之言을 莫妄說하고 不干己事를 莫妄爲하라。 默默默이면 無限神仙도 從此得이오 饒饒饒면 千災萬禍도 一齊消요 忍忍忍이면 債主冤家도 從此盡이오 休休休면 蓋世功名도 不自由니라。 尊君王孝父母하고 敬尊長奉有德하고 別賢愚恕無識하라。 物順來而勿拒하고 物旣去而勿追하고 身未遇而勿望하고 事已過而勿思하라。 聰明도 多暗昧요 算計도 失

直譯

자허원군 성유심문에 『복은 깨끗하고 검소한 데서 생기고, 덕은 자기 몸을 낮추고 겸손하게 하는 데서 생기고, 도는 안정된 데서 생기고, 명은 화창한 데서 생기고, 근심은 욕심이 많은 데서 생기고, 재앙은 탐이 많은 데서 생기고, 과실은 경만하는데서 생기고 죄는 어질지 못한 데서 생긴다. 눈을 경계하여 남의 비위(非違)를 보지말게 하고, 입을 경계하여 남의 단점을 말하지 말게하고, 마음을 경계하여 재물을 탐내거나 성내지 말게 하고, 몸을 경계하여 나쁜 동무를 따르지 말게 하라. 이익이 없는 말을 함부로 지껄이지 말고, 자기와 관계가 없는 일을 함부로 하지 말라. 잠잠하고 또 잠잠하면 끝이 없는 신선도 이에 따라 얻게 되고, 넉넉하고 또 넉넉하면 천만 가지 재화도 모두 없어지게 되고, 참고 또 참으면 빚장이나 원수의 집도 모두 복종할 것이고, 쉬고 또 쉬면 세상을 뒤덮을 기개와 공명으로도 마음대로는 못한다. 군왕을 존경하며 부모에게 효도하고 어른을 존경하며 유덕한 이를 받들고, 어질고 어리석음을 구별하며 무식한 것을 용서하라. 물건이 순리로 오거든 막지 말고

便宜(편의)니라 損人終自失(손인종자실)이오 倚勢禍相隨(의세화상수)라 戒之在心(계지재심)하고 守之在氣(수지재기)라 爲不節而亡家(위부절이망가)하고 因不廉而失位(인불렴이실위)니라 勸君自驚於平生(권군자경어평생)하나니 可歎可驚而可畏(가탄가경이가외)라 上臨之以天鑑(상림지이천감)하고 下察之以地祇(하찰지이지기)라 明有王法相繼(명유왕법상계)하고 暗有鬼神相隨(암유귀신상수)라 惟正可守(유정가수)요 心不可欺(심불가기)니 戒之戒之(계지계지)하라

들건이 이미 가버렸거든 쫓아가지 말고, 몸이 아직 대우를 받지 못하거든 바라지 말고, 일이 이미 지나갔거든 생각하지 말라。 총명함도 어둡고 실수할 수가 있고 셈하는 법도 편의를 잃는다。 남에게 손해를 보이면 마침내는 자신이 손실을 보게되고 형세를 따르면 화도 서로 따른다。 이를 경계하는 데는 마음에 있고、이를 지키는 데는 기운에 있다。 절약을 아니하면 집이 망하고、청렴하지 않기 때문에 지위를 잃는다。 그대에게 권하나니 스스로 평생을 경계하라고、탄식해야 하고 놀라야 하며 두려워해야 할 것이다。 위로는 이에 임하기를 하늘의 거울로써 하고、아래로는 이를 살피기를 땅의 신으로써 한다。 밝으면 왕법(王法)이 있어 서로 계승하고、어두면 귀신이 있어 서로 따른다。 오직 바르게 지킬 수 있을 뿐이고、마음은 속일 수 없나니 이를 경계하고 또 이를 경계하라』 하였다。

語義 ○紫虛元君(자허원군)－도가(道家)에서 받드는 여자의 선인(仙人)。「紫虛」는 하늘을 말한다。 운하(雲霞)가 햇빛에 비치어 자색(紫色)이 되기 때문에 이렇게 말함。 원군(元君)은 여자의 신선을 아름답게 일컫는 말。 남자 선인은 진인(眞人)이라 함。 ○誠諭心文(성유심문)－정성으로 마음을 깨우쳐 주는 글이라는 뜻으로 무장의 이름。 또는 그 제목。 ○淸儉(청검)－깨끗하고 검소함。 ○卑退(비퇴)－겸손함。 ○安靜(안정)－마음과 정신이 편안하고 고요함。 ○和暢(화

창)—마음이 온화(溫和)하고 상쾌함。○多慾(다욕)—욕심이 많음。○多貪(다탐)—재물을 탐하는 마음이 많음。또는 명예나 좋아하는 무엇을 탐하는 마음이 많음。○輕慢(경만)—업신여김。○不仁(불인)—어질지 못함。잔인함。불편함。○戒(계)—주의함。경계함。○莫看(막간)—보지 말라。○非(비)—잘못。비위(非違)。그름。○談(담)—말하다。○短(단)—단점。부족한 점。○貪嗔(탐진)—마음에 싫은 일을 탐하고 성을 냄。○隨(수)—따르다。○惡伴(악반)—나쁜 친구。몹쓸 동무。○妄(망)—분별 없이。망녕되이。함부로。○不干己 事(불간기사)—나와 관계가 없는 일。나와 무관한 일。○默默默(묵묵묵)—몹시 조용함。아래「無限」과 합하여 다섯 글자를 채우기 위해 같은 글자를 셋이나 겹쳐 놓았으며、아주 조용한 모양의 강조형도 된다。○無限(무한)—한이 없음。○神仙(신선)—선도(仙道)를 닦아 도통(道通)하여 장생 불사(長生不死)하는 사람。○饒饒饒(요요요)—몹시 넉넉함。「默」자의 경우 같은 용법。○千災萬禍(천재만화)—천만 가지의 재화。○一齊消(일제소)—동시에 없어짐。모두 없어짐。○忍忍忍(인인인)—몹시 참음。「默」자의 용법과 같음。○債主(채주)—빚을 준 임자。빚장이。채권자。○寃家(원가)—원수。구수(仇讎)。「冤」과 같음。○從此盡(종차진)—이에 따라 다 없어짐。○休休休(휴휴휴)—그만두고 한가히 지냄의 강조형。용법은「默」자의 경우와 같음。○盖世(개세)—기개가 세상을 뒤덮음「盖」는「蓋」의 속자。○功名(공명)—공적과 명예。○不自 由(부자유)—제 마음대로 되지 않음。○尊(존)—높이다。존경하다。○尊長(존장)—웃어른。나이가 많은 어른。○敬(경)—공경함。○奉(봉)—받들다。받들어 모심。○別(별)—분별함。○賢愚(현우)—어진 사람과 어리석은 사람。○恕(서)—용서함。○物(물)—물건。○順來(순래)—순순히 옴。순하게 옴。○拒(거)—막음。「勿拒」는 막지 말라。○旣(기)—이미。○去(거)—가버림。○未遇(미우)—아직 대우를 받지 못함。○勿望(물망)—바라지 말라。○事(사)—일。○已(이)—이미。○勿思(물사)—생각하지 말라。○聰明(총명)—기억력이 좋고 슬기가 있음。○暗昧(암매)—사리를 분간 못함。○算計(산계)—세어 헤아림。○失(실)—잃는다。○便宜(편의)—편리하고 마땅함。형편。○倚勢(의세)—권세에 의지함。○相隨(상수)—서로 따름。○不節(부절)—절약하지 아니함。○亡家(망가)—집이 망함。○因(인)—때문에。○不廉(불렴)—청렴하지 못함。○失位(실위)—지위를 잃음。○勸君(권군)—그대에게 권한다。○天鑑(천감)—하늘의 거울。○地祇(지기)—국토(國土)의 신。○王法(왕법)—나라의 법。제왕(帝王)의 법。○相繼(상계)—서로 이어감。서로 계승(繼承)함。○惟(유)—오직 …할 뿐。○可守(가수)—지킬 수 있음。지켜야 함。○不可欺(불가기)—속일 수 없음。○戒之(계지)—조심함。조심하라

意譯 자허원군 성유심문에 『복이란 깨끗하고 겸소한 데서 생겨나고、덕이란 자기를 낮추고 겸손하게 하는데

서 생겨나고, 도란 마음과 정신이 편안하고 고요한 데서 생겨나고, 수명이란 마음이 온화하고 상쾌한 데서 생겨나고, 근심이란 욕심이 많은 데서 생겨나고, 화란 재물을 많이 탐내는 데서 생겨나고, 과실이란 남을 업신여기는 데서 생겨나고, 죄란 잔인한 데서 생겨나는 것이다. 자기의 눈을 조심스럽게 가져서 남의 잘못을 보지 말고, 입을 조심스럽게 가져서 남의 단점을 말하지 말고, 마음을 조심스럽게 가져서 스스로 탐하고 성을 내지 말고, 몸을 조심스럽게 가져서 나쁜 친구를 좇지 말라. 아무 도움이 없는 말을 분별없이 말하지 말고, 자기와 관계 없는 일을 함부로 하지 말라. 잠잠이 있으면 한 없는 신선도 이를 좇아서 얻을 수 있고, 넉넉하면 천만 가지 재화도 한 번에 없어지고, 참으면 채권자나 원수도 이에 따라 없어지고, 아무 것도 그만두고 한가히 지내면 기개가 세상을 뒤덮는 공명이라도 제 마음대로는 되지 않는다. 임금을 존중하며 부모에게 효도하고, 존장을 공경하며 유덕한 사람을 받들고, 어질고 어리석은 사람을 분별하며 무식한 사람을 용서하라. 물건이 순리로 자기에게 오거든 막지 말고, 물건이 이미 가버렸거든 좇아가 따르려 들지 말고, 자기 몸이 대우를 받지 못하거든 구태여 바라지 말고, 일이 이왕 지나가버렸거든 그것을 생각하지 말라. 기억력이 좋고 머리가 슬기로와도 사리를 분간 못하는 경우가 많고, 계산하는 법도 때로는 편리하고 타당함을 잃는다. 남에게 손해를 보이려다 마침내 자기가 손실을 볼 것이오, 너무 세력에 의존하다가는 화가 따르는 수가 있다. 마음으로 이를 경계하고, 기운으로 이를 경계해야 한다. 언제나 절약하지 않기 때문에 집이 망하고, 청렴하지 않기 때문에 지위를 잃는다. 그대에게 권하기를 스스로 평생을 경계하라 하나니, 탄식해야 하며, 절약해야 하며 두려워해야 한다. 위에서는 하늘의 거울이 비추고 아래에서는 땅의 신령이 살피고 있다. 밝은 이 세상에는 군왕의 법이 있어 계승되어 오고, 어둔 저 세상에는 귀신이 있어 서로 따른다. 그러니 오직 바른 것을 지켜야 할 뿐이고, 마음은 속일 수 없나니, 경계하고 또 경계하라』고 있다.

餘說 이 대문은 무척 길다. 그러므로 기초 과정을 공부하는 사람은 단계별 정리가 어렵겠기에 다음에 병서

(並書)를 하여 알아보기 쉽도록 정리하기로 한다。

紫虛元君、誠諭心文、

福生於淸儉、道生於安靜、患生於多慾、過生於輕慢、戒眼莫看他非、
德生於卑退、命生於和暢、禍生於多貪、罪生於不仁。戒口莫談他短、
戒心莫自貪嗔、無益之言莫妄說、默默默、無限神仙從此得、
戒身莫隨惡伴。不干己事莫妄爲。饒饒饒、千災萬禍一齊消、
忍忍忍、債主寃家從此盡、尊君王孝父母、別賢愚恕無識。
休休休、盖世功名不自由。敬尊長奉有德、
物順來而勿拒、身未遇而勿望、聰明多暗昧、損人終自失、
物旣去而勿追、事已過而勿思。算計失便宜。倚勢禍相隨。
戒之在心、爲不節而亡家、勸君自警於平生、上臨之以天鑑、
守之在氣。因不廉而失位。可歎可驚而可畏。下察之以地祇。
明有王法相繼、惟正可守、戒之戒之。
暗有鬼神相隨。心不可欺。

安分篇(안분편) 第六(제륙) 凡七條(범칠조)

이편은 편안한 마음으로 제 분수를 지키라는 글로 명심보감의 제六 편이며 대개 七 조목으로 되어 있다。

〔一〕景行錄云知足可樂務貪則憂

讀法 景行錄(경행록)에 云(운)、知足可樂(지족가락)、이오 務貪則憂(무탐즉우)。니라

直譯 경행록에 이르기를、『넉넉함을 알면 즐거워 할 수 있을 것이고、힘써 재물을 탐하면 곧 근심이 된다』 하였다。

語義 ○知足(지족)—족한 줄을 앎。넉넉한 줄을 앎。○可樂(가락)—즐길 수 있다。즐길만 하다。○務貪(무탐)—힘써 재물을 탐하다。

意譯 경행록에 말했다。『자기 자신이 족한 것을 알면 즐거워할만한 것이고、재물을 힘써 탐하게 되면 곧 이것이 근심거리가 된다』고。

餘說 자기 자신이 족하다고 생각되어질 때 비로소 즐길 수 있는 것이다。아무리 넉넉하드라도 자기 자신이 부족하다고 생각되면 즐길래야 즐겨지는 것이 아니다。부족하게 생각되면 계속 탐하기에 온 힘을 다할 것이니、그러다 보면 걱정이 따르게 되는 것이다。

〔二〕知足者貧賤亦樂不知足者富貴亦憂

讀法 知足者、는 貧賤도 亦樂。이오 不知足者、는 富貴도 亦憂。니라

直譯 족함을 아는 사람은 가난하고 신분이 낮아도 또한 즐거울 것이고、족함을 알지 못하는 사람은 돈이 많고 신분이 귀하여도 또한 걱정한다。

語義 ○貧賤(빈천)ㅡ가난하고 신분이 낮음。○富貴(부귀)ㅡ돈이 많고 신분이 높음。

意譯 넉넉한 것을 아는 사람은 비록 가난하고 신분이 낮아 보잘 것 없을지라도 또한 즐겁게 여기고、넉넉한 것을 모르는 사람은 비록 돈이 많고 신분이 높다 할지라도 또한 그것을 근심할 것이다。

餘說 이 대문은 대립구로 성립되어 있다。

知足者、貧賤亦樂。
不知足者、富貴亦憂。

〔三〕 知足常足終身不辱知止常止終身無耻

讀法 知足常足、하면 終身不辱。하고 知止常止、하면 終身無耻。니라

直譯 족한 것을 알아 항상 만족하면 몸을 마치도록 욕되지 아니하고、그치는 것을 알아 항상 그치게 하면 몸을 마치도록 부끄럽지 않다。

語義 ○常足(상족)ㅡ늘 만족함。항상 만족함。○終身(종신)ㅡ몸을 마침。○不辱(불욕)ㅡ욕되지 아니함。○常止(상지)ㅡ항상 그침。○無耻(무치)ㅡ부끄러움이 없음。

意譯 자기의 넉넉한 것을 알아 항상 만족하게 여기면 한 평생 욕을 보지 않을 것이고、그칠 곳을 알아 항상 그치고 보면 한 평생 부끄러움이 없을 것이다。

餘說 노자 도덕경 제四四 장에 「知足不辱。知止不殆。」라 있고、또 제四六 장에 「禍莫大於不足知足、咎莫大於欲得。故知足之足、常足矣。」라 있다。아마 앞 대문이나 이 대문의 출전(出典)은 이

에 근거하고 있는 것 같다。

〔四〕擊壤詩云安分身無辱知幾心自閑雖居人世上却是出人間

讀法 擊壤詩(격양시)에 云(운)、安分身無辱(안분신무욕)이오 知幾心自閑(지기심자한)이라 雖居人世上(수거인세상)이라도 却是出人間(각시출인간)이니라

直譯 격양시에 이르기를、『편안한 마음으로 제 분수를 지키면 몸에 욕됨이 없고、세상 돌아가는 계기를 알면 마음이 저절로 한가할 것이다。비록 사람이 세상에 산다 할지라도、도리어 이 인간 세상에서 벗어난 것이 된다』하였다。

語義 ○擊壤詩(격양시)—송(宋)나라 정이(程頤)의 이천 격양집(伊川擊壤集)에 있는 시。안분을 읊은 시라 해서 안분음(安分吟)에 왈(曰)로 되어 있는 초략본이 많다。○辱(욕)—욕 봄。○知幾(지기)—기미(機微)를 알아 차림。「知機」로도 씀。○閑(한)—한가함。「閒」으로도 씀。○雖(수)—비록 …할지라도。아무리 …하여도。○却(각)—도리어。○却是出人間(각시출인간)—도리어 이것이 인간 세상에서 벗어난 사람이 됨。

意譯 격양시에 말했다。『편안한 마음으로 자기 분수를 지키면 자신에게 욕될 것이 없을 것이고、기미를 알아차려 세상 돌아가는 것을 미리 알면 마음이 저절로 한가로와 진다。이런 사람은 비록 이 세상에 살더라도 도리어 이 세상에서 벗어난 인생(초연한 인생)이 될 것이다』고。

餘說 이 대문은 오언 절구(五言絶句)의 한시다。

安分身無辱、起　第一句

知幾心自閑。承　韻 第二句

雖居人世上、轉 第三句
却是出人間。結韻 第四句
「閑・間」이 압운(押韻)자이다.

〔五〕 子曰不在其位不謀其政

讀法 자 왈 부 재 기 위 불 모 기 정
子ㅣ 曰、不在其位하연 不謀其政이니라

直譯 공자께서 말씀하시기를, 『그 지위에 있지 않고서는 그 정사를 꾀하지 않을 것이다』 하셨다.

語義 ○其位(기위)ㅡ그 지위. ○謀(모)ㅡ꾀하다. 도모하다. 논의하다. 정사의 처리에 대하여 이리저리 생각하다.

意譯 공자께서 말씀하셨다. 『사람에게 각기 직분이 있는 것이니, 맡은 바 자기의 직분 밖의 일에 대하여 논의하지 말라』고.

餘說 이 대문은 논어 태백편(泰伯篇) 제一四 장에 있는 말이다. 벼슬 하지 않고 정사에 대하여 이러쿵저러쿵 처리할 바를 논의한다는 것은 분에 넘치는 것이니 삼가 참견하지 말라는 것이다.

〔六〕 濫想徒傷神妄動反致禍

讀法 남상 도상신 망동 반치화
濫想은 徒傷神이오 妄動은 反致禍니라

直譯 외람된 생각은 한갓 정신을 상하게 할 뿐이고, 망년된 행동은 도리어 재앙을 불러들인다.

語義 ○濫想(남상)—외람된 생각。○徒(도)—한갓。부질없이。○傷神(상신)—정신을 상하게 함。○妄動(망동)—망령된 행동。○反(도)—도리어。○致禍(치화)—재앙을 이르게 함。

意譯 자기 분수에 지나친 생각이란 실현 가능이 희박한 생각을 말하는 것이니 이런 생각은 부질없이 정신만 피로하게 할 뿐이오、절제없는 망동은 도리어 재앙을 초래하기 쉽다。

餘說 남상과 망동은 절제있는 생활에서는 있을 수 없는 것이다。인간은 절제생활로 망동이나 남상 따위가 있어서는 안되겠다。

이 대문은 원본에는 없고 유행되고 있는 초략본에만 있다。초략자가 보충한 것이리라。

〔七〕 書曰滿招損謙受益

讀法 書에 曰、滿招損、하고 謙受益。이니라 (서 왈 만초손 겸수익)

直譯 서경에 말하기를、『교만하면 손실을 초래하고、겸손하면 이익을 받는다』고 하였다。

語義 ○滿(만)—가득하다는 뜻도 있지만 여기서는 교만하다의 뜻。○謙(겸)—겸손。

意譯 서경에 말했다。『사람이 성질이 교만하고 보면 그로해서 손해를 불러오고、성질이 겸손하면 그로해서 이익을 받게된다』고。

餘說 「滿」과 「謙」은 반대말로 즉 「교만」·「겸손」이어야 옳은데 유행되는 책들의 거의가 「滿」을 「가득하다」고 풀이하는 과오를 범하고 있다。주의하기 바란다。

담양판에만 있고 원본이나 유행되고 있는 초략본에는 없는 것을 적어보면 다음과 같다。

語에 云, 房室은 不在高大라 不漏便好요 衣服은 不在綾羅라 和暖便好요 飮食은 不在珍羞라 飽腹便好요 娶妻는 不在顔色이라 賢淑便好요 親戚은 不在新舊라 來往便好요 隣里는 不在高低라 和睦便好요 朋友는 不在酒食이라 扶持便好니라

存心篇(존심편) 第七(제칠) 凡二十條(범이십조)

이 편은 사람이 본심을 잃는 일 없이 가지고 기르라는 글로 명심보감의 제七 편이며 개개 二十 조목으로 되어 있다.

(一) 景行錄云坐密室如通衢馭寸心如六馬可免過

讀法 景行錄(경행록)에 云(운)、坐密室(좌밀실)을 如通衢(여통구)하고 馭寸心(어촌심)을 如六馬(여육마)하면 可免過(가면과)니라

直譯 경행록에 이르기를、『비밀의 방에 앉았기를 네거리에 앉은 것 같이 하고、마음 어거하기를 천자가 타는 수레를 끄는 여섯마리의 말을 어거하는 것 같이 하면 허물을 면할 수 있다』 하였다。

語義 ○密室(밀실)—남의 출입을 금하는 비밀의 방。○通衢(통구)—네거리길。○馭(어)—부리다。말을 어거함。○寸心(촌심)—방촌(方寸)의 마음。마음。○六馬(육마)—천자가 타는 수레를 끄는 여섯마리의 말。○可免過(가면과)—허물을 면할 수 있다。

意譯 경행록에 말했다。『남의 출입을 금하는 비밀의 방에 앉아 있어 남이 안본다고 예의에 벗어나는 행동을 할 것이 아니라 사람이 많이 통행하여 사람이 많은 네거리길에 앉았는 것 같이 행동에 조심하고、마음 부리기를 천자가 타는 수레를 끄는 여섯마리의 말을 부리는 것 같이 조심스럽게 하다면 습관이 되어 몸에 배면 허물을 몸에서 면할 수가 있다』고。

餘說 사람의 행동이나 마음 가짐을 예의에 맞고 바르게 갖는다는 것은 그리 쉬운 것이 아니나, 일상 생활을 그렇게 하여 체질화하고 생활화하면 일일이 일거 일동에 신경을 쓰지 않아도 저절로 행해지게 되어 허물을 가져오지 않는다는 것이다。 사람은 무의식적인 행동에서 그 사람의 이면과 표면을 찾아낼 수 있는 것이다。

〔二〕擊壤詩云富貴如將智力求仲尼年少合封侯世人不解靑天意空使身心半夜愁

讀法 격양시 운 부귀 여장지력구 중니 연소합봉후 세인 불해청천의 공사신심반야수
擊壤詩에 云、富貴를 如將智力求ㄴ대 仲尼도 年少合封侯ㅣ라 世人은 不解靑天意하고 空使身心半夜愁니라

直譯 격양시에 이르기를、『부귀를 만일 곧 지혜의 힘으로 구할 수 있을진대 공자 같은 이는 나이가 젊은 시절에 제후를 합하여 봉했을 것이다。 세상 사람들은 푸른 하늘의 뜻을 알지 못하고 공연히 몸과 마음을 한 밤 중에 근심하게 한다』 하였다。

語義 ○如(여)—만일。만약。 ○將(장)—곧。막。 ○智力(지력)—지혜의 힘。슬기의 작용。 ○仲尼(중니)—공자의 자(字)。 ○合封侯(합봉후)—여러 제후국을 합하여 봉함。 ○不解(불해)—알지 못하다。해득을 못하다。 ○靑天(청천)—푸른 하늘。하늘。 ○空(공)—헛되이。공연히。 ○使(사)—시키다。하여금。 ○半夜(반야)—한 밤 중。야반(夜半)。

意譯 격양시에 말했다。『부귀를 지혜의 힘으로 구할 수 있는 것이라면 공자 같은 이는 젊은 시절에 마땅히 여러 제후국을 합하여서 봉했을 것이다。 세상 사람들은 저 푸른 하늘의 뜻을 해득하지 못하고 공연히 밤 중에 몸과 마음을 근심케 한다』고。

餘說 이 대문은 격양시에 있는 시이다。

富貴如將智力求、起押韻
仲尼年少合=封侯。承押韻
世人不↙解=靑天意、轉
空使=身心半夜愁。結押韻

이상과 같이 칠언 절구(七言絶句)의 시이다。

〔三〕范忠宣公誡子弟曰人雖至愚責人則明雖有聰明恕己則昏爾曹但常以責人之心責己恕己之心恕人不患不到聖賢地位也

讀法 范忠宣公이 誡=子弟=曰、人雖=至愚=나 責↙人則明。하고 雖↙有=聰明=이나 恕↙己則昏。이니 爾曹는 但常以=責↙人之心=으로 責↙己。하고 恕↙己之心으로 恕↙人。하면 不↙患↙不↙到=聖賢地位=也。니라

直譯 범충선공이 자제를 경계하여 말하기를、『사람됨이 비록 지극히 어리석을 지라도 남을 꾸짖는 데는 총명하고、비록 총명함이 있을지라도 자기를 용서하는데는 어두우니、너희들은 오직 항상 남을 꾸짖는 마음으로써 자기를 꾸짖고 자기를 용서하는 마음으로 남을 용서하면 성현의 지위에 이르지 못할까 걱정하지 말 것이다』 하였다。

語義 ○范忠宣公(범충선공)—이름은 순인(純仁)。북송(北宋) 철종(哲宗) 때의 재상。자는 요부(堯夫)。인종(仁宗) 때 명신인 범중엄(范仲淹)의 둘째 아들。시호는 충선(忠宣)。○子弟(자제)—아들과 아우。부형(父兄)의 대。○至愚(지우)—몹시 어리석음。○明(명)—사리에 밝음。명철(明哲)함。○恕↙己(서기)—자기를 용서함。○不↙患(불환)—근심하지 아니함。○不↙到(부도)—이르지 못함。

意譯 범충선공이 자제를 훈계하여 말했다。『사람이 비록 지극히 어리석다 할지라도 남의 잘못을 꾸짖을 때

에는 사리에 밝고, 비록 총명이 있을지라도 자신을 용서하는 데는 어두운 법이니, 너희들은 오직 항상 남을 꾸짖는 마음으로써 자신을 꾸짖고 자신을 용서하는 마음으로써 남을 용서하면 성현의 지위에 이르지 못할까 근심을 않아도 된다』고。

餘說 이 대문은 송명신 언행록 후집(宋名臣言行錄後集) 범순인 조(范純仁條)에 있다。 이를 분석하면 다음과 같다。

范忠宣公 誡子弟曰、

〔人雖至愚、責人則明。 雖有聰明、恕己則昏。〕 爾曹但常以〔責人之心責己。 恕己之心恕人。〕 不患不到聖賢地位也。

〔四〕子曰聰明思睿守之以愚功被天下守之以讓勇力振世守之以怯富有四海守之以謙

讀法 자왈 총명사예 수지이우 공피천하 수지이양 용력진세 수지이겁 부유사해 수지이겸
子ㅣ 曰、聰明思睿、라도 守之以愚。하고 功被天下、라도 守之以讓。하고 勇力振世、라도 守之以怯。하고 富有四海、라도 守之以謙。이니라

直譯 공자께서 말씀하시기를,『기억력이 좋고 슬기가 있으며 생각이 깊고 밝더라도 이를 지키되 어리석은 척 함으로써하고, 공덕이 천하를 덮을지라도 이를 지키되 사양함으로써 하고, 용맹과 힘이 세상에 떨칠지라도 이를 지키되 겁장인 척함으로써 하고, 돈이 사해 같이 있더라도 이를 지키되 겸손으로써 할 것이다』하셨다。

語義 ○聰明(총명)—기억력이 좋고 슬기가 있음. ○思睿(사예)—생각이 깊고 밝음. ○勇力(용력)—용맹과 힘. ○振世(진세)—세상에 떨치다. ○怯(겁)—겁장. 겁냄. ○四海(사해)—사방의 바다. 천하. 세계. 만국.

意譯 공자께서 말씀하셨다. 『아무리 총명하고 생각하는 것이 명철하더라도 어리석은 척하여 자기를 지켜야 하고, 자기가 세운 공덕이 천하를 덮을만하더라도 사양하는 마음으로 자기를 지켜야 하고, 자기의 용맹과 힘이 세상에 떨칠지라도 겁장인 척하여 자기를 지켜야 하고, 돈이 사해 같이 많이 있더라도 겸손한 마음으로 자기를 지켜야 한다』고.

餘說 이 대문은 다음과 같이 열거형(列擧形)의 문장이다.

子曰、

聰明思睿、守之以愚。
功被天下、守之以讓。
勇力振世、守之以怯。
富有四海、守之以謙。

이 책의 대본에는 「聰明思智」로 되어 있는데 「智」자를 「睿」자로 고쳤다. 모든 초략본이 그럴뿐 아니라, 서경 홍범(書經、洪範)의 「聰曰聰、思曰睿。」에 따른 것이다.

〔五〕 素書云薄施厚望者不報貴而忘賤者不久

讀法 素書(소서)에 云(운)、薄施厚望者(박시후망자)는 不報(불보)요 貴而忘賤者(귀이망천자)는 不久(불구)니라

直譯 소서에 이르기를, 『박하게 베풀고 후하게 바라는 사람은 갚음이 없을 것이고, 귀하게 되고서 천한 때를 잊는 사람은 오래 가지 못할 것이다』 하였다.

語義 ○素書(소서)—책 이름。한(漢)나라 황석공(黃石公)이 지었다함。지금 있는 것은 후인이 지은 것이나 저자(著者)는 불명임。○薄施(박시)—인색하게 줌。○厚望(후망)—많이 바람。○不報(불보)—보답이 없음。○而(이)—접속사로 그리하고의 뜻임。○不久(불구)—오래가지 못함。

意譯 소서에 말했다。『자기가 남에게 주기는 박하게 하고 받기를 후하게 바라는 사람은 돌아오는 보답이 없을 것이고、자기 몸이 귀하게 된 뒤에 천했었을 때 일을 잊어버리는 사람은 지위가 오래가지 못할 것이다』고。

餘說 이 대문은 상등 대립구(相等對立句)로 성립되었다。현토에 있어 「不報、하고」로 되어 있는 책이 많으나 「不報。요」라고 고쳐 보았다。전후의 어울리는 맛이 나은 것 같다。

〔六〕 施恩勿求報與人勿追悔

讀法 施恩(시은)이어든 勿求報(물구보)、하고 與人(여인)이어든 勿追悔(물추회)。하라

直譯 은혜를 베풀었거든 갚기를 바라지 말고、남에게 주었거든 뒤에 후회하지 말라。

語義 ○施恩(시은)—은혜를 베풂。○勿(물)—말라는 금지사(禁止詞)。○與人(여인)—사람에게 줌。○追悔(추회)—뒤에 뉘우침。

意譯 자기가 남에게 은혜를 베풀었거든 그것에 대하여 갚음을 바라지 말고、남에게 물건을 주었거든 그것에 대하여 뒤에 뉘우치지 말라。

餘說 소서에 있는 말의 계속이다。현토에 있어 「이어든」의 토가 생략된 책이 있으나 한국 한문의 특색이 현토일진대 토에 인색하게 하면 우리 한문은 손색된다。

〔七〕 孫思邈言膽欲大而心欲小智欲圓而行欲方

讀法 손사막 언담욕대이심욕소 지
孫思邈이 言,膽欲大,而心欲小。하고 智
욕원 이행욕방
欲圓,而行欲方。이니라

直譯 손사막이 말하기를, 『담력은 크고자하나 마음은 작고자하고, 지혜는 둥글고자하나 행동은 모가 나고자한다』 하였다。

語義 ○孫思邈(손사막)—당(唐)나라 명의(名醫)。당태종(唐太宗)이 간의 대부(諫議大夫)를 주었으나 사양하고 태백산(太白山)에 들어가 수도(修道)함。서기 六八二년 경 사람。○膽(담)—기백。용기。쓸개。○智(지)—슬기。지혜。○方(방)—품행이 방정함。

意譯 손사막이 말했다。『담은 커서 무슨 일이고 두려워하지 않아야하며, 마음은 치밀하여 무슨 일이고 소홀히 하지 않아야하고, 슬기는 둥글둥글하여 막히는 데가 없어야 하며, 품행은 방정하여 예절에 맞아야 한다』고。

餘說 당서(唐書) 은일전(隱逸傳)에 나오는 손사막의 말로 문장을 짓는데 주의할 일로서 뱃장은 크게 갖되 주의는 세심하게 가져야한다는 말과 지혜는 원만하여 결함이 없음을 요하며 행동은 바르고 예의에 어긋남이 없음을 요한다는 말이다。우리 나라에서 권위 있는 사전에 손사막(孫思邈)을 손사모(孫思貌)로 오식(誤植)을 내고 있다。

〔八〕 念念有如臨敵日心心常似過橋時

讀法 염념유여임적일 심심상사과교
念念有如臨敵日하고 心心常似過橋

直譯 항상 생각하기를 또 적과 임해 있는 날 같이 하

時(시)。하라

고、마음은 항상 다리를 지날 때와 같이 하라。

語義 ○念念(염념)─항상 생각함。○有(유)─또。○臨敵日(임적일)─적과 대치(對峙)한 날。○心心(심심)─마음。「念念」의 대구로 「心」자를 겹친 것임。○過橋時(과교시)─다리를 지날 때。

意譯 항상 생각하기를 또 적에 대치(對峙)하여 경계하는 날과 같이 조심스럽게 생각하고、마음 가짐은 항상 다리를 지날 때와 같이 조심성 있이 하라。

餘說 이 대문은 손사막의 말의 계속이다。완전한 상등 대립구의 문장이다。「念念有如臨敵日」의 「有」자가 「要」자로 「敵」자가 「戰」자로 되어 있는 초략본이 많다。

〔九〕 朱文公曰守口如瓶防意如城

讀法 朱文公(주문공)이 曰(왈)、守口(수구)如瓶(여병)、하고 防意(방의)如城(여성)。하라

直譯 주문공이 말하기를、『입 지키기를 병과 같이 하고、욕심 막기를 성과 같이 하라。』하였다

語義 ○朱文公(주문공)─중국 남송(南宋)의 대유(大儒)。즉 주자(朱子)。이름은 희(熹)요、자는 원회(元晦)・중회(仲晦)요、호는 회암(晦庵)・회옹(晦翁)・창주 병수(滄州病叟)・둔옹(遯翁)・운곡(雲谷)・자양(紫陽) 등。휘주(徽州) 무원(務源) 지금의 안휘성(安徽省) 사람。송학(宋學)의 대성자(大成者)이며 그 학(學)을 주자학(朱子學) 즉 성리학(性理學)이라 한다。송나라의 영종(寧宗)의 경원(慶元) 六년(一二〇〇)에 죽음。나이 七十一세。○瓶(병)─병。○意(의)─사욕(私慾)。○城(성)─재。성。

意譯 주문공이 말했다。『말 조심하기를 병마개로 병의 주둥이를 막 듯하고、욕심을 막기를 성을 지키어 막는 것 같이하라』고。

餘說 다음과 같이 이 대문은 여러 책에 나온다.

〔癸辛雜識〕富鄭公 有守口 如瓶、防意 如城之語。〔宋名臣言行錄後集、富弼〕劉器之云、富鄭公年八十、書坐屛云、守口 如瓶、防意 如城。

〔朱熹、敬齋箴〕守口 如瓶、防意 如城。

〔一〇〕心不負人面無慚色

讀法 심불부인 면무참색
心不負人、이면 面無慚色。이니라

直譯 마음속으로 남에게 지지 않으면 얼굴에 부끄러운 빛이 없다.

語義 ○負(부)—지다. ○面(면)—얼굴. ○慚(참)—부끄러움. 「慙」과 같은 자.

意譯 마음속으로 은혜에 대하여 남에게 지지 않으면 얼굴에 부끄러운 빛이 없을 것이다.

餘說 마음속으로 남한테 지지 않는다면 겉으로 드러나는 부끄러운 빛이 없다는 것이다.

〔一一〕人無百歲人枉作千年計

讀法 인무백세인 왕작천년계
人無百歲人、이나 枉作千年計。니라

直譯 사람은 백살 사는 사람이 없으나 공연히 천년의 계획을 세운다.

語義 ○枉(왕)—헛되이. 공연히.

意譯 사람은 백살까지 사는 사람이 없는데 공연히 천년 동안의 계획을 세운다.

餘說 사람은 헛되이 천년의 계획을 세우는 것이 아니다。자기의 분신에게 이어 줄 계획이니、영구 원대해야 하는 것이다。그러므로 천년 만년의 계획을 세움이 마땅하다고 생각한다。

〔二二〕寇萊公六悔銘官行私曲失時悔富不儉用貧時悔藝不少學過時悔見事不學用時悔醉後狂言醒時悔安不將息病時悔

讀法 구래공육회명 관행사곡실시회
寇萊公六悔銘에、官行私曲失時悔、요
부불검용빈시회 예불소학과시회
富不儉用貧時悔、요 藝不少學過時悔、요
견사불학용시회 취후광언성시회 안
見事不學用時悔、요 醉後狂言醒時悔。요 安
불장식병시회
不將息病時悔。니라

直譯 구래공 육회명에、『벼슬아치가 사사로운 일을 행하면 벼슬이 떨어질 때 뉘우치고、돈이 많을 때 절약하여 쓰지 않으면 가난할 때 뉘우치고、재주를 젊었을 때 배우지 않으면 시기가 지나고서 뉘우치고、일을 보고 배우지 않으면 써먹을 때 뉘우치고、술취한 뒤에 함부로 말하면 깨어났을 때 뉘우치고、편안한 때에 휴양하지 않으면 병들었을 때에 뉘우친다』 하였다。

語義 ○寇萊公(구래공)―이름은 준(準)으로 송대(宋代)의 정치가。화주(華州) 사람。자는 평중(平仲)。태종(太宗) 때에 진사(進士)가 됨。내국공(萊國公)에 봉함。북송(北宋) 진종(眞宗) 때에 재상이 됨。죽은 후 인종(仁宗) 때 충민(忠愍)으로 불리었음。○六悔銘(육회명)―여섯 가지 명(銘)。「銘」은 한문 문체의 이름。그릇 등에 새겨 스스로 경계하고、혹은 묘비에 새겨 그 사람의 생전의 공덕을 찬양함。○私曲(사곡)―바르지 못함。사곡(邪曲)。○儉用(검용)―검약하여 씀。○藝(예)―학문 또는 기술。○狂言(광언)―도에 벗어난 말。미친 사람의 말。○醒(성)―술이 깸。○將息(장식)―양생함。

意譯 구래공 육회명에、『관에 있을 때에 바르지 못한 일을 행하고 보면 실직할 때에 후회하게 되고、부자로

살 적에 검약하여 쓰지 않고 보면 가난하게 되었을 때에 후회하게 되고, 학문이나 재주를 젊었을 때 배우지 않고 크면 시기가 지났을 때 후회하게 되고, 일을 보고 배우지 않으면 써먹게 되었을 때 후회하게 되고, 술 취했을 때 아무 말이나 하면 깨었을 때 후회하게 되고, 몸 성할 적에 양생(養生)하지 않았다가는 병든 후에 후회하게 된다』하였다.

餘說 이 대문은 한문 문체의 하나인 명(銘)으로 금석(金石)·기물(器物) 등에 새겨, 경계·반성시키기 위한 글이다. 지금은 사람의 공덕을 칭찬하고 후세에 남기기 위하여 새기는 글이라 한다. 「〔釋名〕銘 名也, 迹其功美, 使可稱名也.」라고 있다. 또 「〔事物原始〕銘 志也, 記銘其功也.」라고 있는 것은 이를 일컬어 말하는 뜻이다. 또 「〔文章辨體〕銘 名也, 名其器物, 以自警也.」라고 있는 것은 경계의 뜻이다. 이것이 본의(本義)인 것이다. 경계에도 두 가지가 있는데 자계(自戒)와 타계(他戒)가 있다. 대학(大學)에 있는 은(殷)나라의 탕왕(湯王)의 반명(盤銘)은 자계이고 이런 종류의 것은 옛 것이다. 송찬(頌贊)의 뜻의 명은 태산명(泰山銘) 등이다. 비명(碑銘)·묘명(墓銘) 등 죽은 사람을 칭술(稱述)하는 것도 있다. 형식으로는 대개 사언(四言 : 一句四字)의 격구운(隔句韻)이다 옛날에는 삼언(三言) 혹은 오·칠언(五·七言)을 혼용(混用)한 것도 있다.

〔一三〕益智書云寧無事而家貧莫有事而家富寧無事而住茅屋不有事而住金屋寧無病而食麤飯不有病而食良藥

讀法 益智書(익지서)에 云(운), 寧無事而家貧(영무사이가빈)이언정 莫有事而家富(막유사이가부)요, 寧無事而住茅屋(영무사이주모옥)이언정 不有(불유)

直譯 익지서에 이르기를, 『차라리 사고가 없으면서 집이 가난할지언정 사고가 있으면서 집이 부자가 되지는 말 것이고, 차라리 사고가 없으면서 띠집에 살

事而住金屋이오 寧無病而食麤飯이언정 不有病而食良藥이니라

지언정 사고가 있으면서 훌륭한 집에 살지는 말 것이고、차라리 병이 없으면서 거치른 밥을 먹을지언정 병이 있으면서 좋은 약을 먹지는 말 것이다』 하였다。

語義 ○寧(녕)—차라리 …할지언정의 뜻。선택의 뜻을 나타내는 말。○無事(무사)—사고가 없음。탈이 없음。유사(有事)의 반대말。○莫(막)—하지 말라는 금지사(禁止詞)。○茅屋(모옥)—띠로 지붕을 인 집。변변치 못한 집。○金屋(금옥)—훌륭한 집。○麤(추)—거칠음。「麁」와 같이 「麤」의 속자。○麤飯(추반)—거치른 밥。

意譯 익지서에 말했다。『차라리 아무 탈없이 가난하게 살지언정 탈이 있이 부자가 되지는 말고、차라리 아무 탈없이 띠집에 살지언정 탈이 있이 훌륭한 집에 살지 말고、차라리 몸에 병없이 거치른 밥을 먹을지언정 병있이 좋은 약을 먹지는 말 것이다』고。

餘說 이 대문을 분석하면 다음과 같다。

益智書云、

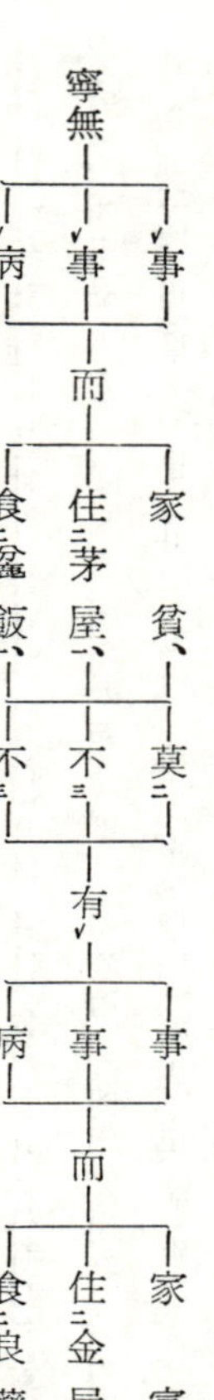

초략본에는 「食良藥」의 「食」자가 「服」자로 되어 있는데 「家」의 종렬(終列)도 「家」이고 「住」의 종렬도 「住」이며 「食」의 종렬도 「食」이 발란스에 맞을 뿐 아니라、이 책의 대본도 「食」으로 되어 있어 이에 따랐다。

〔一四〕〔心安茅屋穩 性定菜羹香〕世事靜方見 人情淡始長

讀法 心安茅屋穩(심안모옥온)이오 性定菜羹香(성정채갱향)이라 世事靜方見(세사정방현)이오 人情淡始長(인정담시장)이니라

直譯 마음이 편안하면 띠집이라도 안온하고, 성품이 안정되면 나물국이라도 향그럽다. 사람을 응대하는데 붙임성이 좋으면 안정됨이 곧 나타날 것이고, 사람됨이 인정스러우면 집착하지 않아도 비로소 자랄 것이다.

語義 ○穩(온)—안온함. 편안함. ○性(성)—성품. ○定(정)—안정함. ○菜羹(채갱)—나물국. 고깃국만 못한 것이니 좋지 못한 국으로 쓰인 것. ○香(향)—향기롭다. 좋다. ○世事(세사)—사람을 응대하는데 붙임성이 좋은 것. ○靜(정)—안정(安靜)됨. ○方(방)—곧. 바야흐로. ○人情(인정)—인정스러움. ○淡(담)—집착(執着)하지 않음. ○長(장)—자람. 크게 됨.

意譯 마음이 편안하면 비록 띠집에 살지라도 이것이 편안할 것이고, 성품이 안정되면 비록 나물국을 먹을지라도 고깃국보다 오히려 향기로울 것이다. 사람을 응대하는데 붙임성이 좋으면 안정되어 있을지라도 곧 드러날 것이고, 인정스러우면 집착하지 않을지라도 비로소 크게 될 것이다.

餘說 이 대문은 다음과 같은 오언 절구(五言絕句)의 한시이다.

心安茅屋穩、 第一句 起

性定菜羹香。 第二句 承 香押韻

世事靜方見、 第三句 轉

人情淡始長。 第四句 結 長押韻

재래의 초략본에는 제一·제二구만 나와 있다.

〔一五〕 景行錄云責人者不全交自恕者不改過

讀法 景行錄(경행록)에 云(운)、責人者(책인자)、는 不全交(부전교)。요 自恕者(자서자)、는 不改過(불개과)。니라

直譯 경행록에 이르기를、『남을 꾸짖는 사람은 사귀기를 완전히 못할 것이고、스스로를 용서하는 사람은 허물을 고치지 못할 것이다』 하였다。

語義 ○責人者(책인자)—남을 잘 꾸짖는 사람。○不全交(부전교)—온전히 사귀지 못함。○自恕者(자서자)—자기 잘못을 용서함。○不改過(불개과)—허물을 고치지 못함。

意譯 경행록에 말했다。『남을 잘 꾸짖는 사람은 사람과 온전히 사귀지 못할 것이고、자기 자신을 잘 용서하는 사람이라면 허물을 고치지 못할 것이다』라고。

餘說 다음의 비교로써 「不全交」와 「全交·不改過」와 「寡過」에 있어 「責人·恕己」의 원용(援用)을 어떻게 하면 자기 수양에 유익한가 알아질 것이다。

「責人者、는 不全交。요→恕己之心으로 恕人、則全交。요
自恕者、는 不改過。니라→責人之心으로 責己、則寡過。니라」

〔一六〕 景行錄云夙興夜寐所思忠孝者人雖不知天必知之飽食煖衣怡然自衛者身雖安其如子孫何

讀法 景行錄(경행록)에 云(운)、夙興夜寐(숙흥야매)、하여 所思忠孝(소사충효)—

直譯 경행록에 이르기를、『아침 일찍 일어나서 밤에 늦게 잘 때까지 충성과 효도할 것을 생각하는 〔바

者、는 人雖不知、나 天必知之요 飽食煖衣、하여 怡然自衛者、는 身雖安、이나 其如子孫에 何오
(자 인수부지 천필지지 포식난의 이연자위자 신수안 기여자손 하)

그러한) 사람은 남은 비록 알아주지 아니할지라도 하늘은 반드시 이를 알아줄 것이고, 배부르게 먹고 따뜻하게 입고서 즐거워하는 모양으로 자기 자신을 지키는 사람은 몸은 비록 편안할지라도 그 자손은 어찌 될 것인가?』 하였다.

語義 ○夙興夜寐(숙흥야매)―새벽에 일어나고 밤에는 늦게 잔다는 뜻으로 부지런히 일을 하거나 학문을 닦음을 이름. ○所思(소사)―생각하는 뜻. 생각. ○飽食煖衣(포식난의)―배부르게 먹고 따뜻이 입음. 적하여 의식주(衣食住)에 부자유가 없음 「煖」은 「暖」과 같음. ○怡然(이연)―기뻐하는 모양. 즐거워하는 모양. 「怡怡」와 뜻이 같음. ○自衛(자위)―몸이나 나라 등을 스스로 막아 지킴. ○其如子孫에何오(기여자손에 하오)―「其子孫如何」와 같은 뜻으로 한문체에는 이런 식의 글자 배열(排列)이 많이 있음.

意譯 경행록에 말했다. 『아침에는 새벽 같이 일어나서 밤에 늦게 잘 때까지 오직 충성과 효도할 것만을 생각하는 사람은 이런 것을 남이 비록 알아주지 않드라도 하늘이 이를 반드시 알 것이고, 좋은 음식을 배부르게 먹고 좋은 옷을 따뜻하게 입고서 기뻐하며 자기만을 지키는 사람은 자신은 비록 편안할지라도 그 자손의 장래에 대하여 어찌 될 것인가 알겠는가?』고.

餘說 이 대문은 초략본에는 출처를 밝히지 않고 있었으나 이 책의 대본에는 경행록이라고 밝혀 있다. 그리고 이 책의 대본에는 「人雖不知」가 「人不知」로 되어 있어 「雖」자를 보충하였다. 다음을 참조하면 확실할 것이다.

景行錄云、
〔夙興夜寐、所思忠孝者、人雖不知、天必知之。
飽食煖衣、怡然自衛者、身雖安、其如子孫何。〕

〔一七〕景行錄云以愛妻子之心事親則曲盡其孝以保富貴之心奉君則無往不忠以責人之心責己則寡過以恕己之心恕人則全交

讀法 景行錄(경행록)에 云(운), 以愛妻子之心(이애처자지심)으로 事親(사친), 則曲盡其孝(즉곡진기효)요 以保富貴之心(이보부귀지심)으로 奉君(봉군), 則無往不忠(즉무왕불충)이오 以責人之心(이책인지심)으로 責己(책기), 則寡過(즉과과)요 以恕己之心(이서기지심)으로 恕人(서인), 則全交(즉전교)니라

直譯 경행록에 이르기를, 『처자를 사랑하는 마음으로써 부모를 섬기면 그 효도는 마음과 힘을 다한 것이고, 부귀를 보전하는 마음으로써 임금을 받들면 충성 아닌 때가 없을 것이고, 남을 꾸짖는 마음으로써 자신을 꾸짖으면 허물되는 것이 적을 것이고, 자신을 용서하는 마음으로써 남을 용서하면 완전히 사귈 것이다』 하였다.

語義 ○曲盡(곡진)—마음과 힘을 다함. ○事親(사친)—부모를 효도로 섬김. ○保(보)—보전(保全)함. ○奉君(봉군)—임금을 충성으로 받듦. ○往(왕)—언제나. 「〈傳習錄〉 無往 非道.」 ○責(책)—꾸짖음. ○寡過(과과)—허물이 적음. ○恕(서)—용서함. ○全交(전교)—완전히 사귐.

意譯 경행록에 말했다. 『제 처자를 사랑하는 마음을 가지고 제 부모를 섬기면 그 사람의 효도는 마음과 힘을 다한 것이고, 제가 누리고 있는 부귀를 보전하는 마음을 가지고 임금을 받들면 언제나 충성 아닌 때가 없을 것이고, 남의 잘못을 꾸짖는 마음을 가지고 자기의 잘못을 꾸짖는다면 허물이 적을 것이고, 자기의 잘못을 용서하는 마음을 가지고 남의 잘못을 용서한다면 사람과 완전히 사귈 수 있을 것이다』라고.

餘說 이 대문은 「事親·奉君·責己·恕人」의 네 가지의 실천에 대한 설명을 한 문장이다. 이 책의 대본에 오식(誤植)이 있어 바로잡았다. 「富貴之心」과 「無往不忠」의 「心」자를 「策」자로, 「往」자를 「性」자로 한

것 등이다。 다음의 병서를 검토해 보면 바로 잡은 까닭을 알 것이다。

景行錄云、

以		之心		則
	愛妻子		事親、	曲盡其孝。
	保富貴		奉君、	無往不忠。
	責人		責己、	寡過。
	恕己		恕人、	全交。

이상을 살펴보면 「以……心」까지는 마음가짐이고、「事親・奉君・責己・恕人」 등은 목적이며、「則…」은 결과이다。

〔一八〕 景行錄云爾謀不臧悔之何及爾見不長敎之何益利心專則背道私意確則滅公

讀法 景行錄(경행록)에 云(운)、爾謀不臧(이모부장)、이면 悔之何及(회지하급)。이며 爾見不長(이견부장)、이면 敎之何益(교지하익)。이리오 利心專、則(이심전즉) 背道(패도)。요 私意確、則滅公(사의확즉멸공)。이니라

直譯 경행록에 이르기를、『네 꾀가 착하지 못하다면 이를 후회한들 어찌 미치며、네 소견이 훌륭하지 못하다면 이를 가르쳐준들 무슨 이익이랴? 이익을 취하는 마음을 오르지 한다면 도에 배반될 것이고、사사로운 뜻이 굳다면 공사(公事)를 망친다』 하였다。

語義 ○爾謀(이모)—네가 꾀하는 일。 네가 도모(圖謀)하는 일。 ○臧(장)—착함。 마음 곱고 어짐。 ○何(하)—어찌 …하리오。 ○見(견)—소견(所見)。 ○長(장)—보다 우수함。 훌륭함。 ○專(전)—오로지함。 ○背(패)—어그러짐。 배반함。 ○確(확)—확고함。

意譯 경행록에 말했다. 『네가 도모하는 것이 착하지 못하다면 뒤에 이를 뉘우친들 이미 때가 늦어 미치지 못할 것이며, 네 소견이 훌륭하지 못하다면 그것을 가르쳐준들 무슨 이익이 있겠느냐? 오직 이익만을 취하기를 전적으로 한다면 도에 어그러질 것이고, 사사로운 마음이 확고하면 공공의 일을 망칠 것이다』고.

餘說 이 대문은 「爾謀·爾見·利心·私意」의 네 가지에 대한 잘못을 설정해 놓고 그 설정대로라면 이러이러한 결과가 온다고 경계하는 교훈적인 말로 일깨워주고 있다.

〔一九〕 生事事生省事事省

讀法 생사사생　　　생사사생
生事事生이오 省事事省이니라

直譯 일을 생기게하면 일이 생기고, 일을 줄이면 일이 적어진다.

語義 ○省(생)—덜다. 줄이다. 살핀다는 뜻일 때에는 음(音)이 성이다.

意譯 사람이 일을 만들면 일이 생기고, 사람이 일을 덜면 일이 줄어든다.

餘說 이 대문은 주어(主語)인 「人」이 생략되어 있다.
主　述補主述　　　主　述補主述
〔人〕이 生事事生이오 〔人〕이 省事事省이니라

〔二〇〕 懼法朝朝樂欺公日日憂

讀法 구법조조락　　　기공일일우
懼法朝朝樂이오 欺公日日憂니라

直譯 법을 두려워하면 아침마다 즐거울 것이고, 공적인 것을 속이면 날마다 근심이 된다.

語義 ○懼(구)—두렵다。 ○朝朝(조조)—매일 아침。 ○公(공)—여러 사람에게 관계되는 일。 ○欺(기)—속이다。 ○日日(일일)—날마다。

意譯 법을 두려워하면 언제나 즐거울 것이고、 공적인 일을 속이면 날마다 근심스러울 것이다。

餘說 손사막의 말의 계속이다。

戒性篇(계성편) 第八(제팔) 凡九條(범구조)

이 편은 사람의 성질을 경계하라는 글로 명심보감의 여덟째 편이며 대개 九 조목으로 되어있다。

〔一〕景行錄云人性如水水一傾則不可復性一縱則不可反制水者必以隄防制性者必以禮法

讀法 景行錄(경행록)에 云(운)、人性(인성)이 如水(여수)하여 水一傾(수일경)、則(즉)不可復(불가복)。이오 性一縱(성일종)、則(즉)不可反(불가반)。이니 制水者(제수자)、는 必以隄防(필이제방)。하고 制性者(제성자)、는 必以禮法(필이예법)。이니라

直譯 경행록에 이르기를、『사람의 성품이 물과 같아서 물이 한 번 엎질러지면 다시 담을 수 없고、성품도 한번 방종 해지고 보면 되돌이킬 수 없을 것이니、물을 제어하려는 사람은 반드시 제방으로써 하고 성품을 제어하려는 사람은 반드시 예법으로써 해야 한다』 하였다。

語義 ○人性(인성)—사람의 성품。○縱(종)—방종함。○反(반)—되돌이킴。○復(복)—회복함。○制水(제수)—물을 제어함。○制性(제성)—성품을 제어함。○隄防(제방)—둑。「隄」는「堤」와 같음。○禮法(예법)—예의를 차리는 법。

意譯 경행록에 말했다。『사람의 성품은 물과 같은 지라、물이 한 번 엎질러지면 다시 담을 수 없는 것과 같다。성품도 또한 한 번 방종하게 되면 다시 본심으로 돌이킬 수 없는 것이다。그렇기 때문에 물을 막으려면

반드시 둑을 쌓아서 막아야 하고, 성품을 바로잡으려면 반드시 예법으로 억제해야 한다」고。

餘說 이 대문은 다음과 같이 분석된다。

景行錄云、人性如水、

性質: 水一傾、則不可復。 性一縱、則不可反。

制禦法: 制水者、必以隄防。 制性者、必以禮法。

이상에 「不可復・不可反」은 원 상태로 회복시킬 수 없다는 말이다。「制」는 제어하는 방법까지를 뜻하는 것으로 보아야 할 것이다。

〔二〕忍一時之氣免百日之憂

讀法 인일시지기면 백일지우
忍二一時之氣一면 免二百日之憂一니라

直譯 한 때의 기분을 참으면 백날의 걱정을 면하게 된다。

語義 ○忍(인)—참음。 ○氣(기)—기분。 ○免(면)—면함。 면제함。

意譯 한 때의 좋지 못한 기분을 참아 이기면 앞으로 백날 동안 근심할 것을 면하게 된다。

餘說 「忍」에 대한 도덕율을 펴나가는 데 전제가 되는 대문이라 하겠다。 이 책의 대본에 「一時之氣」로 되어 있는 것이 초략본에는 「一時之忿」으로 되어 있다。

〔三〕得忍且忍得戒且戒不忍不戒小事成大

讀法 得忍且忍하고 得戒且戒하라 不忍不戒면 小事成大니라
(득인차인　득계차계　불인불계　소사성대)

直譯 참을 수 있으면 또 참고, 경계할 수 있으면 또 경계하라. 참지 못하고 경계하지 못하면 작은 일이 크게 된다.

語義 ○得(득)……할 수 있음.

意譯 참을 수 있는대로 참아내고 또 참고 경계할 수 있는 대로 또 경계하라. 만일 참아내지 못하고 경계하지 못하면 작은 일이 크게 된다.

餘說 이 대문을 분석하면 다음과 같다.

(命令)　(推量)　(結果)

〔得忍且忍、得戒且戒。〕 不忍不戒、小事成大。

〔四〕 愚濁生嗔怒皆因理不通休添心上焰只作耳邊風長短家家有炎涼處處同是非無實相究竟摠成空

讀法 愚濁生嗔怒는 皆因理不通이라 休添心上焰하고 只作耳邊風하라 長短은 家家有、요 炎涼은 處處同이라 是非無實相하여 究竟摠成空이니라
(우탁생진노　개인이불통　휴첨심상염　지작이변풍　장단가가유　염량처처동　시비무실상　구경총성공)

直譯 어리석고 흐리멍텅하면서 꾸짖고 성내는 것은, 다 이치에 통달하지 못한 까닭이다. 마음 위에 불을 더하지 말고, 다만 귓가의 바람 같이 하라. 장점과 단점은 집집마다 있는 것이고, 인정의 후함과 박함은 곳곳이 같다. 옳고 그름은 모습이 실지로 없어서, 결국에는 다 헛된 것이 된다.

語義 ○愚(우)—어리석음. 「愚」는 「德」과 뜻이 통하는 것으로 사람의 이름에 「悳」자와 같은 경우로 쓰이는 글자. ○濁(탁)—머리가 명석하지 못하고 흐리멍텅함. ○嗔(진)—성냄. ○怒(노)—성냄. ○嗔怒(진노)—성냄. 궁중어로 많이 쓰임. ○因(인)—까닭. 원인. ○理(리)—이치(理致). 사리(事理). ○不通(불통)—통하지 아니함. 글 또는 말을 알지 못함. ○休(휴)—말음. 금지하는 말. ○添(첨)—더함. ○焰(염)—불꽃. 불이 조금 타오르는 모양. ○耳邊風(이변풍)—귓가에 흔히 스쳐가는 바람 같이 아무렇지 않게 생각함. ○長短(장단)—길고 짧은 것. 장점과 단점. ○家家(가가)—집집마다. ○炎涼(염량)—인정의 후박. ○處處(처처)—곳곳. ○是非(시비)—옳고 그름. ○實相(실상)—용모의 실제. ○究竟(구경)—마침내. 필경. ○摠(총)—다. 「總」과 같은 자. ○空(공)—공연히. 헛되이.

意譯 어리석고 흐리멍텅한 사람이 성내는 것은, 모두 사리에 통치 못한 까닭이다. 마음 위에 일어나는 불꽃을 더하지 말고, 자기 마음에 거슬리는 말은 오직 귓가의 바람으로 여기라. 장점과 단점은 집집마다 있는 일이고, 인정의 후박은 곳곳이 같은 것이다. 시비라는 것은 원래 본 모습이 없어서, 마침내는 다 헛된 것이 된다.

餘說 이 대문도 오언 율시의 한시다.

구	句	구분	聯	對句	押韻
愚濁生嗔怒、	第一句	起	首聯		通押韻
皆因理不通。	第二句				
休添心上焰、	第三句	承	前聯	對句	風押韻
只作耳邊風。	第四句				
長短家家有、	第五句	轉	後聯	對句	同押韻
炎涼處處同。	第六句				
是非無實相、	第七句	結	尾聯		空押韻
究竟摠成空。	第八句				

「第三句」의 「焰」자를 초략본에는 「火」로 하고 있다.

〔五〕子張欲行辭於夫子願賜一言爲修身之美夫子曰百行之本忍之爲上子張曰何爲忍之夫子曰天子忍之國無害諸侯忍之成其大官吏忍之進其位兄弟忍之家富貴夫妻忍之終其世朋友忍之名不廢自身忍之無患禍子張曰不忍何如夫子曰天子不忍國空虛諸侯不忍喪其軀官吏不忍刑法誅兄弟不忍各分居夫妻不忍令子孤朋友不忍情意疎自身不忍患不除子張曰善哉善哉難忍難忍非人不忍不忍非人

讀法 子張이 欲行、에 辭於夫子、할새 願賜一言이면 爲修身之美。하나이다 夫子ㅣ曰、百行之本、이 忍之爲上。이니라 子張이 曰、何爲忍之。니이꼬 夫子ㅣ曰、天子ㅣ忍之、면 國無害。하고 諸侯ㅣ忍之、면 成其大。하고 官吏ㅣ忍之、면 進其位。하고 兄弟ㅣ忍之、면 家富貴。하고 夫妻ㅣ忍之、면 終其世。하고 朋友ㅣ忍之、면 名不廢。하고 自身이 忍之、면 無患禍。니라 子張이 曰、不忍、이면

直譯 자장이 길을 떠나고자함에 공자께 작별을 할새 원컨대 한 말씀을 주시면 몸을 닦는 아름다움을 삼으려합니다。 공자께서 말씀하시기를、『모든 행실의 근본이 참는 것이 제일이다』 하셨다。 자장이 말하기를、『무엇이 참는 것이 됩니까?』 하였다。 공자께서 말씀하시기를、『천자가 참으면 나라에 해가 없고 제후가 참으면 그 큼을 이루고、관리가 참으면、그 지위가 진급되고 형제가 참으면 집이 부귀하고、부부가 참으면 그 세상을 같이 마치고、친구가 참으면 명예가 깎이지 않고、자신이 참으면 근심과 재앙이 없을 것이다』 하셨다。 자장이 말하기를、『참지 않으면 어떻게 됩니까?』 하였다。 공자께서 말씀하시기

何如。니이꼬 夫子ㅣ 曰、天子ㅣ 不忍、이면 國空虛、하고 諸侯ㅣ 不忍、이면 喪其軀。하고 官吏ㅣ 不忍、이면 刑法誅。하고 兄弟ㅣ 不忍、이면 各分居。하고 夫妻ㅣ 不忍、이면 令子孤。하고 朋友ㅣ 不忍、이면 情意疏。하고 自身이 不忍、이면 患不除。니라 子張이 曰、善哉善哉。라 難忍難忍、이여 非人이면 不忍。이오 不忍이면 非人。이로다

를、『천자가 참지 않으면 나라 안이 텅 비게 되고、 제후가 참지 않으면 자기 몸을 잃게 되고、 관리가 참지 않으면 형법으로 베히게 되고、 형제간에 참지 않으면 각각 헤어져 살게 되고、 부부간에 참지 않으면 그 자식으로 하여금 외롭게 되고、 친구간에 참지 않으면 정의가 소홀해지고、 자기 자신이 참지 않으면 걱정이 없어지지 않을 것이다』하셨다。 자장이 말하기를、『참 좋고 좋은 말씀입니다。 참기란 매우 어려운 것이군요、 사람이 아니면 참지 못할 것이고、 참지 못한다면 사람이 아니로다』하였다。

語義 ○子張(자장)—성은 전손(顓孫)이오、 이름은 사(師)요、 자장은 자이다。 공자의 제자로 특히 언변(言辯)에 능했다 함。 ○辭(사)—작별하고 떠남。 ○夫子(부자)—선생(先生)·장자(長者)·현자(賢者)의 존칭이나 여기서는 공자(孔子)를 가리킴。 ○願(원)—원컨대。 ○賜(사)—주시면。 ○修身(수신)—몸을 닦음。 몸을 수양함。 ○百行之本(백행지본)—모든 행실의 근본。 ○忍之(인지)—참는 것。 ○爲上(위상)—으뜸이 됨。 ○天子(천자)—한 나라의 임금。 ○諸侯(제후)—중국 봉건 시대(封建時代)에 천자 밑에서 봉토(封土)를 받은 여러 임금。 ○不廢(불폐)—떨어뜨리지 아니함。 ○患禍(환화)—걱정과 재앙。 ○何如(하여)—어찌 할꼬? ○空虛(공허)—속이 빔。 방비가 없음。 ○喪(상)—잃음。 상실(喪失)함。 ○軀(구)—몸。 신체。 ○刑法(형법)—범죄를 처벌하는 법률。 ○令(령)—…로 하여금 …하게 함。 ○孤(고)—외로움。 ○情意(정의)—감정과 의지。 마음。 생각。 ○疏(소)—멀음。 가깝지 않음。「疎」와 같은 글자。 ○患(환)—근심。 걱정。 ○不除(부제)—없애지 못함。 ○善哉(선재)—참 좋다고 찬미하는 말。 ○難忍(난인)—참기 어려움。 ○非人(비인)—사람이 아님。

意譯 자장이 길을 떠나면서 말했다。『원컨대 몸을 닦는 요점을 한 마디로 말씀해 주시기 바랍니다』고。 공자

께서 말씀하셨다。『모든 행실의 근본은 참는 것이 제일이다』고。자장이가 다시 여쭈었다。『무엇을 참는다 합니까?』고。공자께서 말씀하셨다。『천자가 참으면 나라에 해가 없고 제후가 참으면 자기의 땅이 커지고、관리가 참으면 자기의 지위가 올라가고、형제간에 참으면 자기들의 집이 부귀해지고、부부간에 참으면 일생을 해로하고、친구간에 참으면 명예를 떨어뜨리지 않고、자신이 혼자서 참으면 걱정과 재앙이 없을 것이다』고。자장이가 다시 여쭈었다。『만일 참지 않으면 어찌 되겠읍니까?』고。공자께서 대답하시었다。『천자의 신분으로써 참지 아니하면 온 나라 안이 빈 터가 되어버릴 것이고、제후가 참지 아니하면 자기 몸까지 잃게 될 것이고、관리가 참지 아니하면 형법으로 처벌 받게 될 것이고、형제간에 참지 아니하면 각각 헤어져 살게 될 것이고、부부간에 참지 아니하면 자식으로 하여금 외롭게 할 것이고、친구 간에 참지 아니하면 정의가 멀게 될 것이고、자기 자신이 참지 아니하면 걱정과 재앙이 떠나지 않을 것이다』고。자장이 감탄하여 말했다。『참 좋은 말씀입니다。참기란 어려운 것이므로 사람이 아니면 참지 못할 것이오、참지 못한다면 사람이 아닐 것입니다』고。

餘說 이 대문은 자장의 요청에 따라 공자께서 자장에게 「忍」자에 대하여 설교 하신데 이어 다시 자장의 질문에 따라 「不忍」에 대한 설교를 계속하신 것이다。

〔六〕 景行錄云屈己者能處重好勝者必遇敵

讀法 景行錄(경행록)에 云(운)、屈己者(굴기자)는 能處重(능처중)하고 好勝者(호승자)는 必遇敵(필우적)이니라

直譯 경행록에 이르기를、『자기의 뜻을 굽혀서 남에게 순종하는 사람은 능히 중요한 지위에 있게 되고、이기기를 좋아하는 사람은 반드시 적을 만난다』 하였다。

語義 ○屈己者(굴기자)—자기를 굽혀서 남에게 순종하는 사람。○處重(처중)—중요한 지위에 있음。○好勝者(호승자)—이기기를 좋아하는 사람。승벽이 있는 사람。○遇敵(우적)—적을 만남。

意譯 경행록에 말했다。『자기를 죽이어 뜻을 굽혀서 남을 위하여 순종하는 사람은 능히 중요한 직위에 있을 수 있게 되고、성벽이 있어 이기기만을 좋아하는 사람은 반드시 만만치 않은 적을 만나게 될 것이다』고。

餘說 이 대문 중에 「能處重」이란 말이 있는데 어떤 책에는 「중요한 일을 잘 처리하고」로 풀이하고 있으나 전체를 살펴보면 「屈己者」는 자기 지위를 잘 유지할 수 있으나、「好勝者」는 반드시 적을 만나서 자기의 지위를 유지하기가 어렵다는 것이니、「處」자는 「처리」의 뜻이 아니라 어떠한 지위에 「있다」는 뜻으로 보는 것이 타당할 것이다。

〔七〕〔惡人罵善人善人總不對〕善人若返罵彼此無智慧〔不對心淸涼罵者口熱沸正如人唾天還從己身墜〕

讀法 惡人(악인)이 罵(매)善人(선인)커든 善人(선인)은 總不對(종부대)하라 善人(선인)이 若返罵(약반매)하면 彼此(피차)ㅣ 無智慧(무지혜)니라 不對(부대)는 心淸涼(심청량)이오 罵者(매자)는 口熱沸(구열비)니라 正如人(정여인) 唾天(타천)하여 還從己身墜(환종기신추)니라

直譯 악인이 선인을 욕하거든、선인은 전연 대항하지 말라。선인이 만일 도로 욕을 할 것 같으면、그나 내나 지혜가 없는 것이다。대항하지 않는 것은 마음이 맑고 시원한 것이고、욕한 자는 입이 뜨거워 끓을 것이다。마치 사람이 하늘에 침을 뱉는 것 같아서 도로 자기의 몸을 따라 떨어질 것이다。

語義 ○罵(매)—욕함。○總(총)—다。모두。摠·総과 같음。○不對(부대)—응하지 아니함。대항하지 아니함。○若(약)—

만약 …할 것 같으면, 재역 문자. ○淸凉(청량)—시원함. 맑고 시원함. ○熱沸(열비)—뜨겁게 끓어오름. ○正(정)—마치. 바로. ○唾天(타천)—하늘에 침을 뱉음. ○還從己身墜(환종기신추)—도로 자기의 몸을 따라 떨어짐.

意譯 악인은 선인에게 욕할지라도, 선인은 못 들은 척하고 도무지 대항하지 말라. 선인이 만약 도로 받아 욕을 한다면, 선인이나 악인이나 다 지혜가 없는 것이다. 대항하지 않으면 마음이 깨끗하고 시원하고, 욕하는 자는 입이 부글 부글 끓을 것이다. 바로 사람이 하늘에 대고 침을 뱉는 것과 같아서 도로 자기의 몸에 떨어진다.

餘說 이 대문은 오언 율시(五言律詩)의 한시형으로 되어 있다. 종래의 초략본에는 제三·四구가 빠져서 의아하게 생각했더니 이 책의 대본을 보니 제대로 되어 있었다.

惡人罵善人、(제一句) 首聯 起
善人總不對。(제二句) 對韻

善人若返罵、(제三句) 前聯 承
彼此無智慧。(제四句) 慧韻 對句

不對心淸凉、(제五句) 後聯 轉
罵者口熱沸。(제六句) 沸韻 對句

正如人唾天、(제七句) 尾聯 結
還從己身墜。(제八句) 墜韻

재래의 초략본에는 제五구 말자 「凉」 대신 「閑」자로 되어 있다. 「凉」자라야 한다.

〔八〕 〔我若被人罵佯聾不分說譬如火燒空不救自然滅〕鎭火亦如是有物遭他熱〔我心等虛空听你翻唇舌〕

讀法 我若被人罵(아약피인매)라도 佯聾不分說(양롱불분설)하라 譬(비)

直譯 내가 만일 남에게 욕을 먹을지라도, 거짓 귀먹

如火燒空하여 不救自然滅이라 鎭火亦如
(여화소공 불구자연멸 진화역여)
是어든 有物遭他熱이라 我心等虛空커늘 听
(시 유물조타열 아심등허공 은)
你翻唇舌이니라
(니번순설)

은 체하여 따지지 말아라。비유컨대 불이 허공을 태우는 것과 같아서 구하려 아니하여도 자연히 꺼진다。불이 꺼짐이 또한 이와 같거든 물건이 있으면 다른 열을 만나게 된다。내 마음은 허공과 같거늘 말다툼한다면 너는 입술과 혀만 번득일 것이다。

語義 ○若(약)—만일…할 것 같으면。○被(피)—받음。○佯(양)—거짓。○分說(분설)—분별하여 말함。○譬(비)—비유함。○燒(소)—타다。탐。○不救(불구)—구하지 아니함。○滅(멸)—꺼짐。○鎭火(진화)—불이 꺼짐。○亦如是(역여시)—또한 이와 같다。○有物(유물)—물건이 있음。물질이 있음。○遭(조)—만나다。우연히 만남。○他熱(타열)—다른 열。다른 것의 열。○等(등)—같음。○虛空(허공)—빈 곳。○听(은)—말다툼하는 모양。○翻唇舌(번순설)—입술과 혀를 놀림。唇은 脣과 같음。

意譯 내가 만일 남에게 욕을 먹더라도 일부러 귀먹은 체하여 따지지 말 것이다。비유하건대 이는 마치 불이 공중에서 타다가 끄지 않아도 저절로 없어지는 것과 같다。불이 꺼지는 것이 또한 이와 같거던、물질이 있으면 다른 데서 오는 열을 받게 마련이다。내 마음은 허공과 같이 아무렇지도 않은데 말다툼하는 너는 입술과 혀만 놀릴 뿐이다。

餘說 이 대문도 앞 대문과 같이 오언율시의 한시다。종래의 초략본에는 제五·六 구가 누락되어 있고、제八구의 첫자 「听」이 「摠」자로 되어 있어 바로 잡았고、이 책의 대본에는 제五 구의 첫자 「鎭」자가 「嗔」으로 되어 있어 바로잡았다。이 대문은 각자 앞 대문의 〔餘說〕과 같이 병서하고 검토하여 보자 「說·滅·熱·舌」자가 압운(押韻)자이다。

〔九〕 凡事留人情後來好相見

讀法 범사 유인정 후래 호상견
凡事에 留人情이면 後來에 好相見이니라

直譯 모든 일에 인정을 두면, 앞으로 오는 날에 서로 보기가 좋다.

語義 ○凡事(범사)—모든 일. ○留(류)—유의 함. 마음에 둠. ○人情(인정)—남을 동정하는 따뜻한 마음. ○後來(후래)—장래. 앞으로 오는 날. ○好(호)—좋음. ○相見(상견)—서로 봄.

意譯 모든 일에 인정을 남겨두면 장래에 좋은 낯으로 대하게 된다.

餘說 인정이란 주어서 좋고 받아서 좋은 것이다. 물론 뒷날에 서로 만나기도 좋은 것이 인정이 오고 간 사이끼리인 것이다.

담양판에만 있고 원본이나 유행되고 있는 초략본에는 없는 것을 적어보면 다음과 같다.

家語에 云, 危其身者는 好發人之惡이니라 (가어에 이르기를, 「자기의 몸을 위태롭게 하는 사람은 남의 악을 드러내기를 좋아한다.」)

紉蘭握瑾者는 誨妬之良謀也요 要肆利孔者는 招怨之危機也요 宏談硬論者는 騰榜之健駟也요 方人擬物者는 反刺之銛刃也니라 (난초를 매어차고 아름다운 옥을 손에 쥐는 것은 투기를 가르치는 좋은 꾀고, 방자하게 이익을 모은다는 것은 원수를 부르는 위험한 실마리고, 훌륭한 말과 강직한 논설이라는 것은 방을 세워 매단 잘 달리는 네 마리가 끄는 수레 같은 것이고, 남과 자기를 비교하는데 물건으로 하는 것은 도리어 자기를 찌르는 날카로운 칼날인 것이다.」)

勤學篇(근학편) 第九(제구) 凡八條(범팔조)

부지런히 공부하라는 글을 모은 것으로 명심보감 제九로 대개 八 조목으로 되어 있다。

〔一〕子曰博學而篤志切問而近思仁在其中矣

讀法 子ㅣ(자ㅣ) 曰、(왈) 博學而篤志、(박학이독지)하며 切問而近思、(절문이근사)하면 仁在其中矣。(인재기중의)니라

直譯 공자께서 말씀하시기를、『널리 배우고、두텁게 뜻을 가지며、절실하게 질문해서 가까운 것부터 생각하면 인이 그 가운데 있다』하셨다。

語義 ○博學而篤志(박학이독지)—널리 배워 지식을 두텁게 함。곧「廣學而厚識之也。」○切問(절문)—깊이 파 물음。하안(何晏)은「切問 者、는 切問於己所學、而未悟之事也。라」주(注)했고、황간(皇侃)은「切은 猶急也。요 若有所未達之事、면 宜急諮問取解。라」하였다。○近思(근사)—자기가 능히 할 수 있는 것부터 생각하다。하안(何晏)은「近思於己所能及之事。라」고 해석하였다。

意譯 공자께서 말씀하셨다。『선조의 문화유산을 널리 습득(習得)하여 목적 의식을 투철하게 갖고、의문나는 점을 하나도 놓치지 않고 적절하게 철저히 물어 해명하여 자기의 체험적 바탕 위에서 자기를 중심으로 가까운 것부터 사색을 하면 인간의 절대적 선인 인을 인식하고 인을 좇게 될 것이다』라고。

餘說 논어 자장편(子張篇)에는 자하(子夏)의 말로 되어 있는데、명심보감에는「子曰」로 되어 있다。또 후한서(後漢書) 및 그 밖의 책에는 공자의 말로 되어 있다。본문을 고치려다가 그대로 두었다。자하의 말이라면 그 근본은 공자의 말일 수도 있기 때문이었다。스승의 말이 제자인 자하가 전수할 수 있다는 논리에서 더욱

그렇게 생각된다。

〔二〕莊子云人之不學若登天而無術學而智遠若披祥雲而覩青天如登高山而望四海

讀法 莊子에 云、人之不レ學、이면 若二登レ天而無レ術。하고 學而智遠、이면 若下披二祥雲一而覩中青天上。하며 如下登二高山一而望中四海上。니라

(장자운 인지불학 약등천이무술 학이지원 약피상운이도청천 여등고산이망사해)

直譯 장자에 이르기를、『사람이 배우지 않으면 하늘에 오르려는데 꾀가 없는 것 같고、배워서 지식이 깊어지면 상서로운 구름을 헤치고서 푸른 하늘을 보는 것 같으며、높은 산에 올라가서 천하를 바라다 보는 것 같다』 하였다。

語義 ○莊子(장자)—책 이름。 계선편(繼善篇) 제 三 조목 참조。 ○登レ天(등천)—하늘에 오름。 ○無レ術(무술)—재주가 없음。 꾀가 없음。 ○智遠(지원)—지식이 깊음。 지식이 심원(深遠)함。 ○披(피)—헤침。 ○祥雲(상운)—길조(吉兆)의 구름。 상서로운 구름。 ○覩(도)—보다。「睹」와 같음。 ○青天(청천)—푸른 하늘。 하늘。 ○高山(고산)—높은 산。 ○望(망)—바라봄。 ○四海(사해)—四방의 바다。 천하(天下)。

意譯 장자에 말했다。『사람에게 학문이 없는 것은 아무 기술 없이 하늘에 오르려는 것과 같고、배워서 지식이 심오(深奧)해지면 마치 상서로운 구름을 헤치고서 푸른 하늘을 보는 것과 같으며、또 높은 산에 올라 천하를 바라보는 것과 같이 세상을 살아가는데 답답함이 없을 것이다』고。

餘說 이 대문은 장자라는 책에 나오는 글로 되어 있으나 장자에서 확인을 못했다。 종래 초략본에는 「若登天——。」若披祥雲의 「若」자가 如자로 되어 있고 「如登高山——。」의 「如」자가 탈락되었음을 대본에서 발견하였다。

〔三〕禮記云玉不琢不成器人不學不知義

讀法 예기 운 옥불탁 불성기 인불학 부지의
禮記에 云、玉不琢、이면 不成器。하고 人不學、이면 不知義。니라

直譯 예기에 이르기를、『옥은 다듬지 않으면 그릇이 되지 못하고、사람은 배우지 않으면 의를 알지 못한다』하였다。

語義 ○禮記(예기)—오경(五經)의 하나。진한(秦漢)시대의 고례(古禮)에 관한 설을 수록한 책。한무제(漢武帝) 때에 하간(河間)의 헌왕(獻王)이 고서(古書) 백 삼십 일 편을 편술한 뒤에 이백 십사 편으로된 대대례(大戴禮)와 대덕(戴德)이 그것을 팔십 오편으로 줄이고、선제(宣帝) 때에 그의 조카 대성(戴聖)이 다시 사십 구 편으로 줄인 소대례(小戴禮)가 있음。지금의 예기는 이소대례를 이름。주례·의례와 함께 삼례라 함。○琢(탁)—쪼음。다듬음。○義(의)—군신간의 도덕。사람이 지켜야할 옳은 길。예기에는「道」로 되어있음。

意譯 예기에 말했다。『옥은 쪼지 않고서는 그릇을 만들 수 없고、사람은 배우지 않고서는 정의를 알지 못한다』고。

餘說 옥 쪼는 것이나 사람이 배우는 것은 성과를 노리고 하는 작위(作爲)인 것이다。이 작위 없이 성과를 기다릴 수 없는 것은 비단 옥이나 인간만이 아니라 모든 사물이 다 그러하다。그러기에 우리는 목적을 향하여 노력한다。

〔四〕太公曰人生不學冥冥如夜行

讀法 태공 왈 인생불학 명명여야행
太公이 曰、人生不學、이면 冥冥如夜行。이니라

直譯 강태공이 말하기를、『사람이 배우지 않으면 저문 밤에 밤길을 가는 것 같다』하였다。

語義 ○冥冥(명명)—저문 밤。 밤 저물게。「暮夜。」 ○如₌夜 行₋(여야행)—밤길을 가는 것 같음。

意譯 강태공이 말했다 『사람이 세상에 태어나서 배우지 못하면 이 세상을 살아 나가는 것이 늦은 캄캄한 밤 중에 밤길을 걷는 것과 같다』고。

餘說 종래의 초략본에는 거의 다 「冥冥如夜行」을 「如冥冥夜行」으로 하고 있다。 이책의 대본에 따랐다。 순자(荀子) 해폐(解蔽)에 「冥 冥 蔽₌其 明₋也。 (注)冥冥、暮夜也。」라고 있다。 이로 볼 때、「冥 冥 如₌夜 行₋」은 「늦은 캄캄한 밤에 밤길을 가는 것 같다」 즉 「캄캄한 밤 중에 밤길을 가는 것 같다」로 뜻이 일괄되어 대본을 좇기로 한 것이다。 「冥冥」이 「暮夜」라는 뜻이 있는 줄 모르고 「如」자를 빼어 혹인(或人)이 「冥冥」의 앞에 놓은 것 같다。

강태공이 인생은 학문을 하여야한다는 것을 비유를 들어 한 말이다。 그렇다、사람이 배우지 못하면 지식이 없다。 지식이 없으면 세상을 살아가는데 캄캄한 밤 중에 밤길을 걷는 것처럼 더듬거리게 마련이다。 우리가 못 배웠다면 자식들이라도 잘 가르쳐 이 세상을 더듬거리며 살지 않도록 세상의 부모된 자는 명심해야 할 것이다。

(五) 韓文公曰人不通古今馬牛而襟裾

讀法 韓文公(한문공)이 曰(왈)、人不₌通古今₋(인불통고금)이면 馬牛而(마우이) 襟裾(금거)니라

直譯 한문공이 말하기를、『사람이 고금의 사실(史實)에 통하지 못한다면 마소에게 옷을 입힌 것과 같다』 하였다。

語義 ○韓文公(한문공)—당(唐)나라의 문학자。 이름은 유(愈)요、자는 퇴지(退之)이다。 등주남양(鄧州南陽)사람。 당송팔대가(唐宋八大家)의 한 사람。 벼슬은 국자감 사문박사(國子監四門博士)、국자 박사(國子博士)등을 거쳐 이부 시랑(吏

部侍郞)에 이르렀음。그의 문장은 고문(古文)을 모범으로 삼아 웅위 굉심(雄偉宏深)하여 후세의 종(宗)이 됨。저서에는 한창려집(韓昌黎集) 五十권이 있음。(서기七六八—八二四)。○古今(고금)—예와 이제。○襟裾(금거)—옷깃과 옷자락。옷을 말함。

意譯 한문공이 말했다。『사람으로서 고금(古今)의 사실(史實)을 알지 못하면 말이나 소에게 옷을 입힌 것과 같다』고。

餘說 이 대문을 살펴보면 사람이 고금사(古今史)에 통달하지 못한다면 마소에게 옷을 입힌 것이나 다를 없다고 하였다。사람이면 예와 이제의 사실(史實)을 알아야만 사람다운 사람이라고 강조한 말이다。초략본에 따라서는「襟裾」의「裾」자를「裙」자로 오식을 낸 책도 있다。

다음에 이 대문의 출처를 게기한다。

「韓愈、符讀書城南詩」

人不通古今、起

馬牛而襟裾。承裾押韻

行身陷不義、轉

況望多名譽。結譽押韻」

이상과 같이 오언 절구(五言絕句)의 시가 출전으로 되어 있다。「裾·譽」자로 압운되어 있다。

〔六〕 朱文公曰家若貧不可因貧而廢學家若富不可恃富而怠學貧若勤學可以立身富若勤學名乃光榮惟見學者顯達不見學者無成學者乃身之寶學者乃世之珍是故學則乃爲君子不學則爲小人後之學者各宜勉之

讀法 朱文公(주문공)이 曰(왈)、家若貧(가약빈)이라도 不可因貧而(불가인빈이) 廢學(폐학)이오 家若富(가약부)라도 不可恃富而怠學(불가시부이태학)이니라 貧若勤學(빈약근학)이면 可以立身(가이입신)이오 富若勤學(부약근학)이면 名乃光榮(명내광영)이니라 惟見學者顯達(유견학자현달)이오 不見學者無成(불견학자무성)이니라 學者(학자)는 乃身之寶(내신지보)요 學者(학자)는 乃世之珍(내세지진)이니라 是故(시고)로 學則乃爲君子(학즉내위군자)요 不學則爲小人(불학즉위소인)이니 後之學者(후지학자)는 各宜勉之(각의면지)니라

直譯 주문공이 말하기를, 『집이 만약 가난할지라도 가난함으로 해서 배우는 것을 버릴 수 없을 것이고, 집이 만약 넉넉할지라도 넉넉한 것을 믿고서 배우는 것을 게을리 할 수 없을 것이다. 가난하지만 만약 배우기를 부지런히 하면 이로써 입신할 수 있을 것이고, 넉넉하지만 만약 배우기를 부지런히 하면 곧 영광된 이름이 날 것이다. 생각컨대 보고 배운 사람은 입신 출세할 것이고, 보고 배우지 못한 사람은 성공하지 못할 것이다. 배운 사람은 곧 자신의 보배고, 배운 사람은 곧 세상의 보배다. 이런 까닭으로 배우면 곧 군자가 되고, 배우지 못하면 곧 소인이 될 것이니, 뒤의 학자는 각각 마땅히 배우기에 힘쓸 것이다』 하였다.

語義 ○若(약)—만일 …할 것 같으면. ○因(인)—이로해서. ○廢學(폐학)—학문을 그만둠. ○恃(시)—믿음. ○怠學(태학)—학문을 게을리함. ○顯達(현달)—높은 지위에 오름. 입신출세함. ○乃(내)—이에. 이리하여. 곧. ○光榮(광영)—영광. 영예. ○珍(진)—보배. ○是故(시고)—이런 까닭으로.

意譯 주문공이 말하기를, 『집이 만일 가난하더라도 가난하다고 해서 학문을 폐하지 말아야 할 것이며, 집이 만일 부하더라도 부하다고 해서 그를 믿고 학문을 게을리 말아야 할 것이다. 가난하더라도 부지런히 학문을 하면 이로써 출세할 수 있고 부하면서 학문을 부지런히 하면 이름이 더욱 빛날 것이다. 생각하건대 널리 보

고 배운 사람은 입신 출세할 것이고 널리 보고 배우지 못한 사람은 성공치 못할 것이다. 학자는 곧 몸의 보배요 학자는 곧 세상의 보배이다. 그런 까닭에 배우면 군자가 되고 배우지 못하면 소인이 되는 것이니, 앞으로 배우는 자는 저마다 마땅히 힘쓸 것이다』고.

餘說 집이 가난하거나 부하거나 간에 학문을 해야한다는 것이다. 그렇다면 가난한 사람은 입신 출세할 것이고, 부한 사람은 영광될 것이다. 격학을 한 사람은 현달할 것이고, 격학하지 못한 사람은 성공하지 못할 것이다. 학자는 자신과 세상의 보배다. 이런 까닭으로 배우면 군자가 되고 못배우면 소인이 되는 것이니, 뒤로 배우는 사람은 각기 면학해야 한다.

〔七〕〔徽宗皇帝勤學文〕學也好不學也好學者如禾如稻不學者如蒿如草如禾如稻兮國之精糧世之大寶如蒿如草兮耕者憎嫌鋤者煩惱他日面牆悔之已老〕

讀法 徽宗皇帝(희종황제)ㅣ 勤學文(근학문)에 學也(학야)도 好(호)、어니와 不學也(불학야)도 好(호)。니 學者(학자)는 如禾如稻(여화여도)、하고 不學者(불학자)는 如蒿如草(여호여초)。로다 如禾如稻兮(여화여도혜)、여 國之精糧(국지정량)、이오 世之大寶(세지대보)。로다 如蒿如草兮(여호여초혜)、여 耕者(경자) 憎嫌(증혐)、하고 鋤者煩惱(조자번뇌)。로다 他日面牆(타일면장)、에 悔之(회지)

直譯 희종황제의 근학문에, 『배움도 크거니와 배우지 않는 것도 큰 것이니, 배운 자는 곡식과 같고 배우지 못한 자는 잡초와 같도다. 곡식과 같음이여! 나라의 훌륭한 양식이고, 세상의 크나큰 보배로다. 잡초와 같음이여! 밭을 가는 자가 보기 싫어하고, 김을 매는 자가 괴로워하도다. 다음 날 속이 답답할 때에 뉘우친들 이미 늙었도다』 하였다.

已이老로다。

語義 ○徽宗皇帝(휘종황제)—중국 북송(北宋) 제八 대의 임금。이름은 길(佶)。신종(神宗)의 제十一 째 아들로 철종(哲宗)의 뒤를 이어 즉위함。예술을 좋아하였고 자신이 유명한 화가였다。○好(호)—크다。○禾(화)—곡식。○稻(도)—벼。○蒿(호)—쑥。○精糧(정량)—훌륭한 식량。○耕(경)—밭을 갊。○憎嫌(증혐)—미워하고 싫어함。○鋤(조)—김을 맴。○煩惱(번뇌)—심신이 시달림을 받아서 괴로움。○面牆(면장)—담을 면한다는 말로 식견이 좁음。

意譯 휘종황제 근학문에、『배움도 크거니와 배우지 않는 것도 큰 것이니、배운 사람은 벼와 같고 배우지 않은 사람은 쑥과 같도다。벼와 같은 곡식은 나라의 훌륭한 식량이오 세상의 큰 보배로다。쑥과 같은 풀은 밭을 가는 이도 미워하고 김을 매는 이도 걱정거리로다。사람이 만일 배우지 아니하면 다음 날에 마치 얼굴을 담에 대는 듯 속이 답답할 것이니 이를 후회해도 그 때는 이미 늙어 어찌할 수 없도다』고。

餘說 徽宗皇帝勤學文、學也好、不學也好。

學者如禾如稻、
不學者如蒿如草。

如禾如稻兮、國之精糧、世之大寶。
如蒿如草兮、耕者憎嫌、鋤者煩惱。

他日面牆、悔之已老。

이상에서 살펴본 바와 같이 사부(辭賦) 형식의 문장으로 「好·稻·寶·惱·老」는 운자(韻字)이다。

〔八〕 論語云學如不及猶恐失之

[讀法] 論語에 云、學如不及、이오 猶恐失之니라
(논어 운 학여불급 유공실지)

[直譯] 논어에 이르기를、『학문은 앞에 가는 사람의 뒤를 따라도 따르지 못하는 것 같이 하고、오히려 놓칠까 두려워한다』하였다。

[語義] ○論語(논어)―주로 공자의 언행과 문인의 말을 그가 죽은 뒤에 제자들이 수집하여 편찬한 책으로 전 二十권이다。맹자(孟子)·중용(中庸)·대학(大學)과 더불어 사서(四書)라 함。○不及(불급)―「及」은 쫓아가 잡음。미치지 못함。○猶(유)―그래도 역시。오히려。○失(실)―학문의 목표와 방법을 잃어버리는 것。때와 사람을 놓치는 것。

[意譯] 논어에 말했다。『학문이라는 것은 비유하면 앞서가는 사람을 뒤에서 따라가는 것과 같다。사람을 뒤따르려할 때는 몹시 따라가기 어려울 뿐 아니라、그 사람을 놓칠까 마음이 초조하기 쉽다。학문도 그와 같이 뒤쫓아도 뒤쫓아도 따르지 못하는 마음을 가지고 열심히 해도 그래도 목표를 놓치기 쉬운 것으로 몹시 도달하기는 어려운 것이다。이것은 이 같이 곤란한 것이므로 더 꾸준히 노력을 하라』고。

[餘說] 논어 태백편(泰伯篇)에 실려있는 공자의 말인데 「論語云」이라 했음은 이 책의 전편의 흐름으로 보아 「子曰」이라 했어야 적절했으리라 생각된다。초략본에 「惟恐失之」는 「猶恐失之」의 잘못이다。

訓子篇第十(훈자편제십) 凡十條(범십조)

이 편은 자식을 가르치라는 글로 명심보감 제十으로 대개 十 조목으로 되어 있다。

〔一〕景行錄云賓客不來門戶俗詩書無敎子孫愚

讀法 景行錄(경행록)에 云(운)、賓客不來(빈객불래)면 門戶俗(문호속)。하고 詩書(시서) 無敎(무교)면 子孫愚(자손우)。니라

直譯 경행록에 이르기를、『손님이 오지 않으면 집안이 낮아지고、시서를 가르치지 않으면 자손이 어리석어진다』하였다。

語義 ○賓客(빈객)―손님。○門戶(문호)―문벌。○俗(속)―속됨。고상하지 못함。○詩書(시서)―시경과 서경。시에 관한 책。여기서는 학문。○愚(우)―어리석음。

意譯 경행록에 말했다。『빈객의 왕래가 없어지면 가문이 낮아지고、자손들에게 학문을 가르치지 않으면 그 자손이 어리석게 된다』고。

餘說 자기 집에 손님이 드나든다는 것은 이미 현달(顯達)한 가문임이 틀림 없다。그 가문에 손님이 왕래하지 않으면 쇠잔(衰殘)으로 기우는 것이니、문호속(門戶俗)이라 했고、이와 마찬가지로 자손들에게 학문을 가르치지 않으면 자손들이 어리석어져 역시 가문이 쇠잔해 진다。

〔二〕莊子曰事雖小不作不成子雖賢不敎不明

讀法 장자 왈 사수소 부작 불성
莊子ㅣ曰、事雖小、나 不作이면 不成。이오
자수현 불교 불명
子雖賢、이나 不敎면 不明。이니라

直譯 장자가 말하기를, 『일이 비록 작으나 하지 않으면 이루지 못할 것이고, 자손이 비록 현명하나 가르치지 않으면 밝지 못하다』 하였다。

語義 ○不作(부작)ㅡ하지 않음。 ○賢(현)ㅡ어짐。 덕행이 있고 재지(才智)가 많음。 ○不明(불명)ㅡ명석(明晳)하지 못함。

意譯 장자가 말했다。『일이 비록 작을지라도 이것을 않고서는 이루지 못하고, 자식이 비록 어질더라도 가르치지 않고서는 똑똑한 사람이 되지 못한다』고。

餘說 아무리 작은 일이라도 해야 되지 않으면 안된다。 또 자손이 아무리 현명하지만 가르치지 않으면 똑똑한 사람이 못 된다는 것이다。

〔三〕 漢書云黃金滿籯不如敎子一經賜子千金不如敎子一藝

讀法 한서 운 황금만영 불여교자일경
漢書에 云、黃金滿籯、이 不如敎子一經。
사자천금 불여교자일예
이오 賜子千金、이 不如敎子一藝。니라

直譯 한서에 이르기를, 『황금을 바구니에 가득히 가진 것이 자손에게 한 권의 경서(經書)를 가르치는 것만 같지 못하고, 자손에게 천금을 주는 것이 자손에게 한 가지의 재주를 가르치는 것만 같지 못하다』 하였다。

語義 ○漢書(한서)ㅡ책 이름。 일백 이십 권。 후한의 반고(班固)가 지음。 반소(班昭)가 보(補)함。 대저 十二제기(帝記)·八표(表)·十지(志)·七十열전(列傳)。 후한서(後漢書)에 대해서 전한서(前漢書) 또는 서한서(西漢書)라 함。 사마천(司馬遷)의 사기(史記)는 태초(太初) 이전에 그치므로, 양웅(揚雄)·유흠(劉歆)·저소손(褚少孫)·양성형(陽城衡)·사효산(史孝山)·풍상(馮商)의 도(徒)는 그 후부터 애평(哀平)의 사이에 이르는 사적(事蹟)을 각각 견문한 바에 따라 철집(綴集)했다。 후한의 초 반표(班彪)、제씨(諸氏)가 철집한 바 비속(鄙俗)하여 사기(史記)에 따르지 못해서 이것을

수삭(修削)하고、한편으로 유문(遺聞)을 수록하여 일서(一書)가 되었다。아들 고(固)에 이르러 부친의 책이 아직 다 되지 못한 것이 있는 것을 완성하려 하였다。때마침 책을 명제(明帝)에게 바치고 고(固)가 사사로이 국사(國史)를 개작한다고 고하는 사람이 있어 체포되어 경조(京兆)의 옥에 갇히었다。아우 반초(班超)가 조정에 이르러 그의타의 없음을 말하고 군(郡)도 역시 그 책을 올리어 제(帝)가 의심이 풀리어 직시 허용하고 교서랑(校書郞)을 삼고 또 난대어사(蘭臺御史)를 제수하며、진종(陳宗)·윤민(尹敏)·맹이(孟異 혹은 冀로도 되어 있음)와 같이 세조(世祖：光武) 본기(本紀)를 짓고、그 후 공신(功臣)·평림(平林)·신시(新市)·공손술(公孫述)의 일을 서술하여 열재기(列載記) 대저 二十八 편을 지어서 바침。임금이 이에 명하여 다시 앞서 지은 바 책을 완성시킴。고(固)는 곧 시원(始元) 이전을 사기(史記)를 취하고 시원 이후는 부친의 글에서 취하여 소제(昭帝)부터 평제(平帝)에 이르는 六세(世)는 유흠(劉歆)·가규(賈逵)가 기록한 바에 의거하여 이에 진종(陳宗) 등과 같이 지은 바를 합하고 수정 보철(修正補綴)해서 서한일대사(西漢一代史)를 만들었다。그러나 팔표(八表) 및 천문지(天文志)는 아직 이루지 못하고 졸(卒)했기 때문에 화제(和帝)는 고(固)의 누이동생 반소(班昭)에게 명하여 동관(東觀)의 장서각(藏書閣)에 나아가 이어서 이것을 이루게 하고 후에 또 마속(馬續)에게 글을 내리어、소(昭)에 이어 이것을 이루게 하여 이에 비로소 완성을 보았다。이와 같은 연혁(沿革)이 있으므로 처음에는 사찬(私撰)이었다가 드디어 관찬(官撰)이 되었다。그 체재는 사기(史記)에 비하면 약간 정제(整齊)하나 그 문장은 도리어 미치지 못한다고 한다。주석(注釋)한 자、복건(服虔)、응소(應劭)로부터 이하 二十여인、당(唐)나라의 안사고(顏師古)의 주석이 가장 뛰어나 있음。○滿籯(만영)—바구니에 가득함。「籯」은 대그릇으로 서너댓되 들이임。○千金(천금)—많은 돈。○藝(예)—기예。재주。

意譯 한서에 말했다。『황금을 바구니에 가득히 담아 자손에게 물려주는 것이 자손들에게 경서 한 권을 가르쳐 주는 것만 못하고、천금을 자손에게 물려주는 것이 오히려 자손들에게 한 가지 재주를 가르쳐 주는 것만 못하다』고。

餘說 많은 재산을 자손들에게 물려주는 것이 경서 한 권이나 재주 한 가지를 가르쳐 주는 것만 못하다는 이야기다。

〔四〕至樂莫如讀書至要莫如敎子

讀法 지락 막여독서 지요 막여교자
至樂은 莫如讀書요 至要는 莫如敎子니라

直譯 지극히 즐거운 것은 책을 읽는 것만 같지 못하고, 지극히 요긴한 것은 자식을 가르치는 것만 같지 못한 것이다.

語義 ○至樂(지락)—지극히 즐거운 것. ○莫如(막여)—…할만 같지 못하다. ○至要(지요)—지극히 요긴한 것.

意譯 몹시 즐거움은 책을 읽는 것만한 것이 없고, 몹시 필요한 것은 자손을 가르치는 것만한 것이 없다.

餘說 책을 읽는 것이 가장 즐거운 것이고, 자손을 가르치는 것이 가장 필요한 것이라는 말이다.

책을 읽는 것이 가장 즐겁다는 말은 책을 읽음으로써 얻는 바가 그 무엇보다도 크다는 뜻이다. 때문에 읽는 책의 난이도(難易度)를 고려해서 즐겁게 느낄 수 있도록 노력해야 될 것이다. 그러면서 독서에 취미를 붙여야 한다.

〔五〕 呂滎公曰內無賢父兄外無嚴師友而能有成者鮮矣

讀法 여형공 왈내무현부형 외무엄
呂滎公이 曰, 內無賢父兄하며 外無嚴
사우 이능유성자 선의
師友요 而能有成者ㅣ 鮮矣니라

直譯 여형공이 말하기를, 『집안에 어진 아버지와 형이 없으며, 밖에 엄한 스승과 벗이 없고 그리고서 능히 성공함이 있는 자는 거의 없다』 하였다.

語義 ○呂滎公(여형공)—송(宋)나라 사람. 공저(公著)의 아들. 자는 원명(原明). 이름은 희철(希哲)이다. 어려서 초간지(焦干之)·손복(孫復)·석개(石介)·호원(胡瑗)에 따라 배우고, 또 이정(二程)·장재(張載)에 따라 교유(交遊)함. 원우(元祐) 중 숭정전 설서(崇政殿說書)가 되어 임금을 인도함에 정심(正心) 성의(誠意)를 가지고 근본으로 삼았다. 저에 여씨잡기(呂氏雜記)가 있다. ○滎(형)—물 이름. ○嚴(엄)—엄함. ○鮮(선)—드물다. 거의 없다.

意譯 여형공이 말했다. 『집안에 현명한 아버지와 형이 없으며, 밖에 엄한 스승과 벗이 없고서 능히 성공한

사람은 적다』고。

餘說 안에 현명한 부형이 있어야 하고 밖에는 엄한 사우(師友)가 있어야 성공하지 그렇지 못하면 성공하기 어렵다는 것이다。

〔六〕太公曰男子失敎長必頑愚女子失敎長必麤疎

讀法 태공 왈 남자실교 장필완우
太公이 曰、男子失✓敎、면 長必頑愚。하고
여자실교 장필추소
女子失✓敎、면 長必麤疎。니라

直譯 강태공이 말하기를、『남자를 가르치지 않으면 장성해서 반드시 완악하고 어리석어지고、여자를 가르치지 않으면 장성해서 반드시 거칠고 솜씨가 없다』하였다。

語義 ○失✓敎(실교)—가르치지 않음。○頑愚(완우)—완고하고 미련함。○長(장)—장성함。○麤疎(추소)—거칢。소홀함。

意譯 강태공이 말했다。『남자로써 배우지 않으면 장성해서 반드시 완고하고 미련하며、여자로써 배우지 못하면 장성해서 반드시 거칠고 솜씨가 없다』고。

餘說 사내는 어려서 배울 시기를 잃으면 커서 완우하고、계집애는 어려서 배울 시기를 잃으면 커서 솜씨가 없이 소홀해 진다는 것이다。

〔七〕太公曰養男之法莫聽誰言育女之法莫敎離母〔男年長大莫習樂酒女年長大莫令遊走〕

讀法 太公이 曰、養男之法은 莫聽誰言이오 育女之法은 莫敎離母니라 男年이 長大어든 莫習樂酒하고 女年이 長大어든 莫令遊走니라

直譯 강태공이 말하기를、『남자를 기르는 법은 아무 말이나 듣게 말고、여자를 기르는 법은 떨어져서 어머니는 가르치지 말 것이다。남자가 나이가 들어 장성하거던 풍악과 술마시기를 배우지 말고、여자가 나이가 들어 장성하거던 돌아다니며 놀게 말라』하였다。

語義 ○養男之法(양남지법)—남자를 기르는 방법 ○莫聽誰言(막청수언)—누구의 말이나 듣지 못하게 함。아무의 말이나 듣지 말게 함。「莫」은 금지사。○育女之法(육녀지법)—여자를 기르는 방법。○莫敎離母(막교이모)—어머니를 떠나서는 가르치지 말음。○男年(남년)—남자가 나이 들음。○長大(장대)—장성함。○樂酒(악주)—풍악과 술마시기。○女年(여년)—여자가 나이들음。○令(령)—시킴。하게 함。○遊走(유주)—돌아다니며 놀음。

意譯 강태공이 말했다。『남자를 양육하는 방법은 아무의 말이나 듣게 말고、여자를 양육하는 방법은 어머니를 떨어져서는 가르치지 말라。남자가 장성하거든 풍악과 술마시를 익히지 말고、여자가 장성하거든 돌아다니며 뛰놀지 말라』고。

餘說 이 대문은 사자경(四字經)의 문형으로 되어 있는 것이 특징이다。

남자는 오르지 군자의 도인 인도에 충실하여 그를 배우는데 폐가 되는 아무의 말이나 듣지 못하게 하고、또 술을 마시기를 관습화하고 풍류 놀이를 일삼지 말게 해야하며、여자는 오로지 어머니의 품을 떠나지 말고 어머니의 감독하에 부도를 익혀야 하고、아무 곳이나 돌아다니며 뛰놀지 못하게 해야 한다는 것이니、조금 옛스러운 점이 없지 않으나、조심하는 마음가짐은 마땅히 이런 식이어야 할 것이다。

〔八〕 人皆愛珠玉我愛子孫賢

讀法 인개애주옥　　아애자손현
人皆愛珠玉이나 我愛子孫賢이니라

直譯 사람들은 모두 주옥을 사랑하지만, 나는 자손 어진 것을 사랑한다.

語義 ○珠玉(주옥)—진주와 구슬.

意譯 세상 사람들이 모두 진주와 구슬 같은 보배를 사랑하지만 나는 자손의 어진 것을 사랑한다.

餘說 재화(財貨)를 사랑하는 것도 당연한 일이나 재화와 자손현과를 놓고 어떤 것을 두 가지 중에서 갖겠느냐면 자손현을 택하겠다는 말이다.

〔九〕 嚴父出孝子嚴母出巧女

讀法 엄부　출효자　엄모　출교녀
嚴父는 出孝子하고 嚴母는 出巧女니라

直譯 엄한 아버지는 효도하는 아들을 길러내고, 엄한 어머니는 얌전한 딸을 길러낸다.

語義 ○嚴父(엄부)—엄격한 아버지. ○嚴母(엄모)—엄격한 어머니. ○巧女(교녀)—얌전한 딸. 「(禮、表記)辭欲巧。〔注〕巧는 謂順而說也라」

意譯 엄격한 아버지는 효도하는 아들을 길러내고, 엄격한 어머니는 얌전한 딸을 길러낸다.

餘說 이 대문 중에 「出巧女」라는 말이 있는데, 종래의 초략본에는 「出孝女」로 되어 있으나 이 책의 대본에 따랐다.

〔一〇〕 憐兒多與棒憎兒多與食

讀法 憐兒어든 多與棒하고 憎兒어든 多與食하라
(연아 다여봉 증아 다여식)

直譯 아이를 귀애(貴愛)하거든 많이 매를 주고, 아이가 밉거든 많이 밥을 주라.

語義 ○憐(련)—어여삐여김. 귀애(貴愛)함. ○與(여)—주다. 여기서는 때린다는 뜻으로 쓰였음. ○棒(봉)—몽둥이. 매.
○憎(증)—미웁게여김. 미워함.

意譯 예쁜 자식 매하나 더 때리고, 미운 자식 밥 많이 먹인다.

餘說 우리 나라 속담을 몇 개 소개하기로 한다.

烏飛梨落(까마귀 나르자 배 떨어진다)

牛耳讀經(쇠귀에 경 읽기)

馬耳東風(말귀에 봄바람)

塵合泰山(티끌 모아 태산)

同價紅裳(같은 값이면 다홍 치마)

省心篇 第十一(성심편 제십일) 凡九十一條(범구십일조)

이 편은 마음을 살피는데 관한 글을 모은 명심보감의 제十一편으로 대개 九十一 조목으로 되어 있다.

〔一〕景行錄云寶貨用之有盡忠孝享之無窮

直譯 경행록에 이르기를, 『보화는 이는 쓰면 다할 수 있지만, 충효는 이를 누려도 다할 수 없다』 하였다.

讀法 景行錄(경행록)에 云(운), 寶貨(보화)는 用之有盡(용지유진)하되 忠孝(충효)는 享之無窮(향지무궁)이니라

語義 ○寶貨(보화)—보물. ○盡(진)—다함. ○享(향)—차지함. 누림. ○窮(궁)—다함. 끝남.

意譯 경행록에 말했다. 『보물은 쓰면 없어지지만, 충성과 효도는 할 수록 끝이 없는 것이다』고.

餘說 현토(縣吐)에 있어 「用之有盡이오」 또는 「…하고」로 「이오·하고」토로 된 책이 많으나 「…하되」의 토를 취하였다. 그 까닭은 「…은 다함이 있되(있지만)…은 다함이 없다」의 형식으로 앞 마의 사실을 인정 계승하면서 뒷 말의 비교 전개를 하는 편이 이 대문에 더 뜻이 강하게 드러난다 싶어서 개토(改吐)를 해봤다. 독자도 상고하기 바란다.

〔二〕家和貧也好不義富如何但存一子孝何用子孫多

讀法 가화 빈야호 불의 부여하
家和면 貧也好、어니와 不義면 富如何。오
단존일자효 하용자손다
但存一子孝、면 何用子孫多。리오

直譯 집안이 화목하면 가나하여도 좋으려니와 의롭지 못하면 돈이 많은들 무엇할까? 오직 한 자식만 두었어도 그 아들이 효도한다면 자손이 많아서 무엇에 쓰겠는가?

語義 ○但(단)—단지。오직。○不義(불의)—의리에 어그러짐。인도에 어긋남。○家和(가화)—집안이 화목함。○如何(여하)—어찌할 꼬。무엇하리오。○何用(하용)—무엇에 쓰리오。

意譯 집안이 화목하면 가난해도 좋거니와 만일 의리에 어그러지면서 부자가 된들 무엇하겠는가? 오직 아들 하나만 두었어도 그 아들이 효도한다면, 자손이 많아서 무엇에 쓰겠는가?

餘說 이 대문은 오언 절구(五言絕句)의 한시다。

家和貧也好、第一句起
不義富如何。第二句承 何韻
但存一子孝、第三句轉
何用子孫多。第四句結 多韻

〔三〕父不憂心因子孝夫無煩惱是妻賢言多語失皆因酒義斷親疏只為錢

讀法 부불우심 인자효 부무번뇌 시
父不憂心은 因子孝요 夫無煩惱는 是
처현 언다어실 개인주 의단친소
妻賢。이라 言多語失은 皆因酒、요 義斷親疏

直譯 아버지가 근심하는 마음이 없는 것은 자식이 효도하기 때문이고、남편이 고민이 없는 것은 바로 아내가 어질기 때문이다。말이 많고 언어에 실수하는

지위전
는 只爲錢。이니라

것은 다 술 때문이고, 친척이나 타인 사이에 의리가 끊어지는 것은 오직 돈 때문이다.

語義 ○憂心(우심)—근심하는 마음。 ○因(인)—까닭。 때문。 ○煩惱(번뇌)—욕정때문에 심신이 시달림을 받아서 괴로움。 ○是(시)—바로。 ○言語(언어)—말。 「〔說文〕 直言 曰言、論 難 曰語。 〔周禮大司樂註〕 發 端 曰言、答 述 曰語。 〔釋名〕 言 宣 也、語 敍 也。」 「言」은 발언함。 말로 나타냄。 「語」는 이야기함。 담화를 함。 ○義斷(의단)—친구나 친척 사이의 정을 끊음。 ○親疎(친소)—친하여 가까움과 친하지 못하여 버성김。 여기서는 친척과 친구。 곧 「義斷 親 疎」는 친척과 친구 사이의 정을 끊음이 됨 ○爲(위)—때문。 이유。

意譯 아버지가 근심하지 않는 것은 그 자식이 효도하기 때문이고, 남편이 욕정에 고민하지 않는 것은 바로 그 아내가 어질기 때문이다。 말이 많고 이야기에 실수가 많은 것은 모두 술 때문이고, 친척이나 친구 사이의 정이 끊어지는 것은 오직 돈 때문인 것이다。

餘說 「義斷親疎」의 뜻을 의가 끊어지고、친함이 갈라지다로 풀이한 책들이 있으나 어원(語源)이 있는 말로 그런 뜻이 아니라는 것을 알아야 할 것이며 어의(語義)의 항을 참조하여 옳은 뜻을 알자。

이 대문은 칠언 절구(七言絕句)의 한시다。

父不憂心因子孝、第一句起
夫無煩惱是妻賢。第二句承 賢韻
言多語失皆因酒、第三句轉
義斷親疎只爲錢。第四句結 錢韻

「賢・錢(ㅓㄴ)」은 압운(押韻)자이다。

〔四〕 景行錄 云〔旣取非常樂須防不測憂〕

讀法 경행록운 기취비상락 수방불측우
景行錄에 云、既取非常樂이어든 須防不測憂하라

直譯 경행록에 이르기를、『이미 보통이 아닌 즐거움을 가졌거던 모름지기 예측하지 않았던 근심을 막아라』 하였다。

語義 ○既(기)—이미。 ○非常(비상)—보통이 아님。 심상치 아니함。 ○須(수)—모름지기 …하여야 함。 ○不測(불측)—미루어 생각하기 어려움。 알기 어려움。

意譯 경행록에 말했다。『이미 심상치 않은 즐거움을 가졌거던 모름지기 예측할 수 없는 근심을 방비하라』고。

餘說 「이어든」의 현토가 있는데 이것은 지나간 일을 회상하거나、동작이 완결되지 못한 것을 말할 때、용언의 어간에 붙은 관형사형 전성 어미(轉成語尾)로 「—던」과 같이 쓰인다。 또 「須」는 「모름지기 …하여야 한다」로 명령 또는 결정의 뜻을 지닌 글자이다。 따라서 종미(終尾)의 토를 「하라」로 하였다。

〔五〕 得寵思辱居安慮危

讀法 득총사욕 거안여위
得寵思辱하고 居安慮危하라

直譯 사랑을 받거든 욕이 돌아올까를 생각하고、편안하게 살거든 위태로운 것을 생각하라。

語義 ○得寵(득총)—특별한 사랑을 받음。 굄을 받음。 ○思辱(사욕)—욕이 돌아올 것을 생각함。 ○居安(거안)—편안히 살음。 ○慮危(여위)—위험을 생각함。 위태로움을 생각함。

意譯 남에게 유다른 사랑을 받거든 앞으로 욕이 돌아올까 생각하고、당장 편안히 살거든 앞으로 위험이 닥쳐올까 미리 염려하라。

餘說 「寵」은 특별히 귀애(貴愛)를 받음을 말하는 것이나、윗 사람에게 사랑을 받음을 이르는 뜻을 가진 한

자이다。

〔六〕 景行錄云〈榮輕辱淺利重害深〉

讀法 경행록 운 영경욕천 이중해심

景行錄에 云、榮輕辱淺。이오 利重害深。이니라

直譯 경행록에 이르기를, 영화가 가벼우면 욕되는 일도 적을 것이고, 이익이 크면 해되는 일도 심대할 것이다。

語義 ○榮(영)—영화(榮華)。○輕(경)—가벼움。○淺(천)—얕음。적음。○重(중)—중대(重大)。큼。○深(심)—심대(深大)。큼。

意譯 경행록에 말했다。『자기가 누리고 있는 영화가 하찮으면 욕되는 일이 있어도 얕고 적을 것이고, 자기가 받는 이익이 중하고 크면 그만치 해되는 일도 깊고 클 것이다。

餘說 영화가 경하면 상대적으로 욕되는 일도 얕다는 것이다。또 이익이 되는 것이 무거우면 상대적으로 해되는 것도 깊고 크다는 것이다。

〔七〕 景行錄云〈甚愛必甚費甚譽必甚毁甚喜必甚憂甚臟必甚亡〉

讀法 경행록 운 심애필심비 심예필심훼 심희필심우 심장필심망

景行錄에 云、甚愛必甚費。요 甚譽必甚毁요 甚喜必甚憂。요 甚臟必甚亡。이니라

直譯 경행록에 이르기를, 『심히 사랑하면 반드시 심히 허비하고 심히 칭찬하면 반드시 심히 헐뜯을 것이고, 심히 기쁘면 반드시 심히 근심할 것이고, 심히 감추면 반드시 심히 없어질 것이다』 하였다。

語義 ○費(비)—과도히 소모(消耗)함。○譽(예) 칭찬함。기림。○毁(훼)—헐담함。헐뜯음。○藏(장)—감춤。「臟」의 속자。
○亡(망)—없어짐。잃음。

意譯 경행록에 말했다。『지나치게 사랑을 하게되면 반드시 지나치게 심신을 소모할 것이고、칭찬은 반드시 반면에 지나친 험담이 있을 것이고 지나친 기쁨은 반드시 지나친 근심이 있을 것이고、지나치게 간수하면 반드시 지나치게 잃을 것이다』고。

餘說 과도한 사랑은 심신을 지나치게 써서 고달프다는 것이다。다음은 과도히 칭찬하는 것은 뒤에서 그만치 헐뜯는다는 것이다。또 과도한 기쁨은 끝에 반드시 커다란 근심이 닥치게 된다는 것이다。또 몹시 감추면 반드시 감춘 곳을 잊어 찾지 못하고 잃게 된다는 것이고 그러고 보면 결국 적당한 것이 좋다는 말에 귀착(歸着)되게 된다。적당한 것은 즉 중용(中庸)이다。중용은 지극한 덕으로 유교의 진수이다。

〔八〕 子曰不觀高崖何以知顚墜之患不臨深淵何以知沒溺之患不觀巨海何以知風波之患

直譯 공자께서 말씀하시기를、『높은 언덕을 보지 않으면 어찌 써 떨어지는 근심을 알 것이며、깊은 못에 가지 않으면 어찌 써 물에 빠지는 근심을 알 것이며、큰 바다를 보지 않으면 어찌 써 풍파의 근심을 알겠는가?』하셨다。

讀法 子(자)ㅣ 曰(왈)、不(불)觀(관)高(고)崖(애)면 何(하)以(이)知(지)顚(전)墜(추)之(지)患(환)。이며 不(불)臨(림)深(심)淵(연)이면 何(하)以(이)知(지)沒(몰)溺(닉)之(지)患(환)。이며 不(불)觀(관)巨(거)海(해)면 何(하)以(이)知(지)風(풍)波(파)之(지)患(환)。이리오

語義 ○高崖(고애)—높은 언덕。높은 낭떠러지。○何以(하이)—무엇으로써。어찌하여。○顚墜(전추)—추락함。떨어짐。○臨(림)—어떤 장소에 나감。○淵(연)—못。○沒溺(몰닉)—물에 빠짐。○巨海(거해)—큰 바다。○風波(풍파)—풍랑(風浪)。바람과 물결。

意譯 공자께서 말씀하셨다。『높은 낭떠러지를 보지 않고서야 어찌하여 추락하는 걱정을 알 것이며、깊은 못가에 가보지 않고서야 어찌하여 물에 빠지는 걱정을 알 것이며、큰 바다에 가보지 않고서야 어찌하여 풍랑의 걱정을 알 수 있겠는가?』고。

餘說 이 대문은 공자가어(孔子家語) 곤서(困誓)에 있는 말이다。또 설원(說苑)에도 같은 말이 있다。

「不臨深淵」의 「淵」자는 대본이나 초략본의 거의가 「泉」자로 되어 있다。담양판(潭陽版)만이 「淵」자였고、설원도 「淵」자로 되어 있어 바로잡았다。

〔九〕 欲知未來先察已往

讀法 욕지미래 선찰이왕 — 欲知未來ㄴ대 先察已往이니라

直譯 무엇인가 미래를 알고자할진대 먼저 이왕을 살필 것이다。

語義 ○欲知(욕지)—알고자함。○未來(미래)—앞으로 오는 일。○先察(선찰)—먼저 살핌。○已往(이왕)—이미 지난 적。이미 지난 일。「已往之事。」

意譯 무엇인가 앞으로 닥치는 일을 알고자하거든 먼저 지난 일을 살펴볼 것이다。

餘說 초략본에는 거의 다 「先察已然」으로 되어 있으나 이 책의 대본만은 「然」자가 「往」자로 되어 있기에 그렇게 따랐다。구태어 이유라면 「未來」의 대가 「已往」이 뚜렷했기 때문이라고나 할까?

〔一○〕 子曰明鏡所以察形往古所以知今

讀法 子(자)ㅣ曰(왈)、明鏡(명경)은 所以察形(소이찰형)、이오 往古(왕고)는 所以知今(소이지금)。이니라

直譯 공자께서 말씀하시기를, 『밝은 거울은 모양을 살펴 보는 바가 되고、지나간 옛은 지금을 아는 바가 된다』 하셨다。

語義 ○明鏡(명경)ー밝은 거울。맑은 거울。○所以(소이)ー하는 바。○察形(찰형)ー모양을 살펴봄。○往古(왕고)ー옛날。예전。○知今(지금)ー이제를 앎。현재를 앎。

意譯 공자께서 말씀하셨다。『밝은 거울은 그 사람의 모양을 살펴보는 바가 되고、옛날의 일들은 현재의 일을 아는 바가 된다』고。

餘說 이 대문은 공자의 말씀이라고 하나 상고할 길이 없고 다만 설원(說苑) 존현(尊賢)에 있는데 「所以察形」의 「察」자가 「照」자로 되어 있음만 다르다。종래의 초략본에는 「往古」의 「古」자가 「者」로 되어 있다。다만 담양판(潭陽版)만은 「古」자로 되어 있다。오지 오주오자전(吳志、吳主五子傳)에는 「明鏡所以照形、古事所以知今」이라고 나와 있음을 볼 수 있다。

〔一一〕 過去事明如鏡未來事暗似漆

讀法 過去事(과거사)는 明如鏡(명여경)。이오 未來事(미래사)는 暗似漆(암사칠)。이니라

直譯 지나간 일은 밝기가 거울과 같고、아직 오지 않은 일은 어둡기가 옻과 같다。

語義 ○過去事(과거사)ー이미 지나간 일。현재 이전의 일。○未來事(미래사)ー아직 오지 않은 일。현재 이후에 닥쳐올 일。○暗似漆(암사칠)ー어둡기가 칠흙(漆黑) 같다。아주 깜깜하다。「漆」은 빛깔이 새까맣기 때문에 깜깜한 것을 비유한 것임。

意譯 지나간 일은 밝기가 거울과 같아서 알기 쉽고, 앞으로 닥쳐올 일은 어둡기가 마치 옻과 같이 새까마서 알기 어렵다.

餘說 「明 如ㆍ鏡」을 「如二明 鏡一」이라고 한 초략본이 많다. 「暗 似ㆍ漆」과의 대로 볼 때 이 책의 대본이 맞기로 거기에 따랐다. 이 대문은 완전한 상등 대립구(相等對立句)이다.

(一二) 景行錄云明朝之事薄暮不可必薄暮之事哺時不可必

讀法 경행록 운 명조지사 박모 불가
景行錄에 云, 明朝之事、를 薄暮에 不ㆍ可ㆍ
필 박모지사 포시 불가필
必。이오 薄暮之事、를 哺時에 不ㆍ可ㆍ必。이니라

直譯 경행록에 말했다. 『내일 아침 일을 오늘 저녁 때에 반드시 못할 것이고, 저녁 때 일을 점심 후 세네시경에 반드시 못할 것이다.

語義 ○明朝(명조)—내일 아침. ○薄暮(박모)—땅거미. 황혼(黃昏). ○不ㆍ可ㆍ必(불가필)—꼭 못할 것. ○哺時(포시)—신시(申時). 오후 三시부터 四시까지의 사이.

意譯 경행록에 말했다. 『내일 아침 일을 오늘 저녁 때 땅거미질 무렵에 꼭 그렇게 된다고 작정하지 못할 것이고, 땅거미질 무렵의 일을 오후 세네시 경에 꼭 그렇게 된다고 작정하지 못할 것이다』라고.

餘說 「明朝・薄暮・哺時」는 다 때이다. 「哺」는 신(申)시라고 한다. 참고로 지지(地支)로 표시된 옛 시각을 다음에 적어 본다.

「子時는 오후 十一시부터 오전 영시까지, 丑時는 오전 一시부터 오전 二시까지, 寅時는 오전 三시부터 오전 四시까지, 卯時는 오전 五시부터 오전 六까지시, 辰時는 오전 七시부터 오전 八시까지, 巳時는 오전 九시부터 오전 十시까지, 午時는 오전 十一부터 오후 영시까지, 未時는 오후 一시부터 오후 二시까지, 申時는

오후 三시부터 오후 四시까지、酉時는 오후 五시부터 오후 六시까지、戌時는 오후 七시부터 오후 八시까지
亥時는 오후 九시부터 오후 十시까지。

〔一三〕天有不測風雲人有朝夕禍福

讀法 천유불측풍운 天有不測風雲하고 인유조석화복 人有朝夕禍福이니라

直譯 하늘에는 예측할 수 없는 변환 무궁(變幻無窮)한 꾀가 있고、사람에게는 아침 저녁으로 화복이 있다。

語義 ○不測(불측)—헤아릴 수 없다。예측할 수 없음。○風雲(풍운)—바람과 구름。전하여 변환 무궁(變幻無窮)한 꾀의 비유。또는 천후(天候)의 험악한 것을 말함。○朝夕(조석)—아침 저녁。늘。항상。날마다。○禍福(화복)—재앙과 행복。나쁜 일과 좋은 일。

意譯 하늘에는 예측하지 못할 천후(天候)의 험악함이 있고、인간에게는 항상 재앙과 복이 있다。

餘說 「風雲」이 초략본에는 「風雨」로 되어 있다。이 책의 대본에는 「風雲」으로 되어 있어 이에 따랐다。어의(語義)항의 풀이대로 뜻으로 따져볼 때 더 낫기에 이를 좇는 것이다。

〔一四〕未歸三尺土難保百年身已歸三尺土難保百年墳

讀法 미귀삼척토 未歸三尺土하면 난보백년신 難保百年身이오 이귀삼척토 已歸三尺土하면 난보백년분 難保百年墳이니라

直譯 아직 무덤 속으로 들어가지 않고서는 백년 동안 몸을 보전키가 어려울 것이고、이미 무덤에 들어가서는 백년 동안 무덤을 보전키가 어려울 것이다。

語義 ○未(미)ㅡ아직…않음。○三尺土(삼척토)ㅡ무덤。○難保(난보)ㅡ보전하기 어려움。○已(이)ㅡ이미。○墳(분)ㅡ무덤。

意譯 아직 죽지 못해서 무덤 속에 들어가지 않고서는, 즉 살아 있어서는 백년 동안 몸을 보전하기가 어렵고, 이미 죽어서 무덤 속에 들어가서는, 즉 죽은 뒤에 있어서는 백년 동안 무덤을 보전하기가 어렵다.

餘說 이 대문은 오언 절구(五言絶句)의 한시형으로 되어 있다.

未歸三尺土, 제一구 起

難保百年身。 제二구 承 身韻

已歸三尺土, 제三구 轉

難保百年墳。 제四구 結 墳韻

〔一五〕景行錄云木有所養則根本固而枝葉茂棟梁之材成水有所養則泉源壯而流派長灌漑之利博人有所養則志氣大而識見明忠義之士出可不養哉

讀法 景行錄(경행록)에 云(운)、木有所養(목유소양)、이면 則根本固(즉근본고)、而枝葉茂(이지엽무)、하여 棟梁之材(동량지재)ㅣ成(성)。하고 水有所養(수유소양)、이면 則泉源壯(즉천원장)、而流派長(이유파장)、하여 灌漑之利(관개지리)ㅣ博(박)。하고 人有所養(인유소양)、이면 則志氣大(즉지기대)、而識見明(이식견명)、

直譯 경행록에 이르기를, 『나무를 기르는 바가 있으면 뿌리가 단단하고 가지와 잎이 무성하여 마룻대나 들보의 재목이 되게 하고, 물을 기르는 바가 있으면 샘의 근원이 힘차고 흐르는 물줄기가 길어서 관개(灌漑)의 이익이 넓고, 사람을 기르는 바가 있으면 뜻과 기운이 크고 식견이 밝아서 충의의 선비가 나오

하여 忠義之士가 出하나니 可不養哉아

— 나니, 기르지 않을 수 있을가?』하였다.

語義 ○所養(소양)—기르는 바. 기르면. ○根本(근본)—뿌리. 사물이 생겨나는 본바탕. ○固(고)—움직이지 아니함. 단단함. ○枝葉(지엽)—가지와 잎. ○茂(무)—무성함. ○棟梁(동량)—마룻대와 들보. ○成(성)—이룸. ○泉源(천원)—샘물의 근원. ○壯(장)—왕성함. 힘참. ○流派長(유파장)—흘러내려가는 물줄기가 긺. ○灌漑之利(관개지리)—논에 물을 대는 이익. ○博(박)—넓음. ○志氣(지기)—의지와 기개. ○識見(식견)—학식과 견문. ○忠義之士(충의지사)—군국(君國)에 대하여 충성을 다하는 선비. ○可不養哉(가불양재)—기르지 아니할 수 있겠는가?

意譯 경행록에 말했다. 『나무를 잘 기르면 뿌리가 튼튼하여 움직이지 않기 때문에 가지와 잎사귀가 무성하여 마룻대와 들보의 재목이 되고, 물을 잘 나오게 하면 샘물의 근원이 왕성하고 흐르는 물줄기가 길어서 논에 물을 대는 이익이 넓고, 사람을 잘 기르면 의지와 기개가 크고 학식과 견문이 밝아서 나라에 충성하는 선비가 나오게 될 것이니, 기르지 않을 수 있겠는가?』고.

餘說 이 대문은 열거형(列擧型)의 문장으로 「木·水·人」의 세 가지를 들어 원인과 경과와 결과를 말한 삼단 논법의 형식을 빌어 전개하고 있다. 독법에 현토한 「이면」 토는 재래에는 생략되었던 것이나 직역에 도움을 주고자 부토(附吐)한 것이니 없는 것으로 보아도 무방할 것이다.

〔一六〕景行錄云〔自信者人亦信之吳越皆兄弟自疑者人亦疑之身外皆敵國〕

讀法 景行錄에 云, 自信者는 人亦信之하여 吳

直譯 경행록에 이르기를, 『스스로 믿는 자는 남도 또한 그를 믿어 주어서 오나라와 월나라와 같은 적국

越이 皆兄弟。요 自疑者는 人亦疑之하여 身外ㅣ 皆敵國。이니라

이 모두 형제와 같이 될 수 있고, 스스로를 의심하는 자는 남도 또한 자기를 의심하여서 자기 이외가 모두 원수와 같은 나라가 된다』 하였다。

語義 ○吳越(오월)ㅡ오나라와 월나라。모두 중국 춘추 시대(春秋時代)의 나라 이름으로 강국들이었다。오나라는 주초(周初)에 태백(泰伯)이 세웠고, 회수(淮水)·사수(泗水) 이남에서 절강(浙江)·가호(嘉湖)까지의 판도(版圖)를 가졌다。오왕(吳王) 부차(夫差) 때에 묘한 꾀로 천하를 다스리는 나라가 되었으나, 드디어 월왕(越王) 구천(勾踐) 때문에 서기 전 四六〇년에 멸망했다。월나라는 중국의 절강(浙江)·복건(福建)·광동(廣東) 등 동남 연해(東南沿海)지방을 판도로 가졌다。하후 소강(夏侯少康)의 후예(後裔)라고 하나 역사에 나타나기는 윤상(允常)의 이후다。회계(會稽)에 도읍하고 있었다。북방의 국경을 접하고 있는 오나라와 서로 싸웠는데 월나라 두째 왕 구천 때 오왕 부차를 죽이고 오나라를 멸망시켰다。왕 구천이 죽은 뒤에 나라가 흥하지 못하고 서기 전 三三四년 경 초(楚)나라에게 망하였음。○敵國(적국)ㅡ원수의 나라。자기 나라와 싸우는 나라。

意譯 경행록에 말했다。『스스로 자기 자신을 믿는 사람은 남도 역시 자기를 믿어 오나라와 월나라 사람끼리라도 모두 형제처럼 될 수가 있고, 스스로 자기를 의심하는 사람은 남도 역시 자기를 의심해서 자기 일신 이외에는 모두가 적국과 같이 될 것이다』라고。

餘說 이 대문은 다음과 같은 상등 대립구(相等對立句)로 되어 있다。

景行錄云、

〔自信者人亦信之、吳越皆兄弟。
自疑者人亦疑之、身外皆敵國。〕

〔一七〕疑人莫用 用人莫疑

讀法 疑人(의인)이어든 莫用(막용)하고 用人(용인)이어든 莫疑(막의)하라

直譯 사람을 의심하거든 쓰지말고, 사람을 썼거든 의심하지 말라。

語義 ○莫用(막용)—쓰지 말라。 ○莫疑(막의)—의심하지 말라。

意譯 사람을 고용하는데 의심하거든 고용하지 말고, 사람을 고용하였거든 의심하지 말라。

餘說 이 대문과 같은 말이 다음과 같이 있다。

「〔金史、熙宗紀〕疑人이어든 勿使하고 使人이어든 勿疑하라」

현토에 있어 여러 가지가 있으나 이책은 「…이어든 …하고, …이어든 …하라。」는 가정법을 받아 명령형의 하라」로 끝을 맺었다。

〔一八〕 諷諫云 水底魚天邊雁高可射兮低可釣 惟有人心咫尺間咫尺 人心不可料

讀法 諷諫(풍간)에 云(운), 水底魚天邊雁(수저어천변안)은 高可射兮(고가사혜) 低可釣(저가조)어니와 惟有(유유) 人心(인심) 咫尺間(지척간)이라도 咫尺(지척) 人心不可料(인심불가료)니라

直譯 풍간에 이르기를, 『물 밑의 물고기와 하늘 가의 기러기는 높아도 쏠 수 있고 낮아도 낚을 수 있거니와, 오직 사람의 마음은 지척간에 있어도 지척간의 사람의 마음은 헤아릴 수 없다』 하였다。

語義 ○諷諫(풍간)—풍자하는 글을 모은 책 이름。 미상。 ○水底(수저)—물 밑。 ○天邊(천변)—하늘 가。 ○雁(안)—기러기。 ○射(사)—쏘다。 ○釣(조)—낚다。 ○惟有(유유)—오직 있음。 ○咫尺(지척)—여덟 치와 한 자로, 전하여 가까운 거리。 ○不可料(불가료)—헤아릴 수 없음。

意譯 풍간에 말했다. 『물속에는 깊이 잠긴 물고기가 있고 하늘 가에는 나는 기러기가 있다. 높은 것은 쏘아 잡을 수가 있고 얕은 것은 낚을 수가 있거니와, 오직 사람의 마음만은 지극히 가까운 곳에 있는데 이 지극히 가까운 곳에 있는 사람의 마음이야말로 요량할 수가 없다』고.

餘說 이 대문은 「諷諫詩」에 있는 것인 듯하다. 한(漢)의 위맹(韋孟)작임. 「鈞·料」는 운(韻)자이다.

〔一九〕 畫虎畫皮難畫骨 知人知面不知心

讀法 畫虎畫皮難畫骨이오 知人知面不知心이니라
(화호화피난화골이오 지인지면부지심이니라)

直譯 호랑이를 그리되 가죽은 그려도 뼈는 그리기 어렵고, 사람을 알되 얼굴은 알아도 마음은 알지 못할 것이다.

語義 ○畫(화)—그리다. ○畫虎畫皮(화호화피)—호랑이를 그리되 겉에 있는 가죽을 그림. ○知人知面(지인지면)—사람을 알되 얼굴은 안다.

意譯 호랑이를 그리되 겉 모양은 그려도 뼈는 그리기 어렵고, 사람을 알되 얼굴은 알아도 마음은 알 수 없다.

餘說 겉은 나타나는 것을 보아 알기 쉽지만 속은 알기가 어렵거나 전연 모를 것이 있다는 말인데, 더욱 사람의 마음은 알 수 없다는 것이다.

〔二〇〕 對面共語心隔千山

讀法 대면공어 심격천산
對面共語하되 心隔千山이니라

直譯 얼굴을 대하여 같이 말은 하되, 마음은 천산이나 막혀 있다。

語義 ○共語(공어)—같이 말함。 ○隔(격)—물건을 가운데 놓아 가로 막음。 원격함。

意譯 얼굴을 대하여 서로 말은 하되, 마음은 많은 산이 가로 막은 듯이 막혀 있다。

餘說 얼굴은 알아 말까지 주고 받지만 마음만은 천산이나 가로 막은 듯이 알 수가 없다는 것이다。

〔二一〕 海枯終見底人死不知心

讀法 해고종견저 인사부지심
海枯終見底나 人死不知心이니라

直譯 바닷물이 마르면 마침내 밑을 볼수 있으나, 사람은 죽어도 마음을 알 수 없다。

語義 ○海枯(해고)—바다의 물이 마름。

意譯 바다는 물이 마르면 마침내 그 밑바닥을 볼 수 있으나, 사람은 죽어도 그 마음을 알 수 없다。

餘說 지금 세상에는 바다 밑이야 잠수해 보면 알 수 있지만 사람의 마음은 그렇게 할 수도 없고 그렇다고 해서 죽어지면 알 수 있는 것도 아니다。

〔二二〕 太公曰凡人不可逆相海水不可斗量

讀法 태공 왈 범인 불가역상 해수 불가두량
太公이 曰, 凡人은 不可逆相이오 海水는 不可斗量이니라

直譯 강태공이 말하기를, 『보통 사람은 타고난 운명을 거스리지 못하고, 바닷물은 말로 되지 못한다』하였다。

語義 ○凡人(범인)—보통 사람。○逆相(역상)—타고난 운명을 거스림。○斗量(두량)—말로 됨。

意譯 강태공이 말했다。『보통 사람은 그 사람이 타고난 운명을 거스릴 수 없고、바닷물은 말로 될 수 없다』고。

餘說 평범한 인간은 운명을 어찌할 수 없는 거와 같은 것은 바닷물을 되질 못하는 것과 같다고 했다。

〔一三〕景行錄云結怨於人謂之種禍捨善不爲謂之自賊

讀法 景行錄(경행록)에 云(운)、結怨於人(결원어인)은 謂之種禍(위지종화)요 捨善不爲(사선불위)는 謂之自賊(위지자적)이니라

直譯 경행록에 이르기를、『사람에게 원한을 맺는 것은 이를 일러 화를 심는 것과 같다 하고、선을 버려두고 하지 않는 것은 이를 일러 자기를 해치는 것과 같다』하였다。

語義 ○結怨(결원)—원한을 맺음。○種禍(종화)—화를 심음。○捨善不爲(사선불위)—착한 것을 버려두고 하지 않음。○自賊(자적)—제 일을 제가 해침。

意譯 경행록에 말했다。『남과 원한을 맺는다는 것은 화의 씨를 심는다는 것이나 마찬가지고、착한 일을 버려두고 않는다는 것은 곧 제 일을 제가 해치는 것이 된다』고。

餘說 남과 원한을 맺게 되면 그 사람도 나에게 원한을 맺게 되니 화를 심는 것이 된다。또 선을 보고 행하지 않는 것은 적선을 않는 것이니 경사가 있을리 없다。도리어 해까지 이를 수 있는 것이다。

〔一四〕若聽一面說便見相離別

讀法 약청일면설 변견상이별
若聽一面說이면 便見相離別하나니라

直譯 만약 한 쪽의 말만 듣는다면, 문득 서로 멀어짐을 볼 것이다.

語義 ○一面說(일면설)—한 쪽의 말. ○便(변)—문득. ○離別(이별)—헤어짐.

意譯 만약 일면의 말만 듣고 판단한다면 편견에 흘러 문득 가까운 사이라도 서로 이별하는 경우를 보게 된다.

餘說 일방적인 말은 편견을 가져오니 쌍방의 말을 들어 시비를 판단할 것이다. 만일 그렇지 못하다면 오해를 가져와 서로 이별하게 된다는 것이다.

〔二五〕 飽煖思淫慾飢寒發道心

讀法 포난사음욕 기한발도심
飽煖엔 思淫慾하고 飢寒엔 發道心이니라

直譯 배불리 먹고 따뜻이 입는 경우에는 음탕한 욕정이 생각나고, 배를 주리고 춥게 입은 경우에는 도의의 마음이 생긴다.

語義 ○飽煖(포난)—「暖·煖」은 같은 자다. 「飽食煖衣」의 준말이다. 곧 배부르게 먹고 따뜻이 입음. 전하여 의식주에 부자유가 없음. ○淫慾(음욕)—음탕한 욕심. 호색하는 마음. 남녀의 정욕. ○發(발)—일어남. 생김. ○道心(도심)—도덕의 관념. 본연의 양심.

意譯 의식주에 부자유가 없는 처지에서는 남녀의 정욕이 생기고, 굶주리고 춥게 지내는 처지에서는 도심이 일어날 것이다.

餘說 인생이란 잘 살면 음탕한 생각도 나지만, 잘 못살면 도심(道心)이 생긴다는 말이다.

〔二六〕 蘇武曰賢人多財損其志愚人多財益其過

讀法 소무 왈 현인 다재 손기지 우인 다재 익기과
蘇武ㅣ曰、賢人이 多財、면 損其志。하고 愚人이 多財、면 益其過。니라

直譯 소무가 말하기를、『현명한 사람이 재물이 많으면 그의 뜻을 손상하고、어리석은 사람이 재물이 많으면 그의 허물을 더한다』 하였다。

語義 ○蘇武(소무)—한(漢)나라 두릉(杜陵) 사람。건(建)의 아들。자는 자경(子卿)、무제(武帝)의 천한(天漢) 초에、중랑장(中郞將)으로써 흉노(匈奴)에게 사신이 되어 갔다가 대교(大窖 : 땅을 파서 만든 큰 움) 속에 유치(幽置)되어 음식이 끊기고 눈과 전모(旃毛)를 씹음。또 북해상(北海上)에 옮기어 들쥐(野鼠)를 잡고 초실(草實)을 먹는 등 신고를 거듭했으나、한절(漢節 : 한나라의 천자에게서 받은 符節)를 짚고 목양(牧羊)을 하고 기와(起臥)에 항상 조지(操持)하여 절모(節旄)가 모두 떨어지게 되었다。머물르기 대저 十九년。소제(昭帝)가 흉노와 화친함에 이르러 돌아감을 얻어 전속국(典屬國)에 배봉(拜封)되었다。선제(宣帝)가 서자작(爵)으로 관내후(關內侯)를 받고 기린각(麒麟閣)에 초상이 그려졌다。

意譯 소무가 말했다。『현명한 사람에게 재물이 많으면 그 사람의 뜻을 손상하고、어리석은 사람에게 재물이 많으면 그 사람의 허물을 더한다』고。

餘說 재물이란 현인이든 우인이든 손해를 가져오게 마련이라는 것이다。초략본에는 이 대문을 소광(疏廣)의 말로 하고 있으나、이 책의 대본은 소무(蘇武)의 말이라고 되어 있어 대본에 따랐다。같은 한나라 사람이다。

〔二七〕 人貧智短福至心靈

讀法 인빈지단 복지심령
人貧智短。이오 福至心靈。이니라

直譯 사람이 가난하면 지혜가 짧아지고、복이 이르

—면 마음이 신령스러워진다。

語義 ○心靈(심령)—마음이 영특해 짐。

意譯 사람이 가난하게 살면 지혜도 짧아지고、복이 돌아오면 마음도 영특하여 진다。

餘說 사람이란 궁색하면 아는 것도 제때에 잘 생각이 안나서 지혜가 짧아지나、반면에 복이 닥쳐오면 생각도 척척 일어나서 마음이 한결 영특해진다는 것이다。

〔二八〕不經一事不長一智

讀法 불경일사 부장일지
不經一事면 不長一智니라

直譯 한 가지 일을 경험하지 않으면 한 가지 지혜도 자라지 않는다。

語義 ○經(경)—겪다。경험하다。○長(장)—자라다。

意譯 한 가지 일도 겪지 않은 사람이면 한 가지 지혜도 성장(成長)하지 않는다。

餘說 경험의 중요성을 말한 것이다。경험은 산 교육이니 많은 경험을 쌓게 되면 그만큼 지식도 성장한다는 뜻이다。

〔二九〕是非終日有不聽自然無

讀法 시비 종일유 불청 자연무
是非ㅣ終日有라도 不聽이면 自然無니라

直譯 시비가 종일 있을지라도 듣지 않으면 저절로 없어진다。

語義 ○是非(시비)—옳고 그름. 「是是非非」. 옳은 것은 옳다 하고 그른 것은 그르다 함. ○終日(종일)—아침에서 저녁까지. ○自然(자연)—자연히. 저절로.

意譯 옳은 것을 옳다하고 그른 것을 그르다고 떠드는 일이 하루 종일 있을지라도, 듣지 않으면 저절로 아무 일이 없다.

餘說 시비란 옳거니 글커니 따지는 말이다. 이 시비가 하루 종일 있다 해도 듣지 않으면 저절로 없어진다는 것은 맞장구를 쳐주지 않기 때문에 시비가 시비가 되지 않는 것이다. 「孤掌難鳴(손바닥도 마주쳐야 소리가 난다)」과 같은 것이다.

〔三〇〕 來說是非者便是是非人

讀法 내설시비자 변시시비인
來說是非者ㅣ 便是是非人이니라

直譯 오는 말을 시비라고 하는 사람이 바로 시비하는 사람이다.

語義 ○來說(내설)—오는 말. ○便是(변시)—다를 것이 없이 바로 곧 이것임.

意譯 오는 말을 이렇다 저렇다 따지는 사람이 바로 이게 시비하는 사람이다.

餘說 시비란 따로 있는게 아니라 오는 말을 트집잡는 것이 시비요, 그렇게 하는 사람이 시비하는 사람이다.

〔三一〕 擊壤詩云平生不作皺眉事世上應無切齒人

讀法 격양시 운 평생 부작추미사 세
擊壤詩에 云, 平生에 不作皺眉事ㅣ면 世—

直譯 격양시에 이르기를, 『한 평생 눈썹 찡그리는 일을 하지 않으면, 이 세상에 응당 이를 갈며 원망하

上에 應無切齒人이니라
상 응구절치인

──는 사람이 없다』하였다.

語義 ○擊壤詩(격양시)─앞에 나와 있음. ○平生(평생)─늘. 항상. 평소(平素). ○不作(부작)─짓지 아니함. 아니함. ○皺眉事(추미사)─눈살 찡그리는 일. ○世上(세상)─사람이 살고 있는 땅위. ○應(응)─응당. 마땅히. ○切齒人(절치인)─분하여 이를 갈 정도 원망스러운 사람.

意譯 격양시에 말했다. 『한 평생 눈썹 찡그릴 일을 하지 않으면, 이 세상에 이를 갈면서 자기를 원망하는 사람은 없다』고.

餘說 이 대문에는 「擊壤詩云」이라 되어 있으나 〔通俗編、行事、平生不作皺眉事、世上應無切齒人〕復齋漫錄、邵堯夫居洛四十年、安貧樂道、自言、未嘗皺眉、故其詩、云云。」이라고 나와 있다. 그리고 종래의 초략본에 있는 말미의 두구는 뒤의 제七〇 조목에 독립되어 나오며 이 시의 계속이 아니다.

〔三二〕有麝自然香何必當風立

讀法 有麝自然香이어늘 何必當風立고
유사자연향　하필당풍립

──**直譯** 사향을 가졌으면 자연히 향기가 날 것이어늘 어찌 반드시 바람모지에 설까?

語義 ○麝(사)─사향. 사향노루의 배꼽과 불두덩의 중간에 있는 포피선(包皮腺)을 쪼개어 말린 것. 흥분·회생 약. 또는 향료로 씀. ○何必(하필)─어찌 반드시 …할까? ○當(당)─마주 대함.

意譯 사향을 몸에 지녔으면 자연히 향기가 풍길 터인데 하필 바람모지까지 찾아 설까?

餘說 인간이 지식과 수양이 높으면 자연히 인격에서 풍길 터인데 하필 발명(發名)을 하려들까? 와 같은 말이 되겠다.

〔三三〕有福莫享盡福盡身貧窮有勢莫使盡勢盡寃相逢福兮常自惜勢兮常自恭人生驕與侈有始多無終

直譯 복이 있다고 다 누리지 말라, 복이 다하면 몸이 가난하고 궁하다. 권세가 있다고 다 부리지 말라, 권세가 다하면 원수를 서로 만나게 된다. 복이 있음이여 항상 스스로 아껴야 하고, 권세가 있음이여 항상 스스로 공경해야 한다. 사람이 살아가는데 교만과 사치는, 시작은 있어도 끝이 없음이 많다.

讀法 有福莫享盡(유복막향진)、하라 福盡身貧窮(복진신빈궁)。이라 有勢莫使盡(유세막사진)、하라 勢盡寃相逢(세진원상봉)。이라 福兮常自惜(복혜상자석)、하고 勢兮常自恭(세혜상자공)。이라 人生驕與侈(인생교여치)、는 有始多無終(유시다무종)。이니라

語義 ○莫(막)―…하지 말라. 금지사. ○惜(석)―아끼다. ○恭(공)―공손히 함. 근신함. ○驕與侈(교여치)―교만과 사치. ○多(다)―많이. 거의.

意譯 복이 있다고 해서 다 향유(享有)하지 말라, 그 복이 다하고 보면 내 몸이 빈궁하다. 권세가 있다고 해서 다 사용하지 말라, 그 힘이 다하고 보면 원수를 상봉한다. 복이로다 이것을 항상 자신이 아껴야 하고, 권세로다 이것을 항상 자신이 조심해야 한다. 인생이 교만하고 사치를 하면, 시작은 있어도 거의가 끝이 없다.

餘說 이 대문은 오언 율시(五言律詩)의 한시이다.

有福莫享盡、 제一구 ┐
福盡身貧窮。 제二구 ┘ 수련 起 窮운자

有勢莫使盡、（제三子）
勢盡寃相逢。（제四子） 전련 承 逢운자
福兮常自惜、（제五子）
勢兮常自恭。（제六子） 후련 轉 恭운자
人生驕與侈、（제七子）
有始多無終。（제八子） 미련 結 終운자

〔三四〕王參政四留銘留有餘不盡之巧以還造化留有餘不盡之祿以還朝廷留有餘不盡之財以還百姓留有餘不盡之福以還子孫

讀法 王參政四留銘(왕참정사류명)에 留有餘不盡之巧(유유여부진지교)하여 以還造化(이환조화)하고 留有餘不盡之祿(유유여부진지록)하여 以還朝廷(이환조정)하고 留有餘不盡之財(유유여부진지재)하여 以還百姓(이환백성)하고 留有餘不盡之福(유유여부진지복)하여 以還子孫(이환자손)이니라

直譯 왕참정 사류명에、『여유가 있고 다하지 못한 재주를 유치하여서 써 조물주한테 돌려보내고、 여유가 있고 다하지 못한 녹을 유치하여서 써 조정에 돌려보내고、 여유가 있고 다하지 못한 재물을 유치하여서 써 백성에게 돌려보내고、 여유가 있고 다하지 못한 복을 유치하여서 써 자손에게 돌려보낼 것이다』 하였다。

語義 ○王參政(왕참정)—이름은 단(旦)。 중국 북송(北宋) 때의 정치가。 우(祐)의 아들。 자는 자명(子明)。 시호는 문정(文正)。 태평(太平) 흥국(興國)의 진사(進士)。 지추밀원(知樞密院)·태보(太保)。 군국(軍國)의 중요사 참결(參決)을 아니함이 없고、 졸하여 위국공(魏國公)에 추봉(追封)되었다。 문집이 있다。 「參政」은 벼슬 이름。 ○四留銘(사류명)—네

가지 남겨 두고 싶은 말。○留(류)—남겨둠。유치함。○有餘(유여)—남음이 있음。여유가 있음。○不盡(부진)—다하지 아니함。○巧(교)—재주。기교。○還(환)—돌려보냄。○造化(조화)—천지를 말한다。천지 자연의 이치。또는 만물을 창조 화육하는 일。또는 그 신(神)。조물주(造物主)와 같은 말。○祿(록)—관리의 봉급。○朝廷(조정)—나라의 정치를 의론 집행하는 곳。○財(재)—재물。재화。○百姓(백성)—일반 국민。옛날에는 벼슬을 하는 귀족만이 성을 가졌으므로 백관(百官)을 이르는 말이었음。

意譯 왕참정 사유명에、『여유가 있고 다 쓰지 아니한 재주를 두었다가 그것을 조물주에게 돌려보내주고、또 여유가 있고 다 쓰지 아니한 봉급을 두었다가 그것을 조정에 돌려보내주고、여유가 있고 다 쓰지 아니한 재물을 두었다가 그것을 백성에게 돌려보내주고、여유가 있고 다 쓰지 아니한 복을 두었다가 그것을 자손에게 돌려보내주도록 한다』고。

餘說 이 대문을 병서(並書)해 본다。

王參政四留銘曰、

留有餘不盡之巧、以還造化。

留有餘不盡之祿、以還朝廷。

留有餘不盡之財、以還百姓。

留有餘不盡之福、以還子孫。

이상과 같이 열거형 문장으로 교(巧)는 조화신(造化神)에게、녹(祿)은 조정에、재(財)는 백성(百姓)에게、복은 자손에게 남는 것을 돌려 보내주라는 명형(銘形)의 한문체 글이다。

〔三五〕 黃金千兩未爲貴得人一語勝千金

讀法 黃金千兩이 未爲貴요 得人一語ㅣ 勝千金이니라

(황금천량이 미위귀요 득인일어ㅣ 승천금이니라)

直譯 황금 천량이 귀한 것이 아니고, 덕 있는 사람의 한 마디 말은 천금보다 낫다。

語義 ○兩(량)—여기에서는 중량의 단위의 하나。즉 二十四수(銖)。○得人(득인)—덕이 있는 사람。「德」과 통함。상견 여설(詳見餘說)。○勝(승)—나음。좋음。

意譯 황금 같이 좋은 보배 천량이 귀중한 것이 아니고、유덕(有德)한 사람의 말 한 마디가 많은 금보다 더 값지고 나은 것이다。

餘說 「得人」의 뜻에 중국어에서는 「사람에게 사랑 받음。」「인기를 얻음。」이나 한문에서는 「적당한 사람을 얻음」으로 나타나 있다。「得」자를 고구하면 「〔荀子、成相〕尙得推賢。〔注〕得、當爲德。〔孟子、告子 上〕所識窮乏者得我與。〔焦循正義〕得、與德通、得我、卽德我、所知之人窮之、而我施與之、則彼必以我爲恩德、而親悅我也。」로 나와 있다。그렇다면 음(音)도 「득」이 아니라 「덕」이라 읽어야 옳지 않느냐는 반문이 있음즉하나 이는 「득」으로 두고 「訓義」만 「덕」으로 하자는 주장을 하고 싶다。강희자전(康熙字典)을 보면 「得」자의 음을 「多則切·的則切 並音德」이라 하였고、「德」자를 보면 역시 「多則切·的則切 並音登入聲」이라 하여 같은 자모(字母)와 운모(韻母)로 되어있는데 「得」은 「득」으로、「德」은 「덕」으로、각각 음을 달리 받아들였음을 알 것이다。그것을 구태여 「得·德」에 「득·덕」의 두 음을 새삼 붙일 것이 아니라 음은 재래의 관용대로 두고 훈의만을 받아들이자는 것이다。그러고 보면 「得人」은 「德人」과 같은 뜻으로 「유덕한 사람」이라는 뜻이 된다。

〔三六〕 能者拙之奴

讀法 능자 졸지노
能者는 拙之奴。니라

直譯 재주 있는 자는 재주가 없는 자의 종이다.

語義 ○能者(능자)—재주가 있는 사람. ○拙(졸)—재주가 없음. 서툶.

意譯 솜씨가 있는 사람은 솜씨가 서투른 사람의 종이다.

餘說 이 대문을 종래의 초략본에서 살펴보면「巧者拙之奴。苦者樂之母。」로 되어 있으나 이 책의 대본에는 단지「能者拙之奴。」로 되어 있고, 같은 초략본이지만 담양판에는「巧者拙之奴。」로 되어 있다.

〔三七〕小船不堪重載深逕不宜獨行

讀法 소선 불감중재 심경 불의독행
小船은 不堪重載。요 深逕은 不宜獨行。이니라

直譯 작은 배는 무겁게 실으면 견디지 못하고, 으슥한 길은 혼자 다니기에 마땅치 않다.

語義 ○小船(소선)—작은 배. 거룻배. ○不堪(불감)—견디지 못함. ○重載(중재)—무겁게 실음. ○深逕(심경)—으슥한 길. ○不宜(불의) 마땅하지 않음. 좋지 못함. ○獨行(독행)—혼자 다님.

意譯 작은 배에는 짐을 무겁게 실을 수 없고, 으슥한 길은 혼자 다니기에 좋지 못하다.

餘說 초략본에는「難堪」으로 되어 있는데 대본에는「不堪」으로 되어 있다.

〔三八〕黃金未是貴安樂直錢多

讀法 황금 미시귀 안락 치전다
黃金이 未是貴。요 安樂이 直錢多。니라

直譯 황금이 곧 귀한 것이 아니고, 안락이 곧 돈 많음과 같은 가치가 된다.

語義 ○未是貴(미시귀)—곧 귀한 것이 아님. 이것이 귀한 것이 아님. ○安樂(안락)—편안하고 즐거움. ○直(치)—여기서는 「値」와 같은 자로 쓰임. 값이 있다. 값어치가 있다. ○錢多(전다)—돈이 많음.

意譯 황금이 귀한 것이 아니고, 편안하고 즐거운 것이 돈 많은 것과 같은 값어치가 있다.

餘說 황금보다는 안락이 더 값어치가 있다는 말이다.

〔三九〕 在家不會邀賓客出外方知少主人

讀法 재가 불회요빈객 출외방지소주인
在家에 不會邀賓客이면 出外에 方知少主人이니라

直譯 집에 있어서 손님을 맞아 모실 줄 모르면, 밖에 나가서 바야흐로 주인 적은 것을 알게 된다.

語義 ○不會邀(불회요)—맞아 모실 줄 모름. ○方(방)—바야흐로.

意譯 집에 있어서 손님을 갖아 모실 줄 모르면, 밖에 나가서 곧 주인 삼을 집이 적은 것을 안다.

餘說 내 집에서 손님을 접대하지 않으면 밖에 나가서 주인 잡을 집이 없다는 것이다.

〔四〇〕 貧居鬧市無相識富住深山有遠親

讀法 빈거요시무상식 부주심산유원친
貧居鬧市無相識이오 富住深山有遠親이니라

直譯 가난하면 시끄러운 시장에 살아도 서로 아는 사람이 없고, 부자면 깊은 산중에 살아도 먼 곳에 살고 있는 친척이 찾아온다.

語義 ○鬧市(요시)—시끄러운 시장。 ○無相識(무상식)—서로 아는 사람이 없음。 ○深山(심산)—깊은 산속。 ○遠親(원친)—먼 곳에 사는 일가。 친척。

意譯 가난하면 번화한 시장에 살아도 서로 아는 사람이 없고、 부자면 깊은 산 속에 살아도 먼 곳에 사는 일가 친척이 찾아온다。

餘說 貧—富、 居鬧市—住深山、 無相識—有遠親은 전부 반대어다。 그리고、 「鬧」자는 「閙」자의 와자(譌字)인데 이 와자를 쓴 책도 있다。

〔四一〕 人義盡從貧處斷世情便向有錢家

讀法 人義(인의)는 盡從貧處斷(진종빈처단)이오 世情(세정)은 便向(변향) 有錢家(유전가)니라

直譯 사람의 의리는 다 가난함을 좇아 끊어지는 것이고、 세속 인정은 곧 돈이 있는 집으로 향하는 것이다。

語義 ○寧(녕)—차라리。 선택하는 뜻을 나타냄。 어찌의 뜻도 있음。 ○塞(색)—막음。 (새)—변방의 뜻임。 ○無底缸(무저항)—밑 없는 항아리。 ○鼻下橫(비하횡)—코 밑에 가로 있는 것。 즉 입。

意譯 차라리 밑 없는 항아리의 밑은 막을 수 있어도、 입은 막기 어렵다。

餘說 이 책의 대본에는 「無底缸」의 「缸」자가 「坑」자로 오식을 내었기 바로잡았다。

〔四二〕 人情皆爲窘中疎

讀法 人情(인정)은 皆爲窘中疎(개위군중소)니라

直譯 사람의 정의는 다 군색한 중에서 성기게 된다.

語義 ○人情(인정)—사람의 정의. ○窘中疎(군중소)—군색한 중에 성기게 됨. 군색한 데서 멀어지기 마련이다.

意譯 사람의 정의는 다 군색한 데서 멀어지게 된다.

餘說 군색하면 인정마저 메마르게 마련이다.

〔四三〕 史記曰郊天禮廟非酒不享君臣朋友非酒不義鬪爭相和非酒不勸故酒有成敗而不可泛飮之

讀法 史記(사기)에 曰(왈), 郊天禮廟(교천예묘)엔 非酒不享(비주불향)이오 君臣朋友(군신붕우)엔 非酒不義(비주불의)요 鬪爭相和(투쟁상화)엔 非酒不勸(비주불권)이라 故(고)로 酒有成敗(주유성패)而不可泛飮之(이불가봉음지)니라

直譯 사기에 말하기를, 『하늘에 제사를 지내고 사당에 제사지내는 데에는 술이 아니면 제사지내지 못할 것이고, 임금과 신하 및 친구 사이에는 술이 아니면 의롭지 못할 것이고, 싸움을 하고 서로 화해하는 데에는 술이 아니면 권하지 못할 것이다. 그러므로 술은 일을 성사시키고 망치는 수도 있지만 그러나 엎어지도록 이를 마셔서는 안된다』하였다.

語義 ○史記(사기)—중국 전한(前漢)의 사마천(司馬遷)이 지은 중국 최초의 바른 고대사이다. 전 百三十권으로 황제(黃帝)로부터 한(漢)나라 무제(武帝)에 이르기까지 삼천여년의 일을 적은 기전체(紀傳體)의 사서(史書). 십이본기(十二本記)·십표(十表)·팔서(八書)·삼십세가(三十世家)·칠십열전(七十列傳)으로 이루어짐. 대표적 주석서로는 송(宋)

나라의 배인(裵駰)의 집해(集解)、당(唐)나라 사마정(司馬貞)의 색은(索隱)、장수절(張守節)의 정의(正義)가 있음。○郊ᵥ天(교천)－하늘에 제사지냄。○禮ᵥ廟(예묘)－사당에 제례(祭禮)를 올림。○享(향)－드림。잔치함。흠향함。차지함。등의 뜻이 있으나 여기서는 제사지냄임。○君臣(군신)－임금과 신하。군(君)은 봉호(封號)·제후(諸侯)·영차지(領差地)가 있는 경대부(卿大夫) 등을 말할 경우도 있음。○朋友(붕우)－친구。「朋」은 동문 수학하는 사람。○不ᵥ義(불의)－의롭지 못함。○鬪爭(투쟁)－싸우고 다툼。○相和(상화)－서로 화해함。○泛飮(봉음)－엎어지도록 마심。「泛」은 뜰범자지만 여기서는 「覂」과 같은 자임。

意譯 사기에 말했다。『하늘에 제사지내고 사당에 제사지내는 데에는 술이 아니면 제사지내지 못할 것이고、군신과 친구 사이에도 술이 아니면 의롭지 못할 것이고、싸움을 하고 서로 화해를 하는데도 술이 아니면 권하지 못할 것이다。그렇기 때문에 술은 일을 성사시키고 망치는 수가 있지만 그렇다고 엎어지도록 마셔서는 안된다』고。

餘說 술의 필요성을 강조하고 마구 마시면 안된다고 경계하였다。특히 「泛飮」은 「범음」이 아니고 「봉음」으로 읽어야 하며 뜻도 「함부로 마신다」는 뜻이 아니라 「엎어지도록 마신다」로 보아야 한다。

〔四四〕 子曰士志於道而恥惡衣惡食者未足與議也

讀法 자왈 사 지어도이치악의악식자
子ㅣ曰、士ㅣ志於道、而恥惡衣惡食者、는
미족여의야
未ᵥ足與議也。니라

直譯 공자께서 말씀하시기를、『선비가 도에 뜻을 두고 나쁜 옷과 나쁜 음식을 부끄러워하는 것은 아직 더불어 의론할 자격이 없다』하셨다。

語義 ○士(사)－경(卿)·대부(大夫)·사(士)의 사(士)로 관도(官途)의 최초의 자이나 이곳에서는 도에 뜻을 두고 학문에 들어간 최초의 사람을 말한 것일까 한다。○恥(치)－부끄러워하다。창피하게 여기다。욕되게 생각하다。○未ᵥ足(미족)－부족하다。충분치 못하다。자격이 부족하다。○與議(여의)－더불어 논의하다。함께 말하다。

意譯 공자께서 말씀하셨다. 『진실로 인의 도덕의 수양에 뜻을 둔 사람으로 자기의 의복이나 음식이 변변치 못한 것을 남에 대하여 창피스럽다고 생각할 정도라면 아직도 함께 도를 논할 자격이 없다』고.

餘說 논어 이인편(里仁篇) 제九 장에 나오는 말이다. 도를 탐구하려는 목표를 세운 한몫의 얼굴을 하고도 실생활에서는 허세를 좇으려는 이러한 남자와는 의논하려는 마음이 안난다는 뜻이다.

〔四五〕 荀子云士有妬友則賢交不親君有妬臣則賢人不至

讀法 荀子(순자)에 云(운)、士有妬友(사유투우)、則賢交不親(즉현교불친)。하고 君有妬臣(군유투신)、則賢人不至(즉현인부지)。하나니라

直譯 순자에 이르기를, 『선비가 질투하는 벗을 가지면 현명한 친구와 사귀어 친할 수 없고, 임금이 질투하는 신하를 가지면 현명한 사람이 오지 않는다』 하였다.

語義 ○荀子(순자)―책 이름. 본디 三百二十篇 以上 있었던 것을, 漢代에 劉向이 整理하여 三十二篇으로 모았고, 다시 唐代에 楊倞이 二十卷으로 나누어 再整理하고 注를 붙였다. 그것이 지금 行해지고 있는 「荀子」다. 弟子가 쓴 것으로 보여지는 것이 數篇 있으나, 大部分은 荀子 自身의 執筆이다. ○妬友(투우)―질투하는 벗. ○賢交(현교)―賢明한 사람과 사귐. ○妬臣(투신)―질투하는 신하. ○不至(부지)―이르지 않음. 오지 않음.

意譯 荀子에 말했다. 『선비에게 嫉妬하는 친구가 있으면 그 친구 때문에 賢明한 사람과 사귀어 親近할 수 없고, 임금에게 嫉妬하는 臣下가 있으면 그 臣下 때문에 賢明한 사람이 오지 않는다』고.

餘說 이 對文은 荀子 大略에 있는 말이다.

〔四六〕 天不生無祿之人地不長無名之草

讀法 천불생무록지인 지부장무명지초

天不生無祿之人이오 地不長無名之草니라

直譯 하늘은 녹 없는 사람을 낳지 아니하고, 땅은 이름 없는 풀을 기르지 아니 한다。

語義 ○祿(록)—관리。俸給。○無祿(무록)—녹을 다 타먹지 못하고 죽음。不祿。○無名(무명)—이름이 없음。이름 없이 시듦。

意譯 하늘은 자기 祿을 다 타먹지 못하고 죽는 사람을 내지 아니하고, 땅은 이름 없이 시드는 풀을 자라게 하지 아니한다。

餘說 누구나 다 같이 하늘에서 먹을 것을 타고 나는 것이고, 무슨 풀이든 다 이름이 있게 마련이라는 말로 天授와 名分없는 것이 없다는 것이다。

〔四七〕 大富由天小富由勤

讀法 대부 유천 소부 유근

大富는 由天。하고 小富는 由勤。이니라

直譯 큰 부자는 하늘에 말미암고, 작은 부자는 부지런함에 말미암는다。

語義 ○由(유)—말미암아。인하여。○由天(유천)—하늘에 인연함。하늘에 연유함。○由勤(유근)—부지런한데 인연함。부지런함에 연유함。

意譯 큰 富者는 하늘에 매어 있고, 작은 富者는 부지런한데 달려 있다。

餘說 이 對文을 「由」字 대신 「在」字를 代入해도 뜻은 똑같다。

大富在天。
小富在勤。

또 「大」字 대신 「巨」字를 代入하고, 「小」字 대신 「拙」字를 代入해도 뜻은 같다。

巨富由天。
拙富由勤。

巨富在天。
拙富在勤。

〔四八〕 成家之兒惜糞如金敗家之兒用金如糞

讀法 成家之兒(성가지아)는 惜糞如金(석분여금)하고 敗家之兒(패가지아)는 用金如糞(용금여분)이니라

直譯 집이 일어나는 집 아이는 똥 아끼기를 금과 같이 하고, 집이 패하는 집 아이는 돈 쓰기를 똥과 같이 한다。

語義 ○成家(성가)―집이 일어나는 집。되는 집。○惜糞(석분)―똥을 아낌。○如金(여금)―돈 같이 귀히 여김。○敗家(패가)―집이 패하는 집。○用金(용금)―돈을 씀。○如糞(여분)―똥과 같이 천히 여김。

意譯 되는 집 아이는 똥 아끼기를 금과 같이 귀히 여기고, 망하는 집 아이는 돈 쓰기를 똥과 같이 천히 여겨 함부로 써서 없앤다。

餘說 망하는 집 아이는 돈을 물쓰듯이 하며 똥과 같이 천히 여기지만, 되는 집 아이는 똥도 거름을 하기 위하여 돈과 같이 귀히 여긴다는 것이다。

〔四九〕 康節邵先生曰閑居愼勿說無妨纔說無妨便有妨爽口物多終作疾快心事過必爲殃〔爭先徑路機關惡近後語言滋味長〕端其病

後能服藥不若病前能自防

讀法 康節邵先生(강절소선생)이 曰(왈)、閑居愼勿說無妨(한거신물설무방)하라 纔說無妨便有妨(재설무방변유방)이니라 爽口物多終作疾(상구물다종작질)이오 快心事過必爲殃(쾌심사과필위앙)이니라 爭先徑路機關惡(쟁선경로기관악)이오 近後語言滋味長(근후어언자미장)이니라 端其病後能服藥(단기병후능복약)은 不若病前能自防(불약병전능자방)이니라

直譯 강절 소선생이 말하기를、『한가히 삶에 삭가 거리낌이 없다고 말하지 말라。 거리 낌이 없다고 잠깐 말하면 문득 거리낌이 있다。 입에 시원한 음식물도 과다하면 마침내 병이 되고、 마음에 쾌적한 일도 지나치면 반드시 재앙이 된다。 앞을 다투어 지름길로 하면 목적을 달성시키기 위한 시설이 나빠지고、 가까운 뒤에서 듣는 말은 재미가 크다。 그 병이 들기 시작한 뒤에 잘 약을 쓰느니 보다는(약을 쓰는 것으로는) 병들기 전에 잘 스스로 예방하느니만 같지 못하다』 하였다。

語義 ○閑居(한거)—한가하게 삶。 閑은 閒과 같은 字。 閒의 俗字는 間。 閒은 사이 간 또는 한가할 한으로 訓音함。 ○愼勿說(신물설)—삼가 말하지 말라는 命令形。 ○無妨(무방)—거리낌이 없음。 방해됨이 없음。 ○纔(재)—조금。 약간。 잠깐。 ○纔說無妨(재설무방)—잠깐 거리낌이 없다고 말함。 약간 거리낌이 없다고 말함。 ○便有妨(변유방)—문득 거리낌이 있음。 ○爽口物多(상구물다)—입에 시원한 음식도 과다하면의 뜻。 ○終作疾(종작질)—마침내 병이 되고의 뜻。 ○快心事過(쾌심사과)—마음에 쾌적한 일도 지나치면의 뜻。 ○必爲殃(필위앙)—반드시 재앙이 됨。 ○徑路(경로)—지름길。 小路。 ○機關(기관)—裝置。 어떤 目的을 달성시키기 위한 시설。 ○語言(어언)—말。 언어。 ○滋味(자미)—재미。 ○長(장)—크다。 ○端(단)—始作。 ○能(능)—잘。 ○服藥(복약)—약을 씀。 약을 마심。 ○不若(불약)—같지 못함。 도깨비・요괴의 뜻도 있음。 ○自防(자방)—스스로 예방함。

意譯 康節邵先生이 말했다。 『한가하게 살면서 함부로 내게 아무런 거리낌이 없다고 말하지 말라。 잠깐 거리

끼는 것이 없다고 말하고 나자마자 거리끼는 것이 있게 되는 것이다。입에 상쾌한 음식이라도 많이 먹으면 마침내 병나기 쉽고、마음에 맞는 일이라도 지나치고 보면 반드시 재앙이 되는 것이다。앞을 다투어 지름길로 하면 機關이 나빠지고、가까운 뒤에서 듣는 말은 재미가 크다。그 병이 들기 시작한 뒤에 좋은 약을 쓰느니보다는 병들기 전에 잘 예방하는 것만 같지 못하다」고。

餘說 이 對文은 다음과 같이 七言律詩로 되어 있다。

康節邵先生曰、

閑居愼勿說無妨、第一句

纔說無妨便有妨。第二句

爽口物多終作疾、第三句

快心事過必爲殃。第四句

爭先徑路機關惡、第五句

近後語言滋味長。第六句

端其病後能服藥、第七句

不若病前能自防。第八句

「妨・妨・殃・長・防」은 押韻字이다。

이 臺本에는 第四句가 「快心之事必爲殃」으로 되어 있는데 「快心事過必爲殃」으로 修正하였다。

〔五〇〕〔梓潼帝君垂訓妙藥難醫寃債病橫財不富命窮人〕虧心折盡平生福幸短天敎一世貧〔生事事生君莫怨害人人害汝休嗔天地自

然皆有報遠在兒孫近在身」

讀法 梓潼帝君垂訓에 妙藥難醫冤債病이오 橫財不富命窮人이니라 虧心折盡平生福하고 幸短天教一世貧이니라 生事事生君莫怨하고 害人人害汝休嗔하라 天地自然皆有報하나니 遠在兒孫近在身이니라

直譯 재동제군의 수훈에, 『신기한 약이라도 원한에 의하여 생긴 병은 고치기 어렵고, 뜻밖에 절로 생긴 재물이라도 운명이 궁한 사람을 넉넉하게는 못한다。양심을 잃으면 평생의 복을 다 쫓아버리게 되고, 그래서 복이 모자라면 하늘이 그로하여금 일생을 가난하게 한다。일을 생기게 하고 일이 생기는 것을 그대는 원망말고, 사람을 해하고 사람이 해하는 것을 너는 성내지 말라。하늘과 땅과 자연이 다 갚음이 있나니, 멀면 자손에게 있고 가까우면 자기 몸에 있다』하였다。

語義 ○梓潼帝君(재동제군)—道家에서 文昌府의 일 및 人間의 祿籍의 일을 맡은 神。晉나라에 벼슬살다 戰死한 蜀나라의 七曲山의 張亞子의 後身이라고 한다。中國 四川省 梓潼縣의 梓潼廟는 이 梓潼帝君의 廟임。「梓」는 原音은 「자」이나 慣用音이 「재」임。○垂訓(수훈)—訓戒를 내림。○妙藥(묘약)—묘한 약。神奇한 약。○難醫(난의)—고치기 어려움。○冤債病(원채병)—원망스러운 병。고치기 어려운 병。前世에 인연한 병。○橫財(횡재)—힘 안들이고 뜻밖에 얻은 財物。○不富(불부)—넉넉하게 못함。○命窮人(명궁인)—천명이 궁한 사람。운명이 궁한 사람。○休嗔(휴진)—성내지 말라。

意譯 재동제군의 수훈에, 『아무리 신기한 약이라도 원한으로 생긴 병은 고치기 어렵고, 힘안들이고 생긴 재물이라도 運命이 窮한 사람을 넉넉하게는 못할 것이다。양심을 잃으면 평생토록 누려야할 복을 쫓아버리는 게 되어서, 복이 부족하여 그 사람으로 하여금 일생을 가난하게 살게 한다。自己가 일을 만들고서 일이 많다고 그대는 원망 말고, 남을 害치고서 남이 自己를 害친다고 성내지 말라。천지 자연은 서로 갚음이 있나니

니 멀게는 子孫에게 있고 가깝게는 내 몸에 있다」고。

餘說 이 對文은 七言의 漢詩形으로 律詩다。

梓潼帝君垂訓、

妙藥難醫冤債病、 橫財不富命窮人。

虧心折盡平生福、 幸短天敎一世貧。

生事事生君莫怨、 害人人害汝休嗔。

天地自然皆有報、 遠在兒孫近在身。

「人·貧·嗔·身」은 押韻字이다。

〔五一〕 花落花開開又落 錦衣布衣更換着 豪家未必常富貴 貧家未必常寂寞 扶人未必上青霄 推人未必塡溝壑 勸君凡事莫怨天 天意於人無厚薄

讀法 花落花開開又落(화락화개개우락)、하고 錦衣布衣更換着(금의포의갱환착)。이라 豪家未必常富貴(호가미필상부귀)、요 貧家未必常寂寞(빈가미필상적막)。이라 扶人未必上青霄(부인미필상청소)、요 推人未必塡溝壑(추인미필전구학)。이라 勸君凡事(권군범사)에 莫怨天(막원천)、하라 天意於人(천의어인)에 無厚薄(무후박)。이니라

直譯 꽃은 지고 꽃은 피고 피고 또 지고、비단 옷도 무명 옷도 다시 갈아 입는다。호화로운 집이라 해서 지금껏 반드시 항상 부귀한 것만이 아니고、가난한 오막살이 집이라 해서 지금껏 반드시 항상 쓸쓸하지만은 않았을 것이다。사람이 부추기어준다해도 지금껏 반드시 푸른 하늘에는 오르지 못했고、사람이 민다해도 지금껏 반드시 구덩이 속에 떨어지지는 않았다。

그대에게 권하노니 모든 일에 하늘을 원망하지 말라,
하늘의 뜻은 사람에게 후하고 박함이 없다.

語義 ○錦衣(금의)－비단 옷. ○布衣(포의)－무명 옷. ○更換着(갱환착)－다시 갈아 입음. ○豪家(호가)－호화로운 집. ○未必(미필)－아직 반드시…이 아님. ○貧家(빈가)－가난한 집. ○寂寞(적막)－쓸쓸함. 고요함. ○扶人(부인)－사람이 부축이어줌. ○青霄(청소)－푸른 하늘. ○推人(추인)－사람이 밈. ○塡(전)－메움. 채움. 여기서는 떨어뜨림. ○溝壑(구학)－구덩이. ○厚薄(후박)－엷고 두터움. 후는 두터움이고, 박은 엷음임.

意譯 꽃은 졌다가 다시 피고 피었다가 다시 지고, 비단 옷·무명 옷은 때때로 다시 갈아 입는다. 호화로운 집도 반드시 늘 부귀한 것만은 아니고, 가난한 집도 반드시 늘 쓸쓸한 것만은 아니다. 사람의 부추김을 받아도 푸른 하늘엔 올라갈 수 없고, 사람이 밀어도 반드시 꼭 구덩이에 떨어져 들어가지는 않을 것이다. 그대에게 권커니와 모든 일에 하늘을 원망치 말라. 하늘의 뜻은 사람에게 공평하여서 후하고, 박하게 하는 것이 없다.

餘說 이 對文은 七言律詩의 漢詩이다. 「落·着·寞·壑·薄」은 押韻字이다.

〔五二〕 堪歎人心毒似蛇誰知天眼轉如車去年妄取東隣物今日還歸北舍家無義錢財湯潑雪儻來田地水推沙若將狡譎爲生計恰似朝開暮落花

讀法 堪歎人心毒似蛇(감탄인심독사사)라, 誰知天眼轉如車(수지천안전여차)오. 去年妄取東隣物(거년망취동린물)터니 今日還歸北舍(금일환귀북사)

直譯 한탄스런 것을 견디는 사람의 마음은 독하기가 뱀과 같도다, 누가 하늘의 보는 눈이 수레바퀴 같은 걸 알리오? 지난 해에 망녕되이 동녘 이웃에서 물

家라 無義錢財湯潑雪이오 儻來田地水推沙라 若將狡譎爲生計면 恰似朝開暮落花라

건을 가져왔더니, 오늘 도로 북녘의 집으로 돌아가더라、의롭지 않은 돈과 재물은 끓는 물에 눈이 없어지는 거와 같을 것이오, 뜻밖에 자기 수중으로 굴러온 전답은 물이 모래를 밀어 덮는다。만약 장차 간사하게 속여 생활을 꾀한다면, 꼭 아침에 피었다가 저녁에 떨어지는 꽃과 같이 오래가지 못한다。

語義 ○堪歎(감탄)―한탄스런 것을 견딤。○蛇(사)―뱀。○誰知(수지)―누가 알리오? ○妄取(망취)―망녕되이 가짐。○還歸(환귀)―도로 돌아감。○舍家(사가)―집。○湯潑雪(탕발설)―끓는 물을 눈에 뿌림。○儻來(당래)―뜻밖에 자기 수중으로 굴러옴。○狡譎(교휼)―교활하여 남을 잘 속임。○恰似(흡사)―꼭 …과 같다。

意譯 한탄스러운 것을 견디는 사람의 마음은 독하기가 독사와 같도다, 하늘의 보는 눈은 수레바퀴와 같이 돌아가는 것을 누가 알리오? 지난 해에 망녕되이 동쪽 이웃 집 물건을 탐내어 가졌더니, 오늘 북쪽 집으로 도로 가버렸네。의롭지 못한 돈과 재물은 끓는 물을 눈에 뿌린 것 같이 사라지고, 뜻밖에 얻은 전답은 물이 모래를 밀어다 덮었네。만일 장래를 간사한 꾀로 생각한다면, 꼭 아침에 피었다가 저녁에 떨어지는 꽃과 같이 오래가지 못하리。

餘說 이 對文도 七言律詩이다。「蛇·車·家·沙·花」가 押韻字이다。

末句의 「恰似朝開暮落花」의 「開」字가 이 책의 대본은 물론 다른 책에도 「雲」字로 되어 있어 바로잡았다。

〔五三〕 得失榮枯總是天機關用盡也徒然人心不足蛇呑象世事到頭螳捕蟬〔無藥可醫卿相壽有錢難買子孫賢〕家常守分隨緣過便是逍遙自在仙

讀法 得失榮枯總是天(득실영고총시천)、이오 機關用盡也徒然(기관용진야도연)。이라 人心不足蛇呑象(인심부족사탄상)、하고 世事到頭螳捕蟬(세사도두당포선)。이라 無藥可醫卿相壽(무약가의경상수)、로되 有錢難買子孫賢(유전난매자손현)。이니라 家常守分隨緣過(가상수분수연과)、라가 便是逍遙自在仙(변시소요자재선)。이니라

直譯 성공과 실패와 성함과 쇠함은 모두 바로 천명이고, 장치를 다 써버리면 또한 일이 없다. 사람의 마음이 유족하지 못한 것은 뱀이 코끼리를 삼키는 것과 같고, 세상 일은 결국 버머재비가 매미를 잡아먹는 것과 같다. 약이 없어도 경상의 목숨은 구할 수 있되, 돈이 있어도 자손의 어진 것은 살 수 없다. 집에서는 항상 분수를 지키어 인연에 따라 지내다가, 문득 노니니 저절로 선경에 있다.

語義 ○得失(득실)—成功과 失敗。 ○榮枯(영고)—盛함과 衰함。 ○機關(기관)—장치。 어떤 目的을 달성하기 위한 施設。 ○也(야)—또。 ○徒然(도연)—할 일이 없음。 움직이지 않는 모양。 ○到頭(도두)—마침내。 到底。 必竟。 결국。 ○螳(당)—버마재비。 ○蟬(선)—매미。 ○卿相(경상)—宰相。 大臣。 ○壽(수)—목숨。 ○便是(변시)—문득。 ○逍遙(소요)—노닐다。

意譯 得失이라든가 常枯盛衰는 모두 바로 天命에 걸려 있고, 機關을 다 써버리면 또한 일이 없다. 人心이 裕足치 못하면 뱀이 코끼리를 삼켜버리는 것과 같고, 세상 일은 결국은 버마재비가 매미를 잡아먹는 것과 같이 악독한 것이 자기보다 월등한 것을 잡아먹는 것과 같이 터무니 없는 현상이 일어난다. 약이 없어도 大臣의 목숨은 救할 수 있되, 돈이 있어도 子孫의 賢明은 살 수 없다. 집이 항상 分數를 지키어 因緣에 따라 지내다가, 문득 노니니 저절로 仙境에 있었다.

餘說 이 對文은 七言律詩이다. 「天·然·蟬·賢·仙」은 押韻字이다.

〔五四〕 寬性寬懷過幾年人死人生在眼前隨高隨下隨緣過或長或短莫埋寃自有自無休嘆息家貧家富總由天平生衣祿隨緣度〔一日

淸閑一日仙

讀法 寬性寬懷過幾年(관성관회과기년)고 人死人生在眼前(인사인생재안전)이라 隨高隨下隨緣過(수고수하수연과)요 或長或短莫埋寃(혹장혹단막매원)이니라 自有自無休歎息(자유자무휴탄식)하라 家貧家富總由天(가빈가부총유천)이니라 平生衣祿隨緣度(평생의록수연도)니 一日淸閑一日仙(일일청한일일선)이니라

直譯 성품이 너그럽고 마음이 너그럽게 몇년이나 지냈는고? 사람이 죽고 사람이 살고는 눈앞에 있다。 높은 데 따르거나 낮은 데 따르는 것은 인연에 따라 지나는 것이고, 혹은 장수하고 혹은 단명한 것이니 매장하는 것을 원통해 말 것이다。 스스로 있고 스스로 없음을 탄식하지 말라, 집이 가난하고 집이 부자인 것은 모두 천명에 말미암는 것이다。 평생의 의복식록은 인연에 따르는 법이니, 하루 깨끗하고 한가하면 하루의 신선인 것이다。

語義 ○寬性(관성)—性品을 너그럽게 가짐。 ○寬懷(관회)—마음을 너그럽게 가짐。 ○隨緣過(수연과)—인연에 따라 지나는 것。 因果應報의 갚음에 따라 지남。 ○或長或短(혹장혹단)—혹은 장수하고 혹은 단명함。 ○埋寃(매원)—매장하는 것을 원통해 함。 ○衣祿(의록)—衣服과 食祿。 ○淸閑(청한)—깨끗하고 한가함。 ○仙(선)—신선。

意譯 너그러운 성품과 마음 가짐으로 몇 해나 지냈는가? 사람이 죽고 삶은 눈앞에 있다。 높고 낮음을 따르는 것도 因緣에 따라 지나는 것이고, 혹은 장수하고 혹은 단명한 것이니 매장을 하는 것을 원통해 말 것이다。 스스로 있고 없는 것을 한탄하지 말라, 집이 가난하고 부한 것은 모두 천명인 것이다。 평생의 의식록은 인연에 따르는 법이니, 하룻동안 마음이 맑고 한가하면 하룻동안 신선이 된다。

餘說 너그러운 心性을 가져라、사람의 生死는 눈앞의 가까운 곳에 있다。身分의 高下는 因果의 顯現이고 人命의 長短이나 貧富 모두가 天命에 緣由하는 것이니、一日이라도 淸閑한 마음을 가지면 그동안 만이라도 神仙이 된다는 것이다。

〔五五〕 眞宗皇帝御製知危識險終無羅網之門擧善薦賢自有安身之路施恩布德乃世代之榮昌懷妬報寃與子孫之爲患損人利己終無顯達雲仍害衆成家豈有久長富貴改名異體皆因巧語而生禍起傷身蓋是不仁之召

讀法 眞宗皇帝御製(진종황제어제)에 知危識險(지위식험)이면 終無羅網之門(종무나망지문)이오 擧善薦賢(거선천현)이면 自有安身之路(자유안신지로)라 施恩布德(시은포덕)은 乃世代之榮昌(내세대지영창)이오 懷妬報寃(회투보원)은 與子孫之爲患(여자손지위환)이라 損人利己(손인이기)면 終無顯達雲仍(종무현달운잉)이오 害衆成家(해중성가)면 豈有久長富貴(기유구장부귀)리오 改名異體(개명이체)는 皆因巧語而生(개인교어이생)이오 禍起傷身(화기상신)은 蓋是不仁之召(개시불인지소)니라

直譯 진종황제 어제에、『위태로운 것을 알고 험한 것을 알면、마침내 그물을 벌려놓은 문곧 법망의 문이 없을 것이오。착한 이를 받들고 어진 이를 천거하면、저절로 내 몸에 편안한 길이 있을 것이다。은혜를 베풀고 덕을 펴는 것은 곧 대대로 영광스러울 것이오。질투하는 마음을 품고 원수를 갚는 것은、자손에게 주는 근심이 된다。남을해롭게 하고 자기 몸을 이롭게 하면、마침내 높이 되는 자손이 없을 것이오。여러 사람을 해쳐서 자기 집을 이루게 되면、어찌 오래도록 부귀로 있겠는가? 이름을 갈고 몸을 달리함은、모두 교묘한 말로 인하여 생긴 것이오。화를 일으켜 몸을

상하게 하는 것은, 대개 바로 어질지 못함이 부르는 것이다』하였다。

語義 ○眞宗皇帝(진종황제)—宋나라 세째 임금。이름은 恒、太宗의 三子。在位 二十五년。○御製(어제)—임금이 지은 글。○羅網(나망)—그물。法網。○世代(세대)—대대。세상。○榮昌(영창)—번성함。○顯達(현달)—높은 地位에 오름。立身出世。○雲仍(운잉)—먼 子孫。遠孫。雲孫。자기의 八代後孫。곧 子·孫·曾孫·玄孫·來孫·昆孫·仍孫의 다음임。

意譯 眞宗皇帝御製에、『위태로운 것을 알고 험한 것을 알면 法網의 문이 없어도 좋을 것이고、착한 이를 받들고 어진 이를 천거하면 저절로 내 몸이 편안하게 될 것이다。은혜를 베풀고 덕을 펴는 것은 곧 대대로의 영광이오、질투하는 마음을 품고 원수를 갚는 것은 자손에게 주는 근심이 될 것이다。남을 해치고 자기 몸을 이롭게 하면 마침내 먼 자손이 입신 출세를 못할 것이고、여러 사람을 해치고 자기 집을 이루게 하면 어찌 그렇게 얻은 부귀가 오래 갈 수 있으리오? 이름을 갈고 모양을 고치는 것은 모두 교묘한 말재주로 인해서 나오게 된 것이오、화를 일으켜 자기 몸을 다치게 하는 것은 대개 어질지 못한 데서 생기는 일이다』하였다。

餘說 眞宗皇帝御製、

知危識險、終無羅網之門。
擧善薦賢、自有安身之路。
施恩布德、乃世代之榮昌。
懷妬報冤、與子孫之爲患。
損人利己、終無顯達雲仍。
害衆成家、豈有久長富貴。
改名異體、皆因巧語而生。
禍起傷身、盖是不仁之召。

以上과 같은 構文의 文章이다。

〔五六〕神宗皇帝御製遠非道之財戒過度之酒居必擇隣交必擇友嫉妬勿起於心讒言勿宣於口骨肉貧者莫疎他人富者莫厚克己以勤儉爲先愛衆以謙和爲首常思已往之非每念未來之咎若依朕之斯言治家國而可久

讀法 神宗皇帝御製에 遠非道之財하고 戒過度之酒하며 居必擇隣하고 交必擇友하며 嫉妬를 勿起於心하고 讒言을 勿宣於口하며 骨肉貧者를 莫疎하고 他人富者를 莫厚하며 克己는 以勤儉으로 爲先하고 愛衆은 以謙和로 爲首하며 常思已往之非하고 每念未來之咎하라 若依朕之斯言이면 治家國而可久리라

直譯 신종황제 어제에, 『도리가 아닌 재물은 멀리하고 정도에 지나친 술은 경계해야 하며, 거함에 반드시 이웃을 가려야 하고, 사귐에 반드시 벗을 가려야 하며, 질투를 마음에 일으키지 말아야 하고, 참람된 말을 입밖에 널리 알리지 말아야 하며, 일가의 가난한 사람을 소홀히 말아야 하고, 남의 부유한 사람을 후대하지 말아야 하며, 자기의 사욕을 극복함에는 부지런하고 검소함으로써 제일로 삼아야 하고, 민중을 사랑함에는 겸손하고 화목함으로써 첫째를 삼아야 하며, 항상 이왕의 잘못을 생각해야 하고, 언제나 미래의 허물을 생각하라。 만약 짐의 이 말을 좇으면, 집과 나라를 다스리되 오래 갈 수 있을 것이다』 하였다。

語義 ○神宗皇帝(신종황제)—宋나라 제六대 임금。 이름은 욱(頊)、英宗의 장자。 三十八세에 죽음(서기一〇四八～一〇八五) ○非道(비도)—바른 길에 어긋남。 ○過度(과도)—정도가 지나침。 ○擇隣(택린)—이웃을 가림。 ○嫉妬(질투)—시기함。 강새암함。 ○讒言(참언)—남을 헐뜯는 말。 ○骨肉(골육)—骨肉之親。 父母兄弟。 ○疎(소)—멀리함。 소홀히 함。 忽待함。 ○克己(극기)—자기 私慾을 理性으로 눌러 이김。 ○勤儉(근검)—부지런하고 알뜰함。 부지런하고 儉素함。 ○愛衆(애중)—民衆을 사랑함。 大衆을 사랑함。 ○謙和(겸화)—겸손하고 화목함。 ○已往之非(이왕지비)—지난날의 잘못。 ○未來之咎(미래지구)—앞날의 허물。 ○朕(짐)—天子가 자기를 말할 때 쓰는 말。 君主의 自稱은 寡人임。

意譯 신종황제 어제에、『바른 길에 어긋나는 재물은 멀리하고、주량에 지나친 음주는 경계하며、집을 정할 때에는 반드시 이웃을 먼저 가려야 하고、친구와 사귈 때에는 반드시 친구를 가려야 하며、남을 시기함을 마음속에 일으키지 말고、남을 헐뜯는 말을 입밖에 내지 말며、부모 형제 간에 가난한 사람을 멀리 말고、남의 부귀에 친밀히 말며、자기 사욕을 이성으로 눌러 이김에는 부지런하고 알뜰함으로써 제일로 삼고、민중을 사랑함에는 겸손하고 화목함으로써 첫째를 삼으며、항상 지난날의 잘못을 생각하고、언제나 장래의 허물을 생각하라。 만일 짐의 이 말을 좇으면 집과 나라를 다스려 오래도록 잘 살 수 있을 것이다』하였다。

餘說 이 對文을 分析하면 다음과 같다。

神宗皇帝御製、

{遠非道之財、/戒過度之酒。} {居必擇隣、/交必擇友。} {嫉妬勿起於心、/讒言勿宣於口。}

{骨肉貧者莫疎、/他人富者莫厚。} {克己以勤儉爲先、/愛衆以謙和爲首。}

{常思已往之非、/每念未來之咎。} 若依朕之斯言、治家國而可久。

〔五七〕 高宗皇帝御製一星之火能燒萬頃之薪半句非言誤損平生之德身被一縷常思織女之勞日食三飧每念農夫之苦苟貪妬損終無十載安康積善存仁必有榮華後裔福緣善慶多因積行而生入聖超凡盡是眞實而得

讀法 高宗皇帝御製(고종황제어제)、에 一星之火(일성지화)、라도 能燒(능소)萬頃之薪(만경지신)。하고 半句非言(반구비언)、이라도 誤損平生之德(오손평생지덕)。이라 身被一縷(신피일루)、나 常思織女之勞(상사직녀지로)。하고 日食三飧(일식삼손)、이나 每念農夫之苦(매념농부지고)。하라 苟貪妬損(구탐투손)、이면 終無十載安康(종무십재안강)。이오 積善存仁(적선존인)、이면 必有(필유)榮華後裔(영화후예)。니라 福緣善慶(복연선경)、은 多因積行而生(다인적행이생)。이오 入聖超凡(입성초범)、은 盡是眞實而得(진시진실이득)。이니라

直譯 고종황제 어제에, 『한 점의 불이라도 능히 백이랑의 섶을 태울 것이고, 반 마디의 짧은 그른 말이라도 그릇하여 평생의 덕을 덜 수 있다。 몸에 한 오라기의 실을 걸쳤으나, 항상 베 짜는 여자가 수고한 것을 생각하고, 하루에 세끼의 밥을 먹으나, 매양 농부의 고생을 생각하라。 진실로 재물을 탐하고 남을 헐뜯고 떨어뜨리면, 마침내 십년 동안 편안하지 못하고, 선을 쌓고 어진 마음을 가지면, 반드시 후손에게 영화가 있을 것이다。 복이 선과 경사에 인연함은, 많이 쌓고 행하므로 생겨나는 것이고, 거룩한 경지에 들어가서 보통 사람을 초월함은, 모두 이 진실한 데서 얻는다』 하였다。

語義 ○高宗皇帝(고종황제)—南宋의 첫째 임금。 이름은 構。 金나라가 江北地方을 支配하게 되자 南京에서 皇帝의 位에 오름。 ○一星(일성)—하나의 별이란 말로 작은 것을 의미함。 ○萬頃(만경)—「頃」은 중국 古代의 面積을 표시하는 單位。

一頃은 오늘 날의 面積으로 萬坪에 해당하는 것이니 萬頃이면 퍽 넓은 面積。○半句非言(반구비언)—반 마디의 그른 말。○誤損(오손)—그르쳐 덞。○縷(루)—한 올의 실。누더기(褸와 통하기도 함) ○織女(직녀)—베 짜는 여자。○三飱(삼손)—세번 먹음。「飱」은 먹을 손字로 飧의 俗字임。○苟貪妬損(구탐투손)—「苟」는 진실로。「貪」은 재물을 탐함。「妬」는 남을 헐뜯음。시기함。「損」은 폄손(貶損)으로 덞。떨어뜨림。내림。○十載(십재)—十년 동안。○積善(적선)—착한 일을 많이 함。○存仁(존인)—어진 마음을 가짐。○榮華(영화)—몸이 귀하게 되어서 이름이 남。○後裔(후예)—後孫。자손。

意譯 고종황제 어제에、『한 점의 불이라도 능히 만경이나 되는 많은 땔나무를 태울 수 있고、반 마디의 말이라도 그릇하여 평생의 덕을 덜 수 있다。몸에 한 벌의 누더기 옷을 걸쳤으나 항상 베짜는 여자의 수고를 생각해야 하고、하루 세끼의 밥을 먹으나 매양 농부의 노고를 생각해야 한다。진실로 재물을 탐하고 남을 헐뜯고 폄손하면 마침내 十년 동안 편안할 수 없고、선을 쌓고 어진 마음을 가지면 반드시 후손에게 영화가 있다。복이 선과 경사에 인연함은 많이 쌓고 행하므로 해서 생기게 마련이오、거룩한 경지에 들어가서 보통 사람보다 뛰어나는 것은 모두 이 진실한 데서 얻는 것이다』하였다。

餘說 이 對文도 文章을 分析하여 보기로 하자。

高宗皇帝御製、

〔一星之火、能燒萬頃之薪。〕〔身被一縷、常思織女之勞。〕
〔半句非言、誤損平生之德。〕〔日食三飱、每念農夫之苦。〕
〔苟貪妬損、終無十載安康。〕〔福緣善慶、多因積行而生。〕
〔積善存仁、必有榮華後裔。〕〔入聖超凡、盡是眞實而得。〕

이미 항간에 나돌고 있는 책들을 살펴보니 「一星之火가」·「半句非言이」 등으로 「가」·「이」의 懸吐가 있으나 「가」는 「ㅣ」를 「付하면 몰라도 관례상 없는 吐이며、「라도(이라도)」의 吐라야 語法上 옳다。또 「積善存立(人)」은 存仁의 誤植이며、「盡是直實而得」의 「直」은 「眞」의 誤植이다。「農夫之苦」의 「苦」를 「若」으로 「必有

「榮華後裔」의 「必」을 「心」으로 「福緣善慶」의 「緣」을 「祿」으로 誤植을 낸 抄略本도 있다。이 책의 臺本에도 「身被一縷」의 「被」를 「披」로 誤植이 되어 있기에 바로잡았다。

〔五八〕 王良曰欲知其君先視其臣欲識其人先視其友欲知其父先視其子君聖臣忠父慈子孝

讀法 왕량 왈 욕지기군 선시기신
王良이 曰、欲知其君커든 先視其臣하고
욕식기인 선시기우 욕지기부
欲識其人커든 先視其友하고 欲知其父커든
선시기자 군성신충 부자자효
先視其子하라 君聖臣忠하고 父慈子孝니라

直譯 왕량이 말하기를、『그 임금을 알고자하거든 먼저 그 신하를 보고、그 사람을 알고자 하거든 먼저 그 벗을 보고 그 아버지를 알고자 하거든 먼저 그 아들을 보아라。임금이 거룩하면 신하가 충성하고 아비가 자식을 사랑하면 아들도 효도한다』하였다。

語義 ○王良(왕량)—字는 敬止、明나라 吉水 사람。建文의 進士가 되고、太宗實錄을 펴고、또 太宗實錄類要를 폄。燕兵과 簿都城에서 싸우다가 戰死하였다。諡號는 文節。○欲(욕)—…하고자함。○慈(자)—父母가 자식을 사랑함。

意譯 왕량이가 말했다。『그 나라의 임금의 인품을 알고자 하거든 먼저 그 신하를 볼 것이고、그 사람의 사람됨을 알고자 하거든 먼저 그 사람의 친구를 볼 것이고、그 아버지의 인격을 알고자 하거든 먼저 그 아들을 볼 것이다。임금이 거룩하면 신하는 충성스러울 것이고、아비가 자식을 사랑하면 자식도 따라서 부모에게 효도할 것이다』고。

餘說 이 對文을 分析하여 보기로 하자。

王良曰、

(欲知其君先視其臣) 君聖臣忠。
(欲識其人先視其友)
(欲知其父先視其子) 父慈子孝。

〔五九〕 家語云水至淸則無魚人至察則無徒

讀法 家語(가어)에 云(운)、水至淸則無魚(수지청즉무어)。하고 人至察(인지찰)則無徒(즉무도)。니라

直譯 가어에 이르기를、『물이 지극히 맑으면 고기가 없고、사람이 지극히 살피면 친구가 없다』 하였다。

語義 ○家語(가어)—孔子家語。十卷으로 되어 있음。저자는 未詳이나 孔子의 言行·逸事 등을 기록한 책으로 現存한 것은 魏나라의 王肅의 위작이라고 함。

意譯 가어에 말했다。『물이 몹시 맑으면 물고기가 없고、사람이 너무 분명히 살피면 친구가 없다』고。

餘說 물은 흐린 면이 있어야 물고기가 은신하면서 살고、사람은 어수룩한 데가 있어야 친구가 따른다는 말이다。

〔六〇〕 許敬宗曰春雨如膏行人惡其泥濘秋月揚輝盜者憎其照鑑

讀法 許敬宗(허경종)이 曰(왈)、春雨(춘우)ㅣ如膏(여고)、나 行人(행인)은 惡其泥濘(오기이녕)。하고 秋月(추월)이 揚輝(양휘)나 盜者(도자)는 憎其照鑑(증기조감)。이니라

直譯 허경종이 말하기를、『봄비가 기름 같으나 행인은 그 진창을 싫어하고、가을 달이 빛을 드날리지만 도둑놈은 그 밝게 비치는 것을 미워한다』 하였다。

語義 ○許敬宗(허경종)—중국 唐나라 때 정치가. 자는 延族. 高宗 때 禮部尙書가 되어 右相까지 올랐다. 高宗·太宗實錄을 改編하였음. ○膏(고)—기름. ○泥濘(이녕)—진창. ○揚輝(양휘)—빛을 드날림. ○照鑑(조감)—비추어 봄. 환히 봄.

意譯 허경종이 말했다. 『봄비가 기름처럼 소중하나 길가는 사람은 진창을 싫어하고, 가을 달이 빛을 드날려 환하여 좋으나 도둑놈은 그 환히 비추어 보는 것을 미워한다』고.

餘說 이 對文을 分析하여 보자.

許敬宗이 曰、「春雨ㅣ如膏、나 行人은 惡其泥濘하고
秋月이 揚輝、나 盜者는 憎其照鑑이니라

吐에 있어 「春雨」의 「ㅣ」吐는 近來에 無視하는 傾向이 있으나 亦是 위 並書를 살펴보면 必要한 것을 느낄 것이다. 「憎其照鑑」의 「憎」字 대신에 「惡」字를 사용한 책들이 있으나 「憎」字가 옳다.

〔六一〕 景行錄云大丈夫見善明故重名節於泰山用心剛故輕死生於鴻毛

讀法 경행록 운 대장부 견선명고 중
景行錄에 云、大丈夫는 見善明、故로 重
명절어태산 용심강고 경사생어홍
名節於泰山하고 用心剛、故로 輕死生於鴻
모
毛니라

直譯 경행록에 이르기를、『대장부는 착한 것 보는 것이 분명하므로 이름과 절개를 태산보다 소중히 여기고、마음을 쓰는 것이 강하므로 죽고 사는 것을 기러기의 털보다 가볍게 여긴다』 하였다.

語義 ○大丈夫(대장부)—사내답고 씩씩한 남자. 志操가 굳어 不義에 굽히지 않는 남자. ○名(명)—이름. 여기서는 명예의 뜻인 이름. ○節(절)—마디. 여기서는 절개. 또는 지조의 뜻. ○泰山(태산)—五嶽(악)의 하나. 山東省 泰安府에 있는 名山. 끄떡없음의 비유로도 쓰임. ○剛(강)—굳셈. 강함. ○死生(사생)—죽고 삶. ○鴻毛(홍모)—기러기의 털. 轉하여 아주 가벼운 것.

意譯 경행록에 말했다. 『대장부는 착한 것을 보는 것이 분명하므로 그 명예와 지조를 태산보다도 더 중히 여기고, 마음 쓰는 것이 강하므로 죽고 사는 것을 아주 가벼이 여겨 기러기의 털보다도 더 가볍게 여긴다』고.

餘說 이 對文도 分析하여 보기로 하자.

景行錄에 云, 大丈夫는

(見善明, 故로 重名節於泰山하고
用心剛, 故로 輕死生於鴻毛니라)

懸吐에 있어 「大丈夫ㅣ」로 「ㅣ」吐를 달고 「見善이」·「用心이」로 「이」吐를 달고 있는 책들이 있으나 조화상 필요없는 吐라고 생각되며 「ㅣ」보다는 「는」이 나으리라고 생각된다. 「用心剛」이 책에 따라서는 「用心精」으로 되어 있으나 이 책의 臺本이 「剛」이므로 이에 따랐다.

〔六二〕 憫人之凶樂人之善濟人之急救人之危

讀法 憫人之凶(민인지흉)하고 樂人之善(낙인지선)하며 濟人之急(제인지급)하고 救人之危(구인지위)하라

直譯 남의 궂은 일을 같이 괴롭게 여기고, 남의 착한 일을 즐거워하며, 남의 급한 일을 건져주고, 남의 위태로운 일을 구조하라.

語義 ○憫(민)—괴롭게 여김. ○凶(흉)—흉한일. ○濟(제)—도움. 원조함. ○救(구)—구조함.

意譯 남의 흉사는 같이 괴롭게 여기고, 남의 선사(善事)는 같이 즐거워하며, 남의 급한 일은 원조하고, 남의 위험한 일은 구조하라.

餘說 다음의 構文을 살펴 보자.

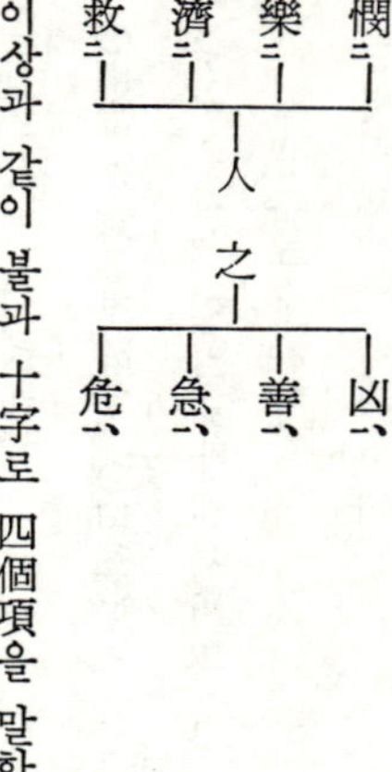

이상과 같이 불과 十字로 四個項을 말한 對文이다.

〔六三〕 經目之事猶恐未眞背後之言豈足深信

讀法 경목지사 유공미진 배후지
經目之事도 猶恐未眞이어든 背後之
언 기족심신
言을 豈足深信이리오

直譯 눈으로 거친 일도 오히려 아직 참이 아닌가 두렵거든 등뒤의 말을 어찌 깊이 믿는데 족할까?

語義 ○經目(경목)—눈을 거침. 눈으로 봄. ○恐(공)—두려워함. 염려함. ○背後(배후)—등뒤. ○豈(기)—어찌 …하랴? 反語詞.

意譯 직접 눈으로 본 일도 오히려 참인지 아닌지 염려스러운데 더구나 등 뒤에서 남이 말하는 것이야 어찌 이것을 깊이 믿을 수 있으랴?

餘說 책에 따라서는 「猶恐未皆眞」·「恐未皆眞」으로 되어 있다. 그러나 다음 分析을 살펴보면 군 글자라고 알아질 것이다.

〔經目之事도 猶恐未眞이어든
背後之言을 豈足深信이리오

懸吐도 「猶恐未眞이어늘」로 「이어늘」 吐를 단 책들이 있다. 별차이는 없으나 「이어늘」은 「이미 사실이 이

려이러한데 그와는 딴판으로」의 뜻으로 쓰이는 연결 語尾이고, 「이어든」은 「알고 본즉 까닭이 이러이러한데 어찌 경과가 그러하지 아니하랴」의 뜻으로 말할 때에, 까닭을 이르는 구절에 쓰이는 語尾이다. 그리하여 「이어든」을 택하기로 했다.

〔六四〕 不恨自家蒲繩短只恨他家苦井深

讀法 不恨自家蒲繩短(불한자가포승단)하고 只恨他家苦井深(지한타가고정심)이로다

直譯 자기집 부들로 꼰 새끼가 짧은 것은 한탄하지 않고 다만 남의 집의 우물이 깊은 괴로움만 원망하도다.

語義 ○蒲繩(포승)—부들로 꼰 새끼로 두레박 줄을 한 것으로, 여기서는 단지 두레박 줄.

意譯 자기 집 두레박 줄 짧은 것은 한탄하지 않고, 공연히 남의 집 우물이 깊어서 고생하는 것만 원망하는구나.

餘說 「汲繩短」의 「汲」字 대신 이 책의 臺本에는 「蒲」字로 되어 있기에 「蒲」字를 따랐다. 부들로 새끼를 꼬아 두레박 줄을 한 것으로 뜻에는 변함이 없다.

〔六五〕 贓濫滿天下罪拘薄福人

讀法 贓濫(장람)이 滿天下(만천하)하되 罪拘薄福人(죄구박복인)이니라

直譯 뇌물을 탐하고 부정한 일을 하는 것이 천하에 가득하되, 죄를 지어도 복이 없는 사람만 잡힌다.

語義 ○贓濫(장람)—뇌물을 탐하고 부정을 함。〔剪燈餘話、何思明遊酆都錄〕榜曰下懲戒贓濫之門上。○罪(죄)—죄를 줌。○薄福(박복)—복이 적음。不幸。○拘(구)—잡힘。

意譯 뇌물을 탐하고 부정을 저지름이 온 천하에 가득 차 있되, 죄를 줌에는 불행한 사람만 잡힌다。

餘說 贓濫이란 단어는 무척 어려운 말이다。아직 우리나라 字書에는 이 단어가 收錄되어 있는 것을 못보았다。語義項을 보고 검토하기 바란다。

이 대문은 분명히 반어적인 문장인데 어느 초략본에는 「로서」의 吐로 연결을 짓고 있다。贓濫이 天下에 가득한데도 罪를 주는 데는 박복한 사람만이 잡힌다는 말이니 「한데도」에 「로서」의 吐를 달아도 타당하다고 할 수 있을까?

〔六六〕 天若改常不風卽雨人若改常不病卽死

讀法 天若改常(천약개상)이면 不風卽雨(불풍즉우)요 人若改常(인약개상)이면 不病卽死(불병즉사)니라

直譯 하늘이 만약 떳떳한 것을 고치면 바람이 불지 않고 곧 비가 올 것이고, 사람이 만약 떳떳한 것을 고치면 앓지 않고 곧 죽을 것이다。

語義 ○常(상)—당연한 것。정당한 것。불변의 상도(常道)。늘 행해야 할 것。여기서는 전법(典法)。○風(풍)—여기서는 바람이 붊。○雨(우)—여기서는 비가 옴。○病(병)—여기서는 앓음。

意譯 하늘이 常道를 고친다면〔바람 끝에 비가 오기 마련인데〕바람이 불지 않고서 곧 비가 오게 될 것이고, 사람이 상도를 고친다면〔앓다가 죽게 마련인데〕앓지 않고서 곧 죽게 될 것이다。

餘說 이 대문은 상등 대립구의 문장이다。

〔天若改常、이면 不風卽雨。요
人若改常、이면 不病卽死。니라〕

여기서는 「風」字의 뜻이 「바람」이 아니라, 「바람이 분다」는 뜻이고, 「雨」字는 「비가 온다」는 뜻이고, 「病」字는 「앓는다」는 뜻임을 명심하여야 한다. 「常」은 정규라는 것을 첨기하고 싶다.

〔六七〕 狀元詩云國正天心順官淸民自安妻賢夫禍少子孝父心寬

讀法 狀元詩(장원시)에 云(운)、國正天心順(국정천심순)、이오 官淸民自安(관청민자안)。이라 妻賢夫禍少(처현부화소)、요 子孝父心寬(자효부심관)。이니라

直譯 장원시에 이르기를, 『나라가 바르면 하늘의 마음도 순하고, 벼슬아치가 맑으면 백성이 저절로 편안하다. 아내가 어질면 남편이 화가 적고, 아들이 효도하면 아버지의 마음이 너그럽다』 하였다.

語義 ○狀元(장원)―과거의 갑과에 첫째로 급제함. ○國正(국정)―나라의 정치가 공정 무사하고 바름. ○天心(천심)―하느님의 마음. 하느님의 뜻. ○官淸(관청)―벼슬아치의 기강이 깨끗함. ○民自安(민자안)―백성이 저절로 편안함. ○寬(관)―너그러움.

意譯 장원시에 말했다. 『나라의 정치가 바르면 하늘의 마음도 순할 것이고, 벼슬아치의 기강이 깨끗하면 백성이 저절로 편안할 것이다. 아내가 어질면 남편에게 화가 적을 것이고, 아들이 효도하면 아비의 마음이 너그러워질 것이다』고.

餘說 五言絶句의 한시이다. 「安·寬」이 押韻字이다. 主題는 國正·官淸·妻賢·子孝이다.

〔六八〕 子曰木受繩則直人受諫則聖

讀法 자왈목수승즉직 子ㅣ曰、木受繩則直하고 인수간즉성 人受諫則聖。이니라

直譯 공자께서 말씀하시기를、『나무가 먹줄을 받으면 곧아지고、사람이 남의 간언을 받아들이면 거룩하게 된다』하셨다。

語義 ○繩(승)ㅡ여기서는 먹줄。墨繩。○直(직)ㅡ곧음。○諫(간)ㅡ웃어른에게 충고함。○聖(성)ㅡ성스러움。거룩함。

意譯 공자께서 말씀하셨다。『나무가 먹줄을 받으면 곧아지고、사람이 남의 충고를 받아들이면 성스러워진다』고。

餘說 이 대문은 공자의 말씀으로 되어 있으나 出典은 未詳이다。〔書經、說命 上〕에는 「惟木從繩則正、后從諫則聖。〔傳〕言木以繩直、君以諫明」이라 있고、〔荀子、勸學〕에는 「木受繩則直、金受礪則利、君子博學而日參省乎己、則知明而行無過矣。」라 있다。

〔六九〕一派青山景色幽前人田土後人收後人收得莫歡喜更有收人在後頭

讀法 일파청산경색유 一派青山景色幽러니 전인전토후인수 前人田土後人收라 후인수득막환희 後人收得莫歡喜하라 갱유수인재후두 更有收人在後頭니라

直譯 한 줄기의 푸른 산의 경치가 그윽하더니、앞사람이 갈던 밭을 뒷사람이 거두는구나。뒷사람은 거두되 기뻐하지 말라、다시 또 거둘 사람이 바로 뒤에 있다。

語義 ○一派(일파)ㅡ본류로 흐르는 한 물줄기。한 지류。○景色(경색)ㅡ경치。○幽(유)ㅡ그윽함。○收得(수득)ㅡ거두어。

들임。받음。○有(유)—또。又와 같음。○後頭(후두)—뒤통수。바로 뒤。

意譯 한 줄기의 푸른 산의 경치는 그윽하고 좋구나。저 당은 옛 사람들이 갈던 것을 지금은 뒷 사람들이 가는 것이다。그러나 뒷사람들아 너희 들이 가는 것을 기뻐하지만 말라。다시 또 갈 사람들이 바로 뒤에 있다。

餘說 이 대문은 七言絕句의 한시다。「幽·收·頭」는 押韻字이다。

말구의「更有後人在後頭」의「有」자는「又」의 뜻으로 보아야 하는데 주의하기 바란다。

〔七〇〕 蘇東坡云無故而得千金不有大福必有大禍

讀法 소동파 운 무고이득천금 불유 대복 필유 대화
蘇東坡ㅣ 云、無故而得千金이면 不有大福이라 必有大禍니라

直譯 소동파가 이르기를、『이유 없이 많은 돈을 얻으면 큰 복이 있는 것이 아니라、반드시 큰 화가 있는 것이다』하였다。

語義 ○蘇東坡(소동파)—이름은 식(軾)、자는 자첨(子瞻)、호는 동파(東坡)며 순(洵)의 장자다。북송(北宋) 때 사람으로 시문(詩文)의 대가요、아버지 동생과 함께 당송 팔대가(唐宋八大家)의 한 사람이다。신종(神宗) 때 왕안석(王安石)과 의합치 않아 황주(黃州)로 좌천되어 동파라 호를 지었다。철종(哲宗) 때 소환되어 한림학사(翰林學士)·병부상서(兵部尚書)가 되었다。저로는 적벽부(赤壁賦) 두 편·동파전집 百十五권과 시가 三十二권이 있다。서가(書家)로서도 송사대가(宋四大家)의 한 사람이다。이의 걸작으로 한식시권(寒食詩卷)·이백선시권(李白仙詩卷)과 명(明)의 만향당소첩(晚香堂蘇帖)은 모두 그가 쓴 것을 모은 것이다。(一〇三六—一一〇一)

意譯 소동파가 말했다。『아무런 까닭없이 많은 돈을 얻는 것은 큰 복이 있는 것이 아니고 꼭 큰 화가 있는 것이라』고。

餘說 이 대문을 분석하면 다음과 같다。

蘇東坡ㅣ云、

無故而得千金、이면ㅣ〔不有大福、이라 / 必有大禍。니라〕

현토를 살펴보면 어떤 책에는 「得千金이면」의 「이면」 吐 대신에 「은」 吐를 단 책이 있으나 가정법의 문장이니 「이면」의 토가 나을 듯하다.

〔七一〕 康節邵先生曰有人來問卜如何是禍福我虧人是禍 人虧我是福

讀法 강절소선생 왈유인내문복 여
康節邵先生이 曰、有人이 來問卜、하되 如
하시화복 아휴인시화 인휴아시복
何是禍福。고 我虧人是禍、요 人虧我是福。
이니라

直譯 강절 소선생이 말하기를, 『어떤 사람이 와서 길흉 화복의 판단을 물었는데 어떠한 것이 바로 화와 복입니까? 하기에 내가 남을 헐뜯는 것이 바로 화고 남이 나를 헐뜯는 것이 바로 복입니다』 하였다.

語義 ○有人(유인)—어떤 사람. 또는 사람을 이름. 「有」는 조사. 〔法華經、譬喩品〕在門外立、聞有人言。 ○卜(복)—점. 길흉 화복을 판단하는 일. ○虧(휴)—이지러짐. 헐뜯음.

意譯 강절 소선생이 말했다. 『어떤 사람이 내게 와서 길흉 화복을 묻기를 어떠한 것이 곧 화며 복이냐 하기에 나는 자기가 남을 헐뜯는 것이 곧 화가되는 것이고, 남이 자기를 헐뜯는 것이 곧 복이 되는 것이라고 대답했다』고.

餘說 이 대문을 분석하면 다음과 같다.

康節邵先生이 曰、

有人이來問卜、하되 如何是禍福。꼬ㅣ〔我虧人是禍、요 人虧我是福。니라

책에 따라서 「我虧人是禍」의 「人」자가 탈락된 책이 있어 참고로 첨가하니 이런 책을 가진 사람은 바로잡기 바란다。

〔七二〕 大廈千間夜臥八尺良田萬頃日食二升

讀法 大廈千間、(대하천간)이라도 夜臥八尺。(야와팔척)이오 良田萬頃、(양전만경)이라도 日食二升。(일식이승)이니라

直譯 큰 집 천 칸이 있을지라도 밤에 눕는 데는 여덟 자면 될 것이고、좋은 밭 만 이랑이 있을지라도 하루 먹는 데는 두 되면 된다。

語義 ○大廈(대하)ㅡ큰 집。큰 건물。巨室。○千間(천간)ㅡ집의 방 천 칸。○夜臥(야와)ㅡ밤에 잠자리에 듦。○八尺(팔척)ㅡ여덟 자。여기서는 잠자리의 길이가 여덟 자를 넘지 않는다는 뜻으로 쓰임。○良田(양전)ㅡ좋은 밭。토질이 좋아 곡식이 잘 되는 밭。○萬頃(만경)ㅡ「頃」은 백 이랑。백묘(百畝)의 지적(地積)이니、「萬頃」이면 백만 이랑으로 대단히 넓은 땅。

意譯 큰 집 천 칸이 있을지라도 밤에 자기가 누울 곳은 여덟 자에 지나지 못한 것이고、좋은 전답이 만 석거리가 있을지라도 자기가 먹는 곡식은 하루에 두 되에 지나지 않는다。

餘說 다음과 같이 상등 대립구의 문장으로 되어 있다。

〔大廈千間、이라도 夜臥八尺。이오
〔良田萬頃、이라도 日食二升。이니라

懸吐에 있어 「大廈千間도」로 「도」吐를 달고 「良田萬頃이라도」로 「이라도」吐를 달아 같은 조건에서 균형이 맞지 않는 吐를 달은 초략본이 있다。이는 마땅히 「이라도」吐로 통일시킴이 타당하다。

〔七三〕 久住令人賤頻來親也疎但看三五日相見不如初

讀法 구주영인천 / 久住令人賤이오 빈래친야소 / 頻來親也疎니라 단 / 但 간삼오일 / 看三五日하라 상견불여초 / 相見不如初니라

直譯 오래 머무르면 훌륭한 사람이라도 경시할 것이고, 자주 오면 친하다 이르더라도 멀어진다. 오직 삼일이나 오일 간격으로 만나보아라, 서로 보는 것이 처음과 같지 않을 것이다.

語義 ○久住(구주)—오래 머무름. ○令人(영인)—훌륭한 사람. 좋은 사람. ○賤(천)—천히 여김. 경시함. ○頻來(빈래)—자주 찾아옴. ○親也(친야)—친하다고 이름. 여기서 「也」자는 「…라 이르는」의 뜻임. ○但看(단간)—오직 …을 보아라. 「但」자는 때에 따라서는 뜻이 없는 조사로 쓰일 경우도 있음.

意譯 아무리 귀한 손님이라도 한 집에 오래 머무르면 소홀히 대하게 마련이고, 자주 찾아오면 친하다는 사이라도 멀어지게 된다. 오직 삼일이나 오일마다 한번씩 만나도 서로 보는 것이 처음처럼 반갑지 않다.

餘說 이 대문은 오언 절구의 한시다.

久住令人賤、이오 起
頻來親也疎。니라 疎韻字 承
但看三五日、하라 轉
相見不如初。니라 初韻字 結

懸吐에 있어 더 세밀하게 달면 「久住면 令人이라도 賤이오、頻來면 親也라도 疎니라。但看三五日、하라、相見이 不如初니라。」로 된다. 그러나 이렇게까지 현토하게 되면 한문 본래의 맛은 없고 마치 소위 언한문체(諺漢文體)라는 문장이 되어 버리고 만다. 그러나 이에 적당히 토를 생략하면 이 책과 같이 된다. 따

라서 다른 책들의 현토와 동이점을 비교 검토하면 본서의 현토가 타당함을 터득할 것이다。

해석에 있어 「令人」이 훌륭한 사람 곧 「貴人」이라는 단어임을 알지 못하고 「사람으로 하여금」식의 오해를 가져오고 말았다。 어떤 책은 아에 어물어물 넘겨버리고 말았으니 앞서 언급했지만 바른 토를 어찌 알 수 있으랴?

〔七四〕 渴時一滴如甘露醉後添盃不如無

讀法 渴時一滴(갈시일적)은 如甘露(여감로)요 醉後添盃(취후첨배)는 不如無(불여무)니라

直譯 목마를 때 한 방울의 물은 감로와 같은 것이고、술취한 뒤에 잔에 술을 더 따는 것은 없는 것만 같지 못하다。

語義 ○渴時(갈시)—갈증이 난 때。 ○一滴(일적)—한 방울의 물。 아주 적은 양의 물。 ○甘露(감로)—단 이슬。 불교에서는 「不死」 또는 「天酒」라고도 하며、 한 번 맛보면 不老長生한다는 이슬。 ○醉後(취후)—술에 취한 뒤。 ○添盃(첨배)—술이 들어 있는 잔에 술을 더 따름。 ○不如無(불여무)—없는 것만 못함。

意譯 갈증이 났을 때 한 방울 곧 아주 적은 양의 물이라도 장생 불사한다는 감로와 같고、 술취한 뒤에 술이 남아 있는 잔에다 적은 양의 술이라도 더 술을 딴다는 것은 아주 주지 않는 이만 못한 것이다。

餘說 경계 원론에서 말하는 효용가치설과 같은 말이다。 배고픔을 때 먹는 빵 한 조각이 가장 맛이 있다는 거와 같은 말이다。

「添盃」의 뜻을 「한 잔을 더 준다」고 풀이하는 것보다는 「술이 남아 있는 잔에다 조금 더 술을 붓는다」는 뜻으로 보아야 대도 맞고 문의가 뚜렷해진다。 「한방울의 물」과 「소량의 술」의 대이며 「소량의 술이라도 주지 않느니만 못한 것이다」가 진의(眞意)이다。

〔七五〕 酒不醉人人自醉色不迷人人自迷

讀法 주불취인인자취 색불미인인자미
酒不醉人人自醉。요 色不迷人人自迷。니라

直譯 술이 사람을 취하게 하는 것이 아니라 사람 스스로가 취하는 것이고, 색이 사람을 미혹시키는 것이 아니라 사람 스스로가 미혹하여 진다.

語義 ○自醉(자취)—자기 스스로 술을 마셔서 취함。○色(색)—색。여색。○迷(미)—헤매게 함。미혹하게 함。

意譯 술이 사람을 취하게 하는 것이 아니라 사람이 스스로 술을 마시기 때문에 취하는 것이고, 색이 사람의 마음을 미혹시키는 것이 아니라 사람이 스스로 이를 탐하기 때문에 미혹되는 것이다.

餘說 이 대문은 다음과 같은 상등 대립구의 문장으로 되어 있다.

〔酒不醉人人自醉。요
〔色不迷人人自迷。니라

이상을 살펴보면 「酒·不·醉·人·自·色·迷」 등 일곱 자로 이런 훌륭한 잠언적(箴言的)인 말이 되었다는 것은 역시 표의 문자인 한자의 장점이라 하겠다。 우리가 한자를 공부하는 것은 비단 고전을 이해하기에만 그칠 것이 아니라 더 나아가 우리의 문자 생활의 발전을 위하여 연구와 노력을 게을리 말아야겠다는 데 있다。

〔七六〕 公心若比私心何事不辨道念若同情念成佛多時

讀法 공심약비사심 하사불변 도
公心이 若比私心이면 何事不辨。이며 道

直譯 공변된 마음이 만약 제 욕심을 채우려는 마음과 같다면 무슨 일이든지 분별하지 못할 것이 없으

念이 若同情念이면 成佛多時니라

며, 도의를 지키고자 하는 마음이 만약 감정에 일어나는 생각과 같다면 부처님이 되지 오래 되었을 것이다.

語義 ○公心(공심)—공변된 마음. 공평한 마음. ○若比(약비)—만약 …과 같다면. ○私心(사심)—제 욕심을 채우려는 마음. ○不辨(불변)—분변하지 못함. 「何事不辨」이라면 무슨 일이든지 분변하지 못하랴?의 반의적인 말이 됨. ○道念(도념)—도의를 지키고자 하는 마음. ○若同(약동)—만약 …과 같다면, 「若比」와 같은 뜻임. ○情念(정념)—감정에 일어나는 생각. ○成佛(성불)—부처님이 됨. ○多時(다시)—오래 됨.

意譯 공변된 마음이 만약 제 욕심을 채우려는 마음과 같다면 무슨 일이든지 시비를 분변하지 못할 게 없으며, 도의를 지키고자 하는 마음이 감정에서 일어나는 마음과 같다면 부처님이 되지 오랠 것이다.

餘說 다음과 같이 상등 대립구의 문장이다.

公心이 若比私心이면 何事不辨이며
道心이 若同情念이면 成佛多時니라

초략본 들을 살펴보면 「若比私心」의 「比」자가 「此」자로 「成佛多時」의 「佛」자가 「德」자로 되어 있는 책들이 있다. 오식일 것이다.

〔七七〕 濂溪先生曰巧者言拙者默巧者勞拙者逸巧者賊拙者德巧者凶拙者吉嗚呼天下拙刑政撤上安下順風清弊絶

讀法 濂溪先生이 曰巧者言하고 拙者默하며

直譯 염계선생이 말하기를, 『교묘한 자는 말을 잘하고, 서툴은 자는 말을 아니하며, 교묘한 자는 수고

巧者勞、하고 拙者逸。하며 巧者賊、하고 拙者德。하며 巧者凶、하고 拙者吉。하나니 嗚呼、라 天下拙、이면 刑政이 撤、하여 上安下順、하며 風清弊絕。이니라

를하게 되고, 서툴은 자는 한가하며, 교묘한 자는 도둑질을 하고, 서툴은 자는 덕이 있으며, 교묘한 자는 흉하고, 서툴은 자는 길하나니, 아아! 나라가 서툴으면 죄인을 다스리는 정사가 폐하게 되어 임금도 편안하고 백성도 순종하며 풍속은 맑고 나쁜 습관은 없어진다』 하였다。

語義 ○濂溪先生(염계선생)―중국 宋나라의 유학자。성은 周、이름은 惇實、자는 茂叔、뒤에 惇頤(돈이)로 고치었다。대대로 道州營道縣濂溪에 살았기 때문에 濂溪라 호를 하였다。여러 관직을 역임하고 南京分司가 되어 熙寧 六년 五十七세로 별세하였다。뒤에 元公의 이름을 받았고 淳佑元年 汝南伯에 추봉되어 공자 묘정에 종사되었다。따라서 道國公으로 改封되고 明나라에 이르러서는 先儒周子라고 불리었다 저서로서 〔太極圖說〕·〔太極說〕·〔通書〕·〔詩文集〕이 있다。(一〇一七―一〇七三) ○巧者(교자)―재주 있고 꾀가 많은 사람。교묘한 사람。○拙者(졸자)―巧者의 반대되는 사람이니 모든 것이 서툴은 사람。옹졸한 사람。轉하여 자기를 겸손하게 일컫는 말。○默(묵)―말 않고 잠잠이 있음。○逸(일)―안일함。한가함。○嗚呼(오호)―감탄사로 아아!에 해당함。○刑政(형정)―죄인을 다스리는 정사。죄를 주는 정사。○撤(철)―그만둠。철폐함。○上安下順(상안하순)―임금은 편안하고 백성은 잘 순종함。통치자는 편안하고 국민은 순종함。○風清弊絕(풍청폐절)―풍속은 깨끗하여지고 나쁜 습관은 없어짐。

意譯 염계선생이 말했다。『교묘한 사람은 말을 잘 하고 서툴은 사람은 말을 잘 않으며, 교묘한 사람은 도둑질 하기 쉽고 서툴은 사람은 덕이 있게 마련이며, 교묘한 사람은 흉한 일이 많게 되고 서툴은 사람은 좋은 일이 많게 되나니, 아아! 온 나라의 백성이 어리석고 서툴다면 죄인을 다스리는 정사가 철폐되어 통치자는 편안하고 국민은 순종하며 풍속은 맑고 깨끗하고 나쁜 습관은 없어질 것이다』고。

餘說 다음과 같이 「巧」와 「拙」이 비교 대립된 문장이다。

濂溪先生이 曰、

〔巧者言、하고 拙者默。하며〕〔巧者勞、하고 拙者逸。하며〕〔巧者賊、하고 拙者德。하며〕〔巧者凶、하고 拙者吉。하나니〕

嗚呼、라 天下拙、이면 刑政이 撤、하여 〔上安下順、하며 風清弊絕。이니라〕

논어에 「巧言令色」이란 말이 있다。巧하면 多言하나。拙하면 침묵을 지키게 되고、「巧者拙之奴」라 있듯이 巧하면 拙한 사람의 몫까지 해내어야 하기 때문에 수고해야 하고、拙하면 서둘러서 시키는 사람이 없기 때문에 한가하기 마련이며、巧하면 꾀가 많기 때문에 拙한 사람의 것을 도둑질하기 쉽고、拙하면 어리석기 때문에 「愚則德」이라해서 덕이 따르게 마련이다。이렇게 보면 巧하면 多言〔銀이라함〕·多勞·或賊의 결과로 흉하고、拙하면 沈默〔金이라함〕·安逸〔또는 閒逸〕·愚德으로 길하다는 것이다。끝구의 뜻은 국민이 너무 巧하면 이기심만 발달하여 정치하기가 어렵고 법망도 잘 피하여 사회가 어지러우나、拙하면 영이 잘 먹히어 정치하기도 쉽고 사회도 순화한다는 것이다。그래서 형정(刑政)이 필요없어 철폐해도 된다는 것이다。

〔七八〕 易曰德薄而位尊智小而謀大〔力小而任重〕鮮不及禍矣

讀法 易(역)에 曰(왈)、德薄而位尊(덕박이위존)、하며 智小而謀大(지소이모대)、하며 力小而任重(역소이임중)、하면 鮮不及禍矣(선불급화의)。니라

直譯 주역에 말하기를、『덕이 적고서 지위가 높으며 지혜가 작고서 도모하는 바가 크며 힘이 작고서 책임이 무거우면 화가 미치지 않는 것이 거의 없다』하였다。

語義 ○易(역)—주역을 말함。주나라의 文王·周公·孔子 등이 지었음。경서로서 易經이라고도 하며 이것은 팔괘(八卦)를 합하여 八十四괘、三百八十四효(爻)로 되었다。陰陽의 二元으로 일체의 설명을 하고 있으며 九권으로 되어 있음。○薄(박)—얇다。적다。○位(위)—지위。○尊(존)—높음。○智(지)—지혜。○謀(모)—꾀。○鮮(선)—여기서는 드묾。거의 없음。○矣(의)—어조사。구 끝에 쓰이는 단정을 나타내는 조사。

意譯 주역에 말했다。『덕은 적으면서 지위가 높거나 또는 지혜가 작으면서 큰 일을 계획하거나 힘이 작으면서 책임이 무거우면 화가 이르지 않을 사람이 거의 없을 것이다』고。

餘說 자기 분수에 맞는 지위와 계획을 가지고 세상을 살아가야지 무분수한 처사를 해서는 화가 없는 사람이 거의 없다는 것이다。「德微」가 「德薄」으로 「力小而任重鮮不及禍矣。」가 대본에는 「無禍者鮮矣。」로 되어 있다。

〔七九〕 說苑云官怠於宦成病加於少愈禍生於懈惰孝衰於妻子察此四者愼終如始

讀法 說苑(설원)에 云(운)、官怠於宦成(관태어환성)하고 病加於少愈(병가어소유)하며 禍生於懈惰(화생어해타)하고 孝衰於妻子(효쇠어처자)니 察此四者(찰차사자)하여 愼終如始(신종여시)니라

直譯 설원에 이르기를、『벼슬하는 사람은 지위가 높아지는 데서 게을러지고、병은 조금 나은 데서 더해지며、화는 게으른데서 생기고、효도는 처자에게서 쇠하여 지나니、이 네 가지 것을 살피어 끝까지 삼가는 것이 처음과 같이 할 것이다』하였다。

語義 ○說苑(설원)—앞 二一三조목 참조。○宦(환)—벼슬。○少愈(소유)—병이 조금 나음。○懈惰(해타)—게으름。○孝(효)—부모를 받들어 섬김。○愼(신)—삼감。

意譯 설원에 말했다。『벼슬하는 사람은 벼슬이 높아질수록 게을러지고 병은 조금 나은 듯 한데서 더해지며、화는 게으른 데서 생기기 마련이고 효도는 자기 처자식 때문에 쇠퇴하나니、이 네 가지 것을 살피되 끝까지 삼가는 것이 처음과 같이 할 것이다』고。

餘說 이 대문의 구성을 분석하면 다음과 같다。

說苑에 云、
官怠於宦成하고
病加於少愈하며
禍生於懈惰하고
孝衰於妻子니
察此四者하여 愼終如始니라

〔八〇〕 景行錄云器滿則溢人滿則喪

讀法 景行錄(경행록)에 云(운)、器滿則溢(기만즉일)하고 人滿則喪(인만즉상)이니라

直譯 경행록에 이르기를、『그릇에 물건이 가득 차면 넘치고、사람은 넉넉하면 잃는다』하였다。

語義 ○器(기)—그릇。○滿(만)—가득함。넉넉함。○溢(일)—넘치다。○喪(상)—상실。잃어버림。

意譯 경행록에 말했다。『그릇에 물건이 가득 차면 넘치는 법이고、사람은 운수가 차면 잃게 되는 법이다』고。

餘說 다음과 같이 상등 대립구의 문장이다。

器滿則溢하고
人滿則喪이니라

[八一] 羊羹雖美衆口難調

讀法 양갱 수미 중구 난조
羊羹이 雖美、나 衆口를 難調。니라

直譯 양고깃 국이 비록 맛이 좋으나、여러 사람의 입을 고르게 맞추기 어렵다。

語義 ○羊羹(양갱)—양고깃 국。○雖美(수미)—비록 맛이 좋으나。○衆口(중구)—여러 사람의 입。○難調(난조)—고루 맞추기 어려움。

意譯 양고깃 국이 썩 맛이 좋다지만 여러 사람의 입에 고루 맞을 수는 없다。

餘說 아무리 맛이 좋은 음식이라도 모든 사람의 입에 다 맞는 것은 아니라는 것이다。

[八二] 尺璧非寶寸陰是競

讀法 척벽 비보 촌음 시경
尺璧이 非寶、라 寸陰을 是競。하라

直譯 한 자가 되는 둥근 옥이 보배가 아니다、썩 짧은 시간을 오직 귀중히 여겨라。

語義 ○尺(척)—자。한 자。○璧(벽)—둥근 구슬。環狀의 구슬。○寸陰(촌음)—썩 짧은 시간。○是競(시경)—오직 귀중히 여김。

意譯 한 자나 되는 둥근 구슬을 보배로 여기지 말고、한 마디 되는 아주 짧은 시간을 오직 귀중히 여기어라。

餘說 한 자 정도의 環狀의 구슬을 보배로 여기는 것보다는 寸陰을 귀중히 여겨 시간을 허송치 말라는 경계의 말이다。

〔八三〕 益智書云 白玉投於泥塗不能汚涅其色 君子行於濁地不能染亂其心 故松栢可以耐雪霜 明智可以涉艱危

讀法 益智書에 云, 白玉은 投於泥塗라도 不能汚涅其色이오 君子는 行於濁地라도 不能染亂其心하나니 故로 松栢은 可以耐雪霜이오 明智는 可以涉艱危니라.

直譯 익지서에 이르기를, 『흰 구슬은 진흙에 던지더라도 그 빛을 까맣게 물들일 수 없고, 군자는 더러운 땅에 갈지라도 그 마음을 물들이어 어지럽힐 수 없나니, 그러므로 소나무와 측백나무는 이로써 눈·서리를 견딜 수 있을 것이고, 밝은 지혜는 이로써 곤난하고 위급한 일을 겪어나갈 수 있을 것이다』하였다.

語義 ○泥塗(이도)—진흙. 진창길. ○汚涅(오녈)—까맣게 물들임. ○濁地(탁지)—더러운 땅. ○染亂(염란)—더럽고 어지러움. ○松栢(송백)—소나무와 측백나무. ○耐(내)—견딤. ○雪霜(설상)—눈과 서리. ○明智(명지)—밝은 슬기. ○涉(섭)—거침. 경과함. ○艱危(간위)—「艱難危急」의 준 말.

意譯 익지서에 말했다. 『흰 구슬은 진창 길에 던지더라도 그 빛깔은 더러워질 수 없고, 군자는 더러운 땅에 가더라도 그 마음은 더럽고 어지러울 수 없나니, 그러므로 소나무와 측백나무는 잘 눈과 서리를 견딜 수 있고, 밝은 슬기는 고난과 위급한 일을 잘 치르는 것이다』고.

餘說 益智書에 云,

〔白玉은 投於泥塗라도 不能汚涅其色하고
君子는 行於濁地라도 不能染亂其心하나니〕 故로

松栢은 可以耐雪霜이오
明智는 可以涉艱危니라

이상과 같은 구조의 문장이다. 이렇게 문장을 분석해 보면 현토의 정부(正否)도 검토되고 새김의 순서도 확실해지니 어떤 문장이든 이와 같은 방법을 써서 분석하기 바란다.

「不能汚涅」의 「涅」자를 「穢」자로 된 초략본이 많으나 이 책의 대본이나 담양판 초략본은 「涅」자로 되어 있어 이에 따랐다.

〔八四〕 入山擒虎易開口告人難

讀法 입산금호이 개구고인난
入山擒虎는 易어니와 開口告人은 難이니라

直譯 산에 들어가 호랑이를 사로잡기는 쉽거니와 입을 열어 사람에게 말하기는 어렵다.

語義 ○擒虎(금호)—호랑이를 사로잡음. ○告人(고인)—남의 비밀이나 범죄를 알려바치는 것.

意譯 산에 들어가 호랑이를 사로잡기는 쉽지만 입을 열어 남의 비밀이나 범죄를 알려바치는 것은 어렵다.

餘說 다음과 같은 대립구의 문장이다.

入山擒虎는 易어니와
開口告人은 難이니라

현토에 있어 책에 따라서는 「는·은」을 생략한 책도 있다. 구조도 어설프고 좋지 않으므로 이 책같이 현토함이 좋을 것이다.

「入山擒虎」의 「擒」자를 「禽」자로 오자를 낸 초략본들이 있다.

〔八五〕 遠水不救近火遠親不如近隣

讀法 遠水(원수)는 不救近火(불구근화)요 遠親(원친)은 不如近隣(불여근린)이니라

直譯 먼 곳에 있는 물은 가까운 곳에 일어난 화재를 구할 수 없을 것이고, 먼 데 있는 일가는 가까운 데 사는 이웃만 못한 것이다.

語義 ○不救(불구)ㅡ구하지 못함. ○近火(근화)ㅡ가까운 곳의 화재. ○遠親(원친)ㅡ먼 곳의 일가. ○近隣(근린)ㅡ가까운 이웃.

意譯 먼 곳에 있는 물은 가까운 곳에 있는 화재를 구하지 못하고, 먼 곳에 있는 일가는 가까운 이웃만 못한 것이다.

餘說 우리 나라 속담에 「이웃 사촌」이란 말이 있다. 그와 같은 말이다.

〔八六〕 太公曰日月雖明不照覆盆之下刀劍雖快不斬無罪之人非災橫禍不入愼家之門

讀法 太公(태공)이 曰(왈), 日月(일월)이 雖明(수명)이나 不照覆盆之下(부조복분지하)하고 刀劍(도검)이 雖快(수쾌)나 不斬無罪之人(불참무죄지인)하고 非災(비재)ㅣ 橫禍(횡화)나 不入愼家之門(불입신가지문)이니라

直譯 강태공이 말하기를, 『해와 달이 비록 밝아도 엎어놓은 동이의 밑은 비치지 못하고, 칼이 비록 날카로우나 죄없는 사람은 베이지 못하고, 아닌 재화가 빗나간 화지만 삼가는 집 문 안에는 들어가지 못한다.

語義 ○日月(일월)—해와 달。○雖明(수명)—비록 밝으나。○覆盆(복분)—엎어놓은 동이 ○刀劍(도검)—칼。○雖快(수쾌)—비록 날카로우나。○不斬(불참)—베지 못함。○非災(비재)—아닌 재앙。받을 잘못이 없는 재앙。○横禍(횡화)—빗나간 재화。엉뚱한 재화。○愼家之門(신가지문)—삼가는 집의 문。

意譯 강태공이 말했다。『해와 달이 제아무리 밝을지라도 엎어놓은 동이의 밑을 비치지 못할 것이고、칼이 제아무리 날카로울지라도 죄없는 사람을 베지는 못할 것이고、아닌 재앙이 빗나간 재화지만 삼가는 집의 문에는 들어가지 못한다』고。

餘說 이 대문을 분석하고 현토를 하여보자。

太公이 曰、

日月이 雖明、이나 不照覆盆 之 下。하고
刀劍이 雖快、나 不斬無罪 之 人。하고
非災ㅣ 横禍、나 不入愼 家 之 門。이니라

현토에 있어 통일을 잃고 있는 책들이 허다하다。위 구조에서 節의 대비로 토를 검토하여 타당성을 찾아내자。「刀劍」이 「刀刃」으로 된 초략본이 있다。뜻에는 변함이 없다。

〔八七〕 太公曰良田萬頃不如薄藝隨身

讀法 태공 왈 양전만경 불여박예수신
太公이 曰、良田萬頃、이 不如薄藝隨身。이니라

直譯 강태공이 말하기를、『좋은 전답 일만 경이 하잘 것 없는 재주를 몸에 지닌 것만 같지 못하다』하였다。

語義 ○良田(양전)—토질이 비옥한 좋은 전답。○萬頃(만경)—백만 이랑의 넓이의 토지。「頃」은 백 이랑 즉 백 묘(畝)。○不如(불여)—못하다。○薄藝(박예)—얄팍한 자주、변변치 못한 재주、하잘 것 없는 재주。○隨身(수신) 몸에 지님。

意譯 강태공이 말했다。『좋은 전답 백만 묘를 가짐이 변변치 못한 재주를 자기 몸에 지님만 못하다』고。

餘說 이 대문은「良田萬頃」과「薄藝隨身」과를 비교하여 우열을 단정한 말이다。

〔八八〕 性理書云接物之要己所不欲勿施於人行有不得反求諸己

讀法 性理書에 云、接物之要、는 己所不欲、이어든 勿施於人。하고 行有不得、이어든 反求諸己。하라

(성리서 운 접물지요 기소불욕 물시어인 행유부득 반구저기)

直譯 성리서에 이르기를、『남과 대할 때의 요점은、자기가 하고 싶지 아니한 일이거든 남에게 베풀지 말고、자기가 행하여 소득이 없거든 그것을 자기 몸을 돌아보아 구하라』 하였다。

語義 ○性理書(성리서)—전출。정기편(正己篇) 참조。○接物之要(접물지요)—타인과의 교제의 요점。○反求諸己(반구저기)—그것을 자기 몸을 돌아보아 구하라。「諸」는 之於가 축약(縮約)된 말。

意譯 성리서에 말했다。『남과 대할 때의 요긴한 점은、자기가 하고 싶지 아니한 일이거든 남에게 베풀지 말고、자기가 하여 소득이 없는 것이 있거든 그것을 자기 몸을 돌아보아 구하여야 한다』고。

餘說 性理에 云、

接物之要、는—{己所不欲、이어든 勿施於人。하고
行有不得、이어든 反求諸己。하라

이상과 같은 구조의 문장이다。

현토를 살펴보건대 토에 있어 「己所ˇ不ˇ欲을」·「反求ˇ諸己。니라」로 토를 달고 있는 초략본이 대부분이나 위의 문장 분석에서 살펴본 바와 같이 「己所ˇ不ˇ欲、이어든」과 「行有ˇ不ˇ得이어든」은 병립되는 대구로 토도 병립시켜야 하고 「反求ˇ諸己。니라」보다는 「反求ˇ諸己。하라」로 현토하는 것이 나을 듯 하다.

〔八九〕 酒色財氣四堵墻多少賢愚在內廂若有世人跳得出便是神仙不死方

讀法 酒色財氣四堵墻(주색재기사도장)、에 多少賢愚在ˇ內廂ˇ(다소현우재내상)。 若有ˇ世人跳ˇ得出(약유세인도득출)、이면 便是神仙不ˇ死方(변시신선불사방)。이니라

直譯 술과 색과 재물과 기운의 네 가지로 쌓아 놓은 담안에, 많은 어진 사람과 어리석은 사람들이 동서의 곁채 속에 들어 있는 것과 같다. 만일 세상 사람들이 이 속에서 뛰어나올 수 있다면 곧 이것이 신선과 같이 죽지 않는 방법이다.

語義 ○堵墻(도장)—담. 담안. ○多少(다소)—수량의 많고 적음. 또 수량. 수효. 여기서는 많음. ○內廂(내상)—담안의 몸채 동서에 있는 곁채. ○跳得ˇ出(도득출)—뛰어나올 수 있음. ○便是(변시)—문득 바로. 곧 이것이.

意譯 술과 여색과 재물과 기운의 네가지로 쌓아 놓은 담안에, 잘나고 못난 수많은 사람들이 몸채의 동서에 줄지어 사는 것과 같다. 만일 세상 사람이 이속에서 뛰어나올 수만 있다면 그것은 신선과 마찬가지로 죽지 않는 방법이다.

餘說 이 대문은 칠언 절구의 한시다.

酒色財氣四堵墻(장(韻) 起句)
多少賢愚在ˇ內廂ˇ(상(韻) 承句)
若有ˇ世人跳ˇ得出(　轉句)
便是神仙不ˇ死方(방(韻) 結句)

딴 시형도 참고 서적 등을 통하여 알아보자.

〔九〇〕 寧塞無底缸難塞鼻下橫

讀法 영색무저항 난색비하횡
寧塞無底缸이언정 難塞鼻下橫이니라

直譯 차라리 밑 없는 항아리는 막을 수 있을지언정 코 밑에 가로 있는 것(입)은 막기 어렵다.

語義 ○寧(녕)—차라리. 선택하는 뜻을 나타냄. 어찌의 뜻도 있음. ○塞(색)—막음. (새)—변방의 뜻임. ○無底缸(무저항)—밑 없는 항아리. ○鼻下橫(비하횡)—코 밑에 가로 있는 것. 즉 입.

意譯 차라리 밑 없는 항아리의 밑은 막을 수 있어도, 입은 막기 어렵다.

餘說 이 책의 대본에는 「無底缸」의 「缸」자가 「坑」자로 오식을 내었기 바로잡았다.

〔九一〕 有名豈在鐫頑石路上行人口勝碑

讀法 유명 기재전완석 노상 행인구 승비
有名을 豈在鐫頑石고 路上에 行人口ㅣ 勝碑니라

直譯 이름이 크게 나 있는 일을 어찌 하찮은 돌에 새겨 둘꼬? 길 가는 사람의 입이 비보다 낫다.

語義 ○有名(유명)—이름이 크게나 있음. ○豈(기)—어찌하여서. 왜. 설마 등 뜻을 나타내는 반어(反語). ○鐫(전)—새기다. ○頑石(완석)—감각이 없는 돌. ○勝碑(승비)—비보다 나음.

意譯 이름이 크게 나 있는 일을 어찌 감각이 없는 돌에 새겨 둘랴? 길가는 사람의 입이 빗돌보다 낫다.

餘說 이 대문은 종래의 초략본을 보면 제六七 조목의 뒤에 붙어 있다. 그리고 「有名」이 「大名」으로 「豈在」가 「豈有」로 되어 있고 이 책의 대본은 「鐫」자를 「鑴」자로 오식을 내어 바로잡았다.

이 말과 같은 것이 다음과 같이 있다. 「〔書齋夜話〕 有名何必鐫頑石。路上行人口似碑。」

立教篇 第十二 凡十一條
입교편 제십이 범십일조

가르침을 세우는 글을 대략 十一 조목의 대문을 모아둔 명심보감의 열 두째 편이다。

〔一〕子曰立身有義而孝爲本喪祀有禮而哀爲本戰陣有列而勇爲本治政有理而農爲本居國有道而嗣爲本生財有時而力爲本

讀法 子ㅣ曰、立身有義、而孝爲本。이오 喪祀有禮、而哀爲本。이오 戰陣有列、而勇爲本。이오 治政有理、而農爲本。이오 居國有道、而嗣爲本。이오 生財有時、而力爲本。이니라

直譯 공자께서 말씀하시기를、『몸을 세우는 데는 의가 있나니 효도로 근본을 삼을 것이오、장사와 제사지내는 데는 예법이 있나니 슬픔으로 근본을 삼을 것이오、전쟁 터에는 대열이 있나니 용맹으로 근본을 삼을 것이오、나라를 다스리는 데는 이치가 있나니 농사로 근본을 삼을 것이오、나라에 사는 데는 도리가 있나니 대를 이음으로 근본을 삼을 것이오、재물을 얻는 데는 때가 있나니 노력으로 근본을 삼을 것이다』하셨다。

語義 ○立身(입신)ㅡ세상에 나아가 출세함。○義(의)ㅡ임금과 신하 사이의 도덕。君臣有義。○喪祀(상사)ㅡ장사지내고 제사지내는 일。○戰陣(전진)ㅡ싸우기 위하여 벌려 친 진。戰場。○列(렬)ㅡ行列。隊列。行伍。○勇(용)ㅡ씩씩함。용맹。○治政(치정)ㅡ나라를 다스림。○理(리)ㅡ이치。사리。조리。○嗣(사)ㅡ뒤를 이음。대를 이음。○力(력)ㅡ노력。

힘씀。

意譯 공자께서 말씀하셨다。『입신 출세를 하는 데는 의리가 있어야 하는데 효도하는 것으로 근본을 삼을 것이고、장사지내는 데와 제사지내는 데는 예의가 있어야 하는데 슬퍼하는 것으로 근본을 삼을 것이고、전장에는 대열이 있어야 하는데 용맹한 것으로 근본을 삼을 것이고、나라를 다스리는 데는 이치가 있어야 하는데 농사짓는 것으로 근본을 삼을 것이고、나라에 사는 데는 도리가 있어야 하는데 대를 잇는 것으로 근본을 삼을 것이고、재물을 얻는 데는 때가 있어야 하는데 노력하는 것으로 근본을 삼아야 하는 것이다』고。

餘說 이 대문은「立身·喪祀·戰陣·治政·居國·生財」에는「孝·哀·勇·農·嗣·力」등이「爲本」이 된다는 것이다。

〔二〕景行錄云爲政之要曰公與淸成家之道曰儉與勤

讀法 景行錄(경행록)에 云(운)、爲政之要(위정지요)는 曰(왈)、公與淸(공여청)이오 成家之道(성가지도)는 曰(왈)、儉與勤(검여근)이니라

直譯 경행록에 이르기를、『정치를 하는데 요긴한 점은 일러 공평하고 사사로운 것이고、집을 이루는 길은 일러 검소하고 부지런한 것이다』하였다。

語義 ○爲政之要(위정지요)—정치를 하는데 요긴한 점。○公與淸(공여청)—공평하고 사사로운 것。○成家之道(성가지도)—집을 이루는 길。○儉與勤(검여근)—검소하고 부지런한 것。

意譯 경행록에 말했다。『정치를 하는데 요긴한 점은 공평하고 청백한 것이고、집을 이루는 길은 검소하고 부지런한 것이다』고。

餘說 이 대문은 상등 대립구의 문장이다。

景行錄에云、

〔爲政之要는 曰公與淸이오
〔成家之道는 曰儉與勤이니라

〔三〕讀書起家之本循理保家之本勤儉治家之本和順齊家之本

讀法 讀書는 起家之本이오 循理는 保家之本이오 勤儉은 治家之本이오 和順은 齊家之本이니라

直譯 글을 읽는 것은 집을 일으키는 근본이고、 이치에 좇는 것은 집을 보호하는 근본이고、 부지런하고 검소한 것은 집을 다스리는 근본이고、 화목하고 공순한 것은 집을 가지런히 하는 근본이다。

語義 ○讀書(독서)—글을 읽음。 ○起家(기가)—집을 일으킴。 ○循理(순리)—이치에 좇음。 이치에 따름。 ○保家(보가)—집을 보호함。 ○勤儉(근검)—부지런하고 검소함。 ○治家(치가)—집을 다스림。 ○和順(화순)—화목하고 공순함。 ○齊家(제가)—집을 가지런히 함。 집을 편안히 함。

意譯 독서는 그 가문을 일으키는 근본이고、 이치에 순종하는 것은 그 가문을 보전하는 근본이고、 부지런하고 검소한 것은 그 가문을 다스리는 근본이고、 화목하고 공순한 것은 그 가문을 편안하게 하는 근본이다。

餘說 이 대문을 살펴보면 讀書는 起家・循理는 保家・勤儉은 治家・和順은 齊家라 하였으니 自己家門을 온전히 하자면 讀書・循理・勤儉・和順의 네 가지를 실천 궁행하여야겠다。

〔四〕孔子三計圖云一生之計在於幼一年之計在於春一日之計在於寅幼而不學老無所知春若不耕秋無所望寅若不起日無所辦

讀法 孔子(공자)ㅣ 三計圖(삼계도)에 云(운)、一生之計(일생지계)는 在於幼(재어유)하고 一年之計(일년지계)는 在於春(재어춘)하고 一日之計(일일지계)는 在於寅(재어인)이니 幼而不學(유이불학)이면 老無所知(노무소지)요 春若不耕(춘약불경)이면 秋無所望(추무소망)이오 寅若不起(인약불기)면 日無所辦(일무소판)이니라

直譯 공자의 삼계도에 이르기를、『한 평생의 계획은 어릴 때에 있고、일년의 계획은 봄에 있고、하루의 계획은 새벽녘에 있나니、어릴 때 배우지 않으면 늙어서 아는 바가 없을 것이고、봄에 만약 밭을 갈지 않을 것 같으면 가을에 바랄 바가 없을 것이고、새벽녘에 만약 일어나지 않을 것 같으면 그 날을 판단할 바가 없다』하였다。

語義 ○三計圖(삼계도)—一生의 계획·一年의 계획·一日의 계획의 세 가지 계획도。○寅(인)—寅時。午前三時—四時 사이를 말함。※ 참고로 十二時制를 들어보면 子時는 午後十一時—午前零時、丑時는 一時—二時、寅時는 三時—四時、卯時는 五時—六時、辰時는 七時—八時、巳時는 九時—十時、午時는 午前十一時—午後零時、未時는 一時—二時、申時는 三時—四時、酉時는 五時—六時、戌時는 七時—八時、亥時는 九時—十時。寅이 方位로는 北東東間方。○辦(판)—판단함。

意譯 공자의 삼계도에 말했다。『한 평생동안의 계획은 어릴 때에 있고、一년 동안의 계획은 봄에 있고、하루 동안의 계획은 새벽에 있는 것이니、어려서 학문을 하지 않으면 늙어서 아무 것도 알지 못하게 될 것이고、봄에 씨뿌리고 갈지 않으면 가을이 되어 수확할 가망이 없을 것이고、새벽에 일어나지 않는다면 그날 할 일을 판단하지 못할 것이다』고。

餘說 이 대문의 구조는 다음과 같다。

孔子ㅣ 三計圖에 云、

一生之計는 在於幼하고 (幼而不學이면 老無所知요)
一年之計는 在於春하고 (春若不耕이면 秋無所望이오)
一日之計는 在於寅이니 (寅若不起면 日無所辦이니라)

〔五〕 性理書云五敎之目父子有親君臣有義夫婦有別長幼有序朋友有信

讀法 性理書(성리서)에 云(운)、五敎之目(오교지목)은 父子有親(부자유친)하고 君臣有義(군신유의)하고 夫婦有別(부부유별)하고 長幼有序(장유유서)하고 朋友有信(붕우유신)이니라

直譯 성리서에 이르기를、『다섯 가지 가르침의 종목은 아버지와 자식 사이에는 친함이 있어야 하고、임금과 신하 사이에는 의리가 있어야 하고、남편과 아내 사이에는 분별이 있어야 하고、어른과 어린이 사이에는 차례가 있어야 하고、친구 사이에는 믿음이 있어야 한다』하였다。

語義 ○五敎之目(오교지목)ㅡ여기 쓰여 있는 다섯 가지 가르침。곧 오륜(五倫)을 말함。유교에서 말하는 삼강(三綱)과 오륜이다。삼강에 관하여는 뒤에 나온다。○朋友(붕우)ㅡ친구。「朋」은 동문 수학(同門受學)하는 사람이고、「友」는 같이 자란 사람이다。

意譯 성리서에 말했다。『유교의 오륜 곧 다섯 가지 가르침의 종목은 첫째、아버지와 아들 사이에는 친함이

있어야만 하고, 둘째, 임금과 신하 사이에는 의리가 있어야만 하고, 세째, 남편과 아내 사이에는 분별이 있어야만 하고, 네째, 어른과 어린이 사이에는 차례가 있어야만 하고, 다섯째, 친구 사이에는 믿음이 있어야만 한다』고.

餘說 유교에서 말하는 삼강과 오륜은 실천해야 할 덕목(德目)으로 예나 이제나 크게 다를 바가 없다고 본다. 단지 군신간을 국가와 국민간으로 바꾸어 생각하면 그만이다.

〔六〕 王蠋曰忠臣不事二君烈女不更二夫

讀法 王蠋(왕촉)이 曰(왈)、忠臣(충신)은 不事二君(불사이군)。이오 烈女(열녀)는 不更二夫(불경이부)。니라

直譯 왕촉이 말하기를, 『충신은 두 임금을 섬기지 않고, 열녀는 두 남편을 번갈아들이지 않는다』 하였다.

語義 ○王蠋(왕촉)—중국 전국시대 제나라 사람. 제나라가 이웃 연(燕)나라에게 패하게 되자 항복하라는 연나라의 권고를 물리치고 자살했다 함. ○不事(불사)—섬기지 아니함. ○不更(불경)—갈아들이지 아니함. 바꾸지 아니함. ○忠臣(충신)—죽음으로써 임금을 섬기는 신하. ○烈女(열녀)—절개가 굳고 힘을 다하여 남편을 섬기는 아내.

意譯 왕촉이 말했다. 『죽음으로써 임금을 섬기는 신하는 두 임금을 섬기지 아니하고, 절개가 굳고 힘을 다하여 남편을 섬기는 아내는 두 남편을 갈아들이지 아니한다』고.

餘說 이 대문은 다음과 같이 어순을 바꾸어도 뜻은 마찬가지다.

〔二君不事忠臣。이오
二夫不更烈女。니라〕

〔史記、田單傳〕에는「王蠋曰、忠臣不事二君。貞女不更二夫。吾與其生而無義。固不如烹。」이라 있다。

〔七〕 忠子曰治官莫若平臨財莫若廉

直譯 충자가 말하기를、『벼슬아치를 다스림에는 공평한 것만 같지 못하고、재물을 주고 받음에는 청렴한 것만 같지 못하다』하였다。

讀法 忠子ㅣ曰、治官엔 莫若平。이오 臨財엔 莫若廉。이니라

語義 ○忠子(충자)—한(漢)나라 사람인 충담(忠譚)인 듯 함。○治官(치관)—백관(百官)을 다스림。○莫若平(막약평)—공평함만 같지 못함。공평한 것이 제일임。○臨財(임재)—재물을 대함。재물 즉 돈과 곡식의 수수(受授)를 함。○莫若廉(막약렴)—청렴함만 같지 못함。청렴한 것이 제일임。

意譯 충자가 말했다。『백관을 다스리는 데는 무엇보다도 공평해야 하고、재물을 주고 받는 데는 무엇보다도 청렴해야 한다』고。

餘說 백관을 통솔하는 데는 공평이 첫째고、재물의 수수에는 청렴이 첫째란 말이다。

「治官」을「治政」이라 한 초략본도 있으나 이 책은 대본에 따랐다。

〔八〕 張思叔座右銘曰凡語必忠信凡行必篤敬飮食必愼節字畫必楷正容貌必端莊衣冠必肅整步履必安詳居處必正靜作事必謀始出言必顧行常德必固持然諾必重應見善如己出見惡如己病凡此十四者我皆未深省書此當座隅朝夕視爲警

讀法 張思叔座右銘에 曰, 凡語를 必忠信하며 凡行을 必篤敬하며 飮食을 必愼節하며 字畫을 必楷正하며 容貌를 必端莊하며 衣冠을 必肅整하며 步履를 必安詳하며 居處를 必正靜하며 作事를 必謀始하며 出言을 必顧行하며 常德을 必固持하며 然諾을 必重應하며 見善如己出하며 見惡如己病이니 凡此十四者를 我ㅣ 皆未深省이라 書此當座隅하여 朝夕視爲警하노라

直譯 장사숙 좌우명에 말하기를, 『무릇 말을 반드시 성실히 하고 신용이 있어야 하며, 무릇 행실을 반드시 도타웁게 하고 공경스러워야 하며, 음식을 반드시 삼가고 절조 있게 해야 하며, 글자의 획을 똑똑하고 바르게 해야 하며, 얼굴 모양을 반드시 단정하고 엄숙하게 해야하며, 옷과 갓은 반드시 반듯하고 엄숙하게 해야 하며, 걷고 밟음을 반드시 안존하고 자세하게 해야 하며, 거처를 반드시 바르고 고요하게 해야 하며, 일을 함을 반드시 계획을 세우고 시작해야 하며, 말을 입밖에 냄을 반드시 돌아보고 행해야 하며, 항상 마음 속에 있는 덕을 반드시 굳게 가져야 하며, 일을 허락함을 반드시 신중히 대답해야 하며, 착한 것을 보거든 자기 몸에서 나온 것 같이 하며, 악한 것을 보거든 자기의 병 같이 하라. 무릇 이 열네 가지는 내가 모두 아직 깊이 살피지 못한 것이다. 이를 써서 마땅히 자리의 모에 붙이어 아침 저녁으로 보고서 경계를 삼고자 한다.

語義 ○張思叔(장사숙)—송(宋)나라의 수안(壽安) 사람. 자는 사숙(思叔). 정이(程頤)의 문인 장역(張繹)의 원성명이다. ○忠信(충신)—성실하고 신의가 있음. ○篤敬(독경)—독실하고 신중함. ○愼節(신절)—소중히 다루고 절조가 있

음。○字畫(자획)—글자의 획。○楷正(해정)—자획이 바름。○容貌(용모)—사람의 얼굴의 모양。○端莊(단장)—바르고 엄숙함。○衣冠(의관)—옷과 갓。전하여 예모(禮貌)。○肅整(숙정)—엄숙하고 위용(威容)이 바름。○步履(보리)—걷고 디딤。걷고 밟음。걸음 걸이。보추(步趨)와 같음。○安詳(안상)—성질이 안존하고 자상함。○居處(거처)—있는 곳。사는 곳。○正靜(정정)—바르고 고요함。○作事(작사)—일을 함。일을 만듦。○謀始(모시)—계획을 세우고 시작함。○出言(출언)—말을 함。○顧行(고행)—지난 일 앞 일을 생각하고서 함。○常德(상덕)—늘 변치 않는 도덕。○固持(고지)—굳게 간직함。○然諾(연낙)—승낙함。○重應(중응)—신중히 대답함。○深省(심성)—깊이 살핌。○爲警(위경)—경계를 삼음。

[意譯] 장사숙의 좌우명에 말했다。『모든 말은 반드시 성실하고 신의가 있어야 하고、모든 행실은 반드시 독실하고 신중하여야 하며、음식은 반드시 소중히 여기고 절조가 있어야 하고、글씨는 자획이 바르게 써야 하며、얼굴 모양은 반드시 단정하고 엄숙해야 하고、예모는 반드시 위용이 바르고 엄숙해야 하며、걸음걸이는 반드시 안존하고 자상해야 하고、있는 곳은 반드시 바르고 조용해야 하며、일을 하는 데는 반드시 계획을 세우고 시작해야 하고、말을 하는 데는 반드시 앞뒤를 돌아보고 해야 하며、늘 변치 않는 도덕은 반드시 굳게 가져야 하고、승낙은 반드시 신중히 대답해야 하며、착한 것을 보거든 자기 몸에서 나온 것같이 하고、악한 것을 보거든 자기 몸의 병같이 여겨라。대체 이 열네 가지 것은 모두 내가 아직 깊이 살피지 못한 것이다。그래서 이것을 써서 자리의 모에 두고 아침 저녁으로 보아 경계를 삼고자 한다』고。

[餘說] 이 대문은 다음과 같이 오언 율시(五言律詩)의 한시형이다。

凡語를 必忠臣、하며 凡行을 必篤敬。하며 제一련
飮食을 必愼節、하며 字畫을 必楷正。하며 제二련
容貌를 必端莊、하며 衣冠을 必肅整。하며 제三련
步履를 必安詳、하며 居處를 必正靜。하며 제四련

作v事를 必謀始、하며 出v言을 必顧行、하며 제五련
常德을 必固持、하며 然諾을 必重應、하며 제六련
見v善 如己出、하며 見v惡 如己病。이니 제七련
凡此 十四者、를 我ㅣ 皆 未深省。이라 제八련
書v此 當座隅、하여 朝夕視 爲v警。하노라

「敬・正・整・靜・行・應・病・省」은 압운자이다。 이로 볼 때 제三련의 「肅整」이 「整肅」으로 제六련의 「重應」이 「重慮」로 된 초략본의 잘못은 자명할 것이며、 제八련의 「我皆」가 「皆我」로 된 점、 또는 말미의 「書此當座隅」를 「書此當座右」로 한 책들의 정오도 이 책의 대본에 따라 바로잡았으니 일차 음미하기 바란다。 현토에 있어서도 제一련부터 제七련까지는 앞귀말에 「하고」 토를 뒷귀말에 「하라」 토를 다는 것이 더 적절할 것으로 생각되었으나 우리의 고전을 고전대로 간직하고 잘못이나 타당성의 결여는 「잔주(細注)」나 기타 언급할 장소에 맡기는 것이 도리라 싶어 고치지 않고 재래 토를 도습하기로 하였다。 선인들이 당초에 운문으로 처리했다면 이런 토는 부토하지 않았을 것이라고 믿어진다。

〔九〕 范益謙座右戒曰一不言朝廷利害邊報差除二不言州縣官員長短得失三不言衆人所作過惡之事四不言仕進官職趨時附勢五不言財利多少厭貧求富六不言淫媟戲慢評論女色七不言求覓人物干索酒食又曰一人附書信不可開坼沈滯二與人並坐不可窺人私書三凡入人家不可看人文字四凡借人物不可損壞不還五凡喫飮食不可揀擇去取六與人同處不可自擇便利七見人富貴不可歎羨詆毁凡此數事有犯之者足以見用意之不肖於存心修身大有所害因書以自警

讀法

범익겸좌우계 왈 일 불언조정이
范益謙座右戒에 曰, 一은 不言朝廷利
해변보차제 이 불언주현관원장단
害邊報差除。요 二는 不言州縣官員長短
득실 삼 불언중인소작과악지사
得失。이오 三은 不言衆人所作過惡之事。요
사 불언사진관직추시부세 오 불
四는 不言仕進官職趨時附勢。요 五는 不
언재리다소염빈구부 육 불언음설
言財利多少厭貧求富。요 六은 不言淫媟
희만평론여색 칠 불언구멱인물
戲慢評論女色。이오 七은 不言求覓人物
간색주식 우왈 일 인부서신 불
干索酒食。이라 又曰, 一은 人附書信。이어든 不
가개탁침체 이 여인병좌 불가규
可開坼沈滯。며 二는 與人並坐에 不可窺
인사서 삼 범입인가 불가간인문
人私書。며 三은 凡入人家에 不可看人文
자 사 범차인물 불가손괴불환
字。며 四는 凡借人物에 不可損壞不還。이며
오 범끽음식 불가간택거취 육
五는 凡喫飮食에 不可揀擇去取。며 六은
여인동처 불가자택편리 칠 견인
與人同處에 不可自擇便利。며 七은 見人
부귀 불가탄선저훼 범차수사
富貴하고 不可歎羡詆毁。니 凡此數事를

直譯

범익겸 좌우계에 말하기를, 『첫째, 조정의 이해나 변방의 보고와 벼슬에 임명된 일 들을 말하지 말 것이며, 두째, 주와 현의 관원의 장점과 단점과 얻는 것과 잃는 것 등을 말하지 말 것이며, 세째, 여러 사람이 저지르는 허물과 악한 일을 말하지 말 것이며, 네째, 벼슬하여 관원의 직품이나 때에 따르고 권세에 아부하는 것을 말하지 말 것이며, 다섯 째, 재물과 이익이 많고 적음과 가난한 것을 싫어하고 넉넉한 것을 구한다거나 하는 것을 말하지 말 것이며, 여섯째, 음탕하고 난잡하거나 희롱하고 업신여기거나 여색에 대해 비평하고 논하는 것을 말하지 말 것이며, 일곱째, 남의 물건을 찾아보고 술이나 음식을 토색(討索)하는 것을 말하지 말 것이다. 또 말하되 첫째, 남에게 가는 편지를 뜯어보거나 묵혀두지 말며, 두째, 사람과 같이 나란히 앉았을 때에 남의 사신(私信)을 엿보지 말 것이며, 세째, 절대로 남의 집에 들어가서 남이 적어놓은 글발을 보지 말 것이며, 네째, 절대로 남의 물건을 빌어다가 손상하고 돌려보내지

유범지자 족이견용의지불초 어존
有犯之者면 足以見用意之不肖니 於存

심수신 대유소해 인서이자경
心修身에 大有所害라 因書以自警하노라

아니하지 말 것이며, 다섯째, 절대로 음식을 먹을 때이 가려서 좋은 것을 취하고 나쁜 것을 밀쳐버리지 말 것이며, 여섯째, 남과 같이 한 곳에 있을 때에 자기의 편리한 것을 가리지 말 것이며, 일곱째, 남의 부귀함을 보고 한탄하거나 부러워하거나 헐뜯지 말것이니, 대개 이 여러 가지 일을 범함이 있는 사람이면 충분히 이를 가지고 마음 씀이 미련함을 볼 것이니, 마음에 두고 몸을 닦는 데 크게 해로운 바가 있다。 그러므로 글로 써가지고 스스로를 경계한다』 하였다。

語義 ○范益謙(범익겸)—이름은 충(冲) 송나라 고종(高宗) 때 사람, 조우(祖禹)의 아들。 자는 원장(元長)。 소성(紹聖)의 진사, 벼슬은 양회운사(兩淮運使)。 ○座右戒(좌우계)—자리의 오른 편에 두고 항상 몸의 경계로 삼는 금언(金言)。 한(漢)의 최원(崔瑗)이 비로소 이를 짓고, 당의 백거이(白居易)·송의 이다(李荼) 등이 속좌우명(續座右銘)을 지었다。 또 좌좌명(座左銘)이라고도 한다。 「座右」란 곁의 뜻으로 몸에서 가까운 곳을 말한다。 ○朝廷(조정)—나라의 정치를 의논하여 진행하는 곳。 ○邊報(변보)—변방의 정보。 ○差除(차제)—뽑히어 벼슬에 임명됨。 「差」는 擇也。 「除」는 除授。 벼슬에 임명됨。 ○長短(장단)—장점과 단점。 ○得失(득실)—① 얻음과 잃음。 이익과 손해。 이익과 불리。 ② 성공과 실패。 ③ 마땅함과 마땅하지 않음。 ④ 장점과 단점。 ○衆人(중인)—여러 사람。 ○所作(소작)—지은 바。 한。 ○過惡(과악)—잘못과 악。 ○仕進(사진)—벼슬에 나아감。 벼슬을 함。 ○官職(관직)—벼슬과 직품。 ○趨時附勢(추시부세)—때에 따르고 권세에 아부함。 ○厭貧求富(염빈구부)—가난을 싫어하고 넉넉함을 바람。 ○淫媟(음설)—음란하고 외설됨。 ○戲慢(희만)—희롱하고 업신여김。 ○評論(평론)—시비·득실·선악 등을 비평하고 논함。 ○女色(여색)—여자와의 육체 관계。 부녀의 얼굴빛。 여자의 고운 태도。 ○求覓人物(구멱인물)—남의 물건을 바라며 찾음。 ○干索酒食(간색주식)—술이나 음식을 토색(討索)함。 ○人附書信(인부서신)—남에게 오는 편지。 ○開坼(개탁)—뜯

음。〇沈滯(침체)—묵혀 둠。〇與レ人並坐(여인병좌)—남과 같이 나란히 앉음。〇窺二人私書一(규인사서)—남의 사사로운 글을 엿봄。〇看二人文字一(간인문자)—남의 적발을 봄。〇損壞(손괴)—손상하고 파괴함。〇揀擇去取(간택거취)—가려서 좋은 것은 취하고 나쁜 것은 밀쳐버림。〇與レ人同處(여인동처)—남과 같이 있음。〇自擇二便利一(자택편리)—자기가 편리한 것을 고름。〇歎羨詆毁(탄선저훼)—한탄하고 부러워하고 꾸짖고 훼방함。〇因書以自警(인서이자경)—그러므로 써가지고 스스로 경계함。

意譯 범익겸 좌우계에 말했다。『첫째、조정의 이해 관계나 변방의 정보나 누가 벼슬에 임명되고 등을 말하지 말고、두째、주와 현의 벼슬아치들의 장점과 단점과 마땅함과 마땅치 않음을 말하지 말고、세째、여러사람이 저지른 잘못과 나쁜 일을 말하지 말고、네째、누가 벼슬을 하고 관직이 어떻고 때에 따라 권세에 아부하고 하는 것을 말하지 말고、다섯째、재물과 이익이 많으니 적으니 하거나 가난함을 싫어하고 넉넉함을 바라는 말을 하지 말고、여섯째、음란하고 외설되며 희롱하고 업신여기며 시비·득실·선악을 비평하고 논하며 여색이 어떠니 말하지 말고、일곱째、남의 물건을 바라며 찾거나 주식을 토색할 것을 말하지 말고、또 一、남에게 가는 서신을 뜯어보거나 묵히지 말고、二、남과 같이 앉았을 때에 남의 사사로운 글을 엿보지 말고、三、절대로 남의 집에 들어갔을 때에 남의 적발을 보지 말고、四、절대로 남의 물건을 빌어왔을 때에 이를 손상하여 돌려보내지 아니하지 말고、五、절대로 음식을 먹을 때에 입에 맞는 것은 가려 먹고 맞지않는 것은 밀쳐버리지 말고、六、남과 같이 있을 때에 자기 편리한 것만을 고르지 말고、七、남의 부귀를 보거던 한탄하고 부러워하고 꾸짖고 훼방하지 말지니、대개 이 여러 가지 일에 범하는 일이 있는 사람이면 충분히 이로써 마음 씀이 미련한 것을 알 것이고、몸을 닦는 데나 마음을 갖는 데 있어 크게 해되는 바가 있을 것이다。그러므로 이를 써가지고 스스로를 경계한다』고。

餘說 이 대문도 꽤 긴 문장이다。병서하여 분석해 보기로 하자。

范益謙座右戒에 曰、

一、은 不言朝廷利害邊報差除。요
二、는 不言州縣官員長短得失。이오
三、은 不言衆人所作過惡之事。요
四、는 不言仕進官職趨時附勢。요
五、는 不言財利多少厭貧求富。요
六、은 不言淫媟戲慢評論女色。이오
七은 不言求覓人物干索酒食。이오

又曰、

一、은 人附書信、이어든 不可開坼沈滯。며
二、는 與人並坐、에 不可窺人私書。며
三、은 凡入人家、에 不可看人文字。며
四、는 凡借人物、에 不可損壞不還。이며
五、는 凡喫飮食、에 不可揀擇去取。며
六、은 與人同處、에 不可自擇便利。며
七、은 見人富貴、하고 不可歎羨詆毁。니

凡此數事、를 有犯之者、면 足以見用意之不肖。니 於存心修身、에 大有所害。라 因書以自警。하노라

현토에 있어 이토(異吐)가 보이나 대체로 문장의 분석을 해보지 않은 데서 온 것이다.

정오(正誤)를 살펴보면 이 책의 대본에 三의 「過惡之事」의 「之事」가 누락되어 있고, 결론 부분의 「足以見用意之不肖」의 「意」가 「心」으로, 「肖」가 「正」으로, 또 「於存心 修身」의 「存」이 「正」으로 된 초략본이 허다하다. 전후의 문맥을 검토하여 정오를 깨닫기 바란다.

〔一〇〕武王問太公曰人居世上何得貴賤貧富不等願聞說之欲知是矣太公曰富貴如聖人之德皆由天命富者用之有節不富者家有十盜武王曰何爲十盜太公曰時熟不收爲一盜收積不了爲二盜無事燃燈寢睡爲三盜慵懶不耕爲四盜不施工力爲五盜專行切害爲六盜養女太多爲七盜晝眠懶起爲八盜貪酒嗜慾爲九盜强行嫉妬爲十盜武王曰家無十盜不富者何如太公曰人家必有三耗武王曰何名三耗太公曰倉庫漏濫不蓋鼠雀亂食爲一耗收種失時爲二耗拋撒米穀穢賤爲三耗武王曰家無三耗不富者何如太公曰人家必有一錯二悞三癡四失五逆六不祥七奴八賤九愚十强自招其禍非天降殃武王曰願悉聞之太公曰養男不敎訓爲一錯嬰孩勿訓爲二悞初迎新婦不行嚴訓爲三癡未語先笑爲四失不養父母爲五逆夜起赤身爲六不祥好挽他弓爲七奴愛騎他馬爲八賤喫他酒勸他人爲九愚喫他飯命朋友爲十强武王曰甚美誠哉是言也

讀法 무왕문태공왈 인거세상 하득귀
武王이 問太公曰、人居世上에 何得貴

直譯 무왕이 강태공에게 물어 말하기를, 『사람이 세상에 사는 데에 어찌 귀하고 천하고 가난하고 넉넉

천빈부부등 원문설지 욕지시의
賤貧富不等하고 願聞說之하여 欲知是矣로다

태공 왈 부귀 여성인지덕 개유천
太公이 曰、富貴는 如聖人之德하여 皆由天

명 부자 용지유절 불부자가
命이어니와 富者는 用之有節하고 不富者는 家

유십도
有十盜니이다

함이 고루지 못함이 있는가? 원컨대 이 설명을 들어서 이를 알고자 하는도다』 하였다. 강태공이 말하기를, 『넉넉하고 귀한 것은 성인의 덕과 같아서 모두 하늘이 주는 운명에 말미암거니와 넉넉한 사람은 이것을 쓰는 데에 아껴 씀이 있고, 넉넉치 못한 사람은 집에 열 가지 도둑이 있읍니다』 하였다.

語義 ○武王(무왕)—중국 주(周)나라의 첫째 임금. 문왕(文王)의 아들로 이름은 발(發)이다. 은(殷)나라를 정복하고 지금의 섬서성(陝西省) 장안(長安)에 도읍(都邑)하고 주나라를 창건(創建)하였다. ○何得(하득)—어찌 …할 수 있으랴? ○願聞說之(원문설지)—원컨대 이에 대한 설명을 듣고자함. ○欲知是矣(욕지시의)—이를 알고자 함. ○聖人(성인)—지혜와 도덕이 뛰어나고 사물의 이치에 정통하여 만세에 사표가 될 만한 사람.

意譯 주나라의 무왕이 그의 스승인 강태공에게 물어 말했다. 『사람이 이 세상에 사는데 어찌 귀하고 천하고 가난하고 넉넉함이 같지 아니합니까? 원컨대 이에 대한 설명을 들어서 이를 알고자 합니다』고. 강태공이 대답하여 말했다. 『넉넉하고 귀한 것은 성인의 덕과 같아서 모두 하늘에서 내린 운명에 연유하는 것이지만 넉넉한 사람은 씀씀이에 아끼고 있고 넉넉치 못한 사람은 집에 열가지 도둑이 있읍니다』고.

餘說 이 대문은 무왕과 그의 스승인 강태공과의 문답 내용을 적은 것으로 현토에 있어서도 왕이 그의 스승에 대한 예의와 스승이 왕에 대한 예의에 어긋남이 없어야겠고 또 문답형에 적합해야 할 것이다. 다음에 게기할 대문도 같다.

武王이 問太公曰、

「人居世上에 何得貴賤貧富 不等고 願聞說之하여 欲知是矣로다」

太公이 曰、

「富貴는 如聖人之德하여 皆由天命이어니와

富者는 用之有節하고

不富者는 家有十盜니이다」

이상과 같이 분석하여 보면 해석과 현토에 어려움이 없을 뿐만 아니라 오토(誤吐)를 범(犯)하는 일이 적을 것이다。

이 문단 중 「何得貴賤貧富不等」의 「等」이 이 책의 대본에는 「登」으로 되어 있어 바로잡았다。

讀法 武王(무왕)이 曰(왈)、何爲十盜(하위십도)니꼬 太公(태공)이 曰(왈)、時熟不收(시숙불수)ㅣ 爲一盜(위일도)요 收積不了(수적불료)ㅣ 爲二盜(위이도)요 無事燃燈寢睡(무사연등침수)ㅣ 爲三盜(위삼도)요 慵懶不耕(용라불경)이 爲四盜(위사도)요 不施工力(불시공력)이 爲五盜(위오도)요 專行切害(전행절해)ㅣ 爲六盜(위육도)요 養女太多(양녀태다)ㅣ 爲七盜(위칠도)요 晝眠懶起(주면나기)ㅣ 爲八盜(위팔도)요 貪酒嗜慾(탐주기욕)이 爲九盜(위구도)요 強行嫉妬(강행질투)ㅣ 爲十盜(위십도)니이다

直譯 무왕이 말하기를、『무엇을 열 가지 도둑이라 합니까?』 하였다。 강태공이 말하기를、『곡식이 익었을 때에 거두지 않는 것이 첫째 도둑이 될 것이고、곡식을 거두고 쌓는 것을 마치지 않는 것이 두째 도둑이 될 것이고、일이 없이 등불을 켜놓고 잠자는 것이 세째 도둑이 될 것이고、게으름을 피고 밭을 갈지 않는 것이 네째 도둑이 될 것이고、생각과 역량을 베풀지 않는 것이 다섯째 도둑이 될 것이고、오로지 절박한 해로운 일을 행하는 것이 여섯째 도둑이 될 것이고、계집 기르기를 몹시 많이 하는 것이

일곱째 도둑이 될 것이고, 낮잠자고 게을리 일어나는 것이 여덟째 도둑이 될 것이고, 술을 탐내고 즐기며 욕심내는 것이 아홉째 도둑이 될 것이고, 강제로 질투를 하는 것이 열째 도둑이 될 것입니다』하였다.

語義 ○時熟(시숙)—곡식이 익었을 때. ○收積(수적)—거두어 쌓음. ○不了(불료)—마치지 아니함. ○燃燈(연등)—등불을 켜놓음. ○寢睡(침수)—잠자다. ○慵懶(용라)—게으름. ○不耕(불경)—전답을 갈지 않음. 농사를 짓지 않음. ○工力(공력)—사려(思慮)와 역량(力量). 생각과 힘. ○專行(전행)—오로지 함. ○切害(절해)—절박한 해. 매우 가까이 닥치는 해. ○太多(태다)—심히 많음. ○懶起(나기)—게을리 일어남. ○嗜慾(기욕)—즐겨하고 좋아하는 욕심. ○強行(강행)—강제로 함.

意譯 무왕이 물어 말했다. 『무엇을 열가지 도둑이라 합니까?』하니, 강태공이 대답하여 말했다. 『곡식이 익었을 때 거두지 않는 것이 첫째 도둑이고, 거두고 쌓아두는 것을 완료치 않는 것이 두째 도둑이고, 아무 일없이 등불을 켜놓고 잠을 자는 것이 세째 도둑이고, 게으름 피고 전답을 갈지 않는 것이 네째 도둑이고, 힘들이어 이룬 공을 베풀지 않는 것이 다섯째 도둑이고, 오로지 절박하게 해로운 짓을 하는 것이 여섯째 도둑이고, 계집 기르기를 심히 많이 하는 것이 일곱째 도둑이고, 낮잠자고 게을리 일어나는 것이 여덟째 도둑이고, 술을 탐하거나 즐겨하고 좋아하며 욕심을 내는 것이 아홉째 도둑이고, 강제로 질투하는 것이 열째 도둑이 됩니다』고.

餘說 이 대문은 앞의 계속으로 역시 문답형의 글이다.

武王이 曰,

「何爲十盜니고」

太公이 曰、

「時熟不收ㅣ 爲一盜요

收積不了ㅣ 爲二盜요

無事燃燈寢睡ㅣ 爲三盜요

慵懶不耕이 爲四盜요

不施工力이 爲五盜요〔초략본에는 「功力」으로 되어 있음。〕

專行切害ㅣ 爲六盜요〔초략본에는 「巧害」로 되어 있음。〕

養女太多ㅣ 爲七盜요

晝眠懶起ㅣ 爲八盜요

貪酒嗜慾이 爲九盜요

強行嫉妬ㅣ 爲十盜니이다」

이상의 분석을 살펴보면 「ㅣ·이」 현토의 타당성 여부가 자명하리라 믿는다。

讀法 武王(무왕)이 曰(왈)、家無十盜(가무십도)이며 不富者(불부자)는 何如(하여)니고 太公(태공)이 曰(왈)、人家(인가)에 必有三耗(필유삼모)니이다 武王(무왕)이 曰(왈)、何名三耗(하명삼모)니고 太公(태공)이 曰(왈)、倉庫漏濫不蓋(창고누람불개)하여 鼠雀亂食(서작난식)이 爲一耗(위일모)요 收種失時(수종실시)ㅣ

直譯 무왕이 말하기를、『집에 열 가지 도둑이 없으며 넉넉치 못한 사람은 어찌하여 그러합니까?』하니、강태공이 대답하여 말하기를、『사람의 집에 반드시 세 가지 소모함이 있나이다』하였다。 무왕이 말하기를、『무엇을 이름지어 세 가지 소모함이라 합니까?』하니、강태공이 말하기를、『창고에 비가 새어

위이모 포살미곡예천위삼모
爲二耗ㅣ요 抛撒米穀穢賤이 爲三耗ㅣ니이다

넘는데 지붕을 덮지 않고서 쥐나 새가 어지러이 먹음이 첫째 소모하는 것이고, 거두고 씨뿌리는 때를 잃음이 두째 소모하는 것이고, 곡식을 퍼 흩뜨려 더럽히고 천하게 하는 것이 세째 소모하는 것이 될 것입니다』하였다。

語義 ○何如(하여)―어떠한가? ○漏濫不レ蓋(누람불개)―비가 새어 넘쳐도 지붕을 덮지 아니함。 ○鼠雀亂食(서작난식)―쥐와 새가 어지럽게 먹음。 ○收種失レ時(수종실시)―거두고 씨를 뿌리는 시기를 잃음。 ○抛撒(포살)―흩어버림。 ○穢賤(예천)―더럽게 하고 천히 함。

意譯 무왕이 물어 말했다。『집에 열 가지 도둑이 없으면서 넉넉치 못한 사람은 왜 그럽니까?』하니, 강태공이 대답하여 말했다。『사람의 집에 반드시 세 가지 소모하는 것이 있읍니다』고。 무왕이 다시 물어 말했다。『무엇을 세 가지 소모하는 것이라 합니까?』하니, 강태공이 다시 대답하여 말했다。『창고에 비가 새어 넘쳐도 지붕을 덮지 않아서 쥐나 새가 어지러이 먹는 것이 첫째 소모하는 것이고, 거둘 때 거두고 씨뿌릴 때 씨뿌릴 시기를 잃는 것이 두째 소모하는 것이고, 곡식을 흩어버리며 더럽히고 천히 여기는 것이 세째 소모하는 것입니다』고。

餘說 이 대문도 역시 앞 대문의 계속으로 문답형의 문장이다。

武王이 曰、

「家無二十盜一이며 不レ富者는 何如。니꼬」(「이며」 대신 「而」자가 있는 초략본이 거의임。)

太公이 曰、

「人家에 必有三耗니이다」

武王이 曰、

「何名三耗니꼬」

太公이 曰、

「倉庫漏濫不蓋하여 鼠雀亂食이 爲一耗요

收種失時ㅣ 爲二耗요

抛撒米穀穢賤이 爲三耗니이다」

讀法 무왕 왈 가무삼모 불부자 하
武王이 曰、家無三耗ㅣ이며 不富者는 何
여 태공 왈 인가 필유 일착 이오 삼
如니꼬 太公이 曰、人家에 必有一錯、二悞、三、
치 사 실 오 역 육 불상 칠 노 팔 천 구 우 십 강
癡、四、失、五、逆、六、不祥、七、奴、八、賤、九、愚、十、強、
자초기화 비천강앙
하여 自招其禍ㅣ요 非天降殃이니이다

直譯 무왕이 말하기를、『집에 세 가지 소모함이 없으며 넉넉치 못한 사람은 어찌하여 그럽니까?』하니、강태공이 대답하여 말하기를、『사람의 집에 반드시 첫째 그릇침·두째 잘못·세째 바보·네째 실수·다섯째 거슬림·여섯째 상서롭지 못함·일곱째 종·여덟째 천격·아홉째 어리석음·열째 강함이 있어서 스스로 그 화를 불러들임이고、하늘이 내리는 재앙이 아닙니다』하였다。

語義 ○錯(착)—그르침。잘못함。 ○悞(오)—그릇。잘못。誤同。 ○癡(치)—미련함。어리석음。 ○失(실)—허물。과실。실수。 ○逆(역)—거슬림。거역。 ○不祥(불상)—상서롭지 못함。 ○奴(노)—종。 ○賤(천)—천함。 ○愚(우)—어리석음。우매함。 ○強(강)—강함。강요함。 ○殃(앙)—재앙。

意譯 무왕이 또 물어 말했다。『집에 세가지 소모하는 것이 없고서 넉넉치 못한 사람은 어째서 그렇습니까?』

하나、강태공이 이에 대답하여 말하였다。『사람의 집에 반드시 첫째 그르침・둘째 잘못・셋째 미련함・네째 실수・다섯째 거역・여섯째 상서롭지 못함・일곱째 종・여덟째 천격・아홉째 어리석음・열째 강함 등이 있어서 스스로 그 화를 불러들인 것이고、하늘이 내리는 재앙이 아닙니다』고。

餘說 이 대문도 앞 대문의 계속으로 문답형의 문장이다。

武王이 曰、

「家 無三 耗이며 不富 者는 何 如니꼬」

太公이 曰、

「人 家에 必 有一、錯・二、悞・三、癡・四、失・五、逆・六、不祥・七、奴・八、賤・九、愚・十、強、하여 自 招其 禍요 非天 降 殃이니다」

讀法 武王(무왕)이 曰(왈)、願悉聞之(원실문지)하나이다 太公(태공)이 曰(왈)、養男不敎訓(양남불교훈)이 爲一錯(위일착)이오 嬰孩勿訓(영해물훈)이 爲二悞(위이오)요 初迎新婦不行嚴訓(초영신부불행엄훈)이 爲三癡(위삼치)요 未語先笑(미어선소)ㅣ 爲四失(위사실)이오 不養父母(불양부모)ㅣ 爲五逆(위오역)이오 夜起赤身(야기적신)이 爲六不祥(위육불상)이오 好挽他弓(호만타궁)이 爲七奴(위칠노)요 愛騎他馬(애기타마)ㅣ 爲八賤(위팔천)이오 喫(끽)

直譯 무왕이 말하기를、『원컨대 다 이를 듣고자 하나이다』 하니、강태공이 대답하여 말하기를、『남자를 기르면서 가르치지 아니함이 첫째의 그르침이고、어린아이를 가르치지 아니함이 두째의 잘못이고、처음 맞이하는 새 며느리에게 엄한 훈계를 하지 아니함이 세째의 미련함이고、아직 말을 마치지 못하고 먼저 웃는 것이 네째의 실수요、부모를 봉양하지 아니함이 다섯째의 거역이고、밤에 벗은 몸으로 일어나는 것이 여섯째의 상서롭지 못함이고、남의 활 당기

他酒(타주)를 勸他人(권타인)이 爲九愚(위구우)요 喫他飯(끽타반)命朋友(명붕우)ㅣ 爲十強(위십강)이니다 武王(무왕)이 曰(왈)、甚美誠哉(심미성재)라 是言(시언)也(야)여

는 것을 좋아함이 일곱째의 종의 성격이고、남의 말 타기를 사랑하는 것이 여덟째의 천격이고、남의 술을 먹으며 타인에게 권하는 것이 아홉째의 어리석음이고、다른 사람의 밥을 먹으며 친구에게 명하는 것이 열째의 강한 것입니다』하였다。무왕이 말하였다。『심히 아름답고 진실되도다。이 말이여!』하였다。

語義 ○悉(실)—다。○嬰孩(영애)—어린아이。○赤身(적신)—발가벗은 몸。○挽(만)—당김。○騎(타)—말을 탐。○喫(끽)—먹음。○誠哉(성재)—진실하도다。

意譯 무왕이 또 물어 말했다。『원컨대 다 이를 듣고자 합니다』하니、강태공이 말했다。『남자를 기르면서 가르치지 않으면 첫째의 그르침이고、어린이를 가르치지 않으면 두째의 잘못이고、처음 맞은 새며느리에게 엄한 가르침을 행하지 않는 것은 세째의 바보고、말하기 전에 웃는 것은 네째의 실수고、부모를 봉양하지 않는 것은 다섯째의 거역이고、밤에 발가벗은 몸으로 일어나는 것은 여섯째의 상서롭지 못한 것이고、남의 활당기기 좋아하는 것은 일곱째의 노예로운 것이고、남의 말을 사랑하여 타는 것은 여덟째의 천격이고、남의 술을 마시며 타인에게 권하는 것은 아홉째의 어리석음이고、남의 밥을 먹으며 벗에게 명하는 것은 열째로 강한 것입니다』고。무왕이 말했다。『지극히 아름답고 성실하도다、이 말이여!』라고。

餘說 앞 대문의 계속이다。역시 문답형의 문장이다。

武王이 曰、

「願悉聞之하나이다」

太公이 曰、

「養男不教訓이 爲一錯이오
嬰孩勿訓이 爲二悞요
初迎新婦不行嚴訓이 爲三癡요
未語先笑ㅣ 爲四失이오
不養父母ㅣ 爲五逆이오
夜起赤身이 爲六不祥이오
好挽他弓이 爲七奴요
愛騎他馬ㅣ 爲八賤이오
喫他酒勸他人이 爲九愚요
喫他飯命朋友ㅣ 爲十強이니다」

武王이 曰、

「甚美誠哉라 是言也여」

이상 입교편을 마치자니 종래부터 행해지고 있는 초략본에는 있는데 이 책의 대본에는 없는 것이 있다。
다음에 소개하니 참고하기 바란다。

〔一一〕 三綱君爲臣綱父爲子綱夫爲婦綱

讀法 三綱(삼강)은 君爲臣綱(군위신강)하고 父爲子綱(부위자강)하고 夫爲婦綱(부위부강)이니라

直譯 세가지 벼리란 임금은 신하의 벼리가 되고、아버지는 자식의 벼리가 되고、남편은 아내의 벼리가 되는 것이다。

語義 ○三綱(삼강)—유교의 도덕에 있어서 세 가지 기본이 되는 벼리로 군신·부자·부부의 길。「綱」은 벼리로 벼리는 그물의 위쪽 코를 꿴 굵은 줄。전하여 사물을 총괄하여 규제하는 것。곧 도덕·법칙·규율 따위。예 紀綱·綱常。

意譯 세 가지 벼리란 임금은 신하의 벼리가 되고、아버지는 자식의 벼리가 되고、남편은 아내의 벼리가되는 것이다。

餘說 三綱과 五倫은 유교의 처지에서 君國主義의 기본윤리였다。이 덕목은 군이 국으로 바꾸어진다면 예와 크게 다를 바가 없으니 윤리관 확립에 참고로 하기 바란다。

治政篇(치정편) 第十三(제십삼) 凡八條(범팔조)

정사를 다스리는 데에 관한 글을 대개 八조목을 모은 편이다。

〔一〕明道先生曰一命之士苟存心於愛物於人必有所濟

讀法 明道先生(명도선생)이 曰(왈)、一命之士(일명지사)ㅣ 苟存心於(구존심어) 愛物(애물)이면 於人(어인)에 必有所濟(필유소제)니라

直譯 명도선생이 말하기를、『처음 벼슬하는 선비가 진실로 물건을 사랑하는 데에 마음이 있다면 남에게 반드시 쓰이는 바가 있다』 하였다。

語義 ○明道先生(명도선생)—송(宋)나라의 정호(程顥)。호는 명도이다。자는 백순(伯淳)、하남(河南) 낙양(洛陽)사람。정향(程珦)의 아들로 동생 정이(程頤)와 같이 염계(濂溪)선생에게 배워 대유(大儒)가 되었다。저서에 명도문집(明道文集) 五권과 개정대학(改正大學) 一편、정이와 합저인 이정유서(二程遺書) 二十八권、이정외서(二程外書) 十二권이 있다(서기 一〇三二—一〇八五)。○一命(일명)—처음 벼슬하는 일。○苟(구)—진실로。참으로。○濟(제)—여기서는 쓰임。사용됨。

意譯 정명도 선생이 말했다。『처음 벼슬하는 선비가 참으로 물건을 아끼는 마음이 있다면 남에게 반드시 쓰이는 바가 있을 것이다』라고。

餘說 이 대문은 가정법의 문장이다。해석에 있어 「必有所濟」를 「반드시 도움을 받는 바가 있느니라」로 또는 「반드시 유익한 일이 있을 것이다」 등으로 되어 있는 초략본이 있으나、어딘지 모르게 핵심을 찌른 해석이라 볼 수 없다。처음 벼슬하는 선비고 보니 반드시 쓰이는 바가 있어야 하겠기에 이 책에서는 「반드시 쓰

이는 바가 있을 것이다」로 해석을 내렸다。

현토에 있어서는 「一命之士ㅣ」로 「ㅣ」토를 붙인 책과 생략한 책이 있으나 관례에 따라 「ㅣ」토를 붙이기로 했다。

〔二〕唐太宗御製上有麾之中有乘之下有附之幣帛衣之倉廩食之爾俸爾祿民膏民脂下民易虐上蒼難欺

直譯 당나라 태종이 지은 글에, 『위에는 이를 지휘하는 이가 있고, 중간에는 이를 다스리는 이가 있고, 아래에는 이를 따르는 이가 있어서, 예물로 받은 비단은 이를 입고, 창고에 있는 것은 이를 먹으니, 너희들이 받는 녹봉이, 백성들의 기름과 비계다。 아래에 있는 백성들은 학대하기 쉽지만 위에 있는 푸른 하늘은 속이기 어렵다』 하였다。

讀法 唐太宗御製(당태종어제)、에 上有麾之(상유휘지)、하고 中有乘之(중유승지)、하고 下有附之(하유부지)。하여 幣帛衣之(폐백의지)、요 倉廩食之(창름식지)。하니 爾俸爾祿(이봉이록)、이 民膏民脂(민고민지)。니라 下民(하민)은 易虐(이학)、이어니와 上蒼(상창)은 難欺(난기)。니라

語義 ○唐(당)—당나라。 ① 이연(李淵)이 수(隋)나라의 뒤를 이어 천하를 통일하고 서울을 장안(長安)에 둔 나라。 후량(後梁)에게 멸망 당하였음。 건국한지 二十주 二백九십년(六一八—九〇七)。 ② 이존욱(李存勖)이 후량의 뒤를 이어 세운 나라。 서울은 장안。 四주 십四년만에 후진(後晉)에게 멸망 당하였음。 후당(後唐)이라고도 함。(九二三—九三六)。 ③ 이변(李昪)이 세운 나라。 三주 三십九년만에 송(宋)나라에게 멸망 당하였음。 남당(南唐)이라고도 함。(九三七—九七五)。 ④ 제요(帝堯)의 조정을 도당(陶唐)이라 하고、 요순(堯舜) 양조(兩朝)를 당우(唐虞)라 함。 ○唐太宗(당태종)—고조(高祖)의 차자(次子)。 이름은 이세민(李世民)。 수나라 말년에 고조를 도와서 사방을 정복하고 천하를 통일하여 명주(明主)라 일컬음。 재위 二십三년。 고구려를 침입한 일이 있음。 ○麾之(휘지)—지휘함。 ○乘之(승지)—다스림。

〔詩、豳風、七月〕亟其乘屋。〔箋〕乘、治也。○附之(부지)—따름。○幣帛(폐백)—예물로 받은 비단。○衣之(의지)—입음。○倉廩(창름)—창고、곡간。○食之(식지)—먹음。○膏(고)—기름。○脂(고)—비계。○虐(학)—학대함。○蒼(창)—여기서는 푸른 하늘。하늘。○欺(기)—속임。

意譯 당나라 태종이 지은 글에、『위에는 지휘하는 이가 있고、중간에는 이를 받들어 다스리는 이가 있고、아래에는 이에 따르는 이가 있어서 예물로 받은 비단을 입고、창고의 곡식을 먹으니、너희들이 받는 봉급은 모두 백성들의 기름과 비계이다。아래에 있는 백성은 학대하기 쉽지만、위에 있는 하늘은 속이기 어렵다』하였다。

餘說 이 대문은 사언시의 운문으로 되어 있다。

唐太宗御製、에

上有麾之、하고 中有乘之、하고 下有附之。하여 〔起〕

幣帛衣之、요 倉廩食之。하니 〔承〕

爾俸爾祿、이 民膏民脂。니라 〔轉〕

下民은 易虐、이어니와 上蒼은 難欺。니라 〔結〕

「之・之・脂・欺」는 압운자다。

〔三〕童蒙訓曰當官之法唯有三事曰淸曰愼曰勤知此三者則知所以持身矣

讀法 동몽훈 왈 당관지법 유유삼사
童蒙訓에 曰、當官之法、에 唯有三事、하니

直譯 동몽훈에 말하기를、『벼슬을 감당하는 방법에 오직 세 가지가 있나니 말하자면 청백한 것이고、말

曰(왈)清(청)、이오 曰(왈)愼(신)、이오 曰(왈)勤(근)。이라 知(지)此(차)三(삼)者(자)ㅣ則(즉)
知(지)所(소)以(이)持(지)身(신)矣(의)。리라

하자면 근신하는 것이고、말하자면 부지런한 것이다。이 세 가지 것을 알면 몸을 가질 바를 알 것이다』하였다。

語義 ○童蒙訓(동몽훈)—송(宋)나라 여본중(呂本中 : 一〇七一—一一三八)이 지은 어린아이 교육에 필요한 책。○當官(당관)—벼슬을 감당함。○清(청)—청백함。○愼(신)—근신함。삼감。○勤(근)—근면함。부지런함。○所以(소이)—하는 바。소행。이유。까닭。○持身矣(지신의)—몸 가질 바를 앎。

意譯 동몽훈에 말했다。『벼슬을 감당하는 방법에 오직 세 가지가 있나니、첫째 청백한 것과 두째 근신하는 것과 세째 근면한 것이다。이 세 가지를 알면 몸 가질 줄을 안다고 할 것이다』고。

餘說 童蒙訓에 曰、當官之法、에 唯有三事ㅣ하니

〔曰清、이오
曰愼、이오 —知此三者ㅣ則 知所以持身矣。리라
曰勤。이라〕

이상과 같이 분석된다。

「知此三者ㅣ則知所以持身矣。」 초략본에는 「則」자가 없으나 이 책의 대본에는 있기에 이에 따랐다。

〔四〕童蒙訓曰〔當官者必以暴怒爲戒事有不可當詳處之必無不中若先暴怒只能自害豈能害人〕

讀法 동몽훈 童蒙訓에 왈 曰、당관자 當官者、는 필이폭노위 必以暴怒爲 —

直譯 동몽훈에 말하기를、『벼슬을 감당하는 사람은 반드시 이로써 격노함을 경계하여 일이 옳지 않음이

戒、하여 事有不可、어든 當詳處之、면 必無不中、이어니와 若先暴怒、면 只能自害。니 豈能害人。이리오

있거든 마땅히 자세하게 이를 처리하면 반드시 맞지 아니하는 것이 없거니와、만약 먼저 격노하면 오직 능히 자신을 해칠 뿐이니、어찌 남을 해롭게 하겠는가?』 하였다。

語義 ○暴怒(폭노)―激怒(격노)。몹시 골을 냄。○只能自害(지능자해)―다만 능히 스스로를 해칠 뿐이다。○豈能害人(기능해인)―어찌 능히 남을 해치겠는가?(해칠 수 없다)

意譯 동몽훈에 말했다。『벼슬을 하는 사람은 반드시 몹시 골을 내는 것을 경계하여 일이 옳지 않거든 마땅히 자세하게 이를 처리하면 반드시 맞지 아니함이 없거니와 만약 먼저 몹시 골을 내면 다만 능히 자신을 해칠 뿐이다。어찌 능히 남을 해치랴?』고。

餘說 앞 대문의 계속이다。

「必不無中」으로 되어 있는 초략본도 있으나 이는 「必無不中」이라야 옳다고 본다。또 「若能自害」라고 되어 있으나 이도 「只能自害」라야 옳다。

〔五〕童蒙訓曰「事君如事親事官長如事兄與同僚如家人待羣吏如奴僕愛百姓如妻子處官事如家事然後能盡吾之心如有毫末不至皆吾心有所未盡也」

讀法 童蒙訓에 曰、事君을 如事親、하며 事官長을 如事兄、하며 與同僚를 如家人、하며 待

直譯 동몽훈에 말하기를、『임금 섬기기를 부모 섬기는 것과 같이 하며、윗 관리 섬기기를 형 섬기는 것과 같이 하며、동료 위하기를 자기 집 사람과 같이

羣吏(군리)를 如奴僕(여노복)하며 愛百姓(애백성)을 如妻子(여처자)하며
處官事(처관사)를 如家事(여가사)然後(연후)에야 能盡吾之心(능진오지심)이니
如有毫末不至(여유호말부지)면 皆吾心(개오심)에 有所未盡也(유소미진야)니라

하며, 여러 아전을 대접하기를 종과 같이 하며, 백성 사랑하기를 처자와 같이 하며, 관청 일 처리하기를 자기 집 일같이 한 뒤라야 능히 내 마음을 다할 것이니, 만일 털끝만큼이라도 이르지 못함이 있다면 모두 내 마음에 아직 다하지 못한 바가 있다』 하였다.

語義 ○與同僚(여동료)—같은 직장에서 지위가 비슷한 사람끼리 서로 위하는 것. ○羣吏(군리)—여러 아전. ○奴僕(노복)—사내종. ○毫末(호말)—터럭 끝. 전하여 아주 작거나 적은 것. 또 근소. 약간.

意譯 여씨 동몽훈에 말했다. 『임금을 섬기기를 부모 섬기는 것과 같이 하며, 윗 관리 섬기기를 형님과 같이 하며, 동료끼리 위하기를 내집 사람과 같이 하며, 여러 아전 대접하기를 내집 남자 종같이 하며, 백성 사랑하기를 내 처자같이 하며, 관청 일 처리하기를 내집 일 처리하는 것같이 한 뒤에야 능히 내 마음을 다할 것이니, 만일 털끝만치라도 다하지 못한 것이 있으면 모두 내 마음에 미진한 것이 있기 때문이다』고.

餘說 이 대문도 앞 대문의 계속이다.

童蒙訓에 曰,

事君을 如事親하며
事官長을 如事兄하며
與同僚를 如家人하며
待羣吏를 如奴僕하며
愛百姓을 如妻子하며
處官事를 如家事하며,

然後에야 能盡吾之心이니 如有毫末不至면 皆吾心에 有所未盡也니라

이상과 같이 분석된다. 이에 따라 현토가 되어서 상위된 것을 검토하여 타당성 여부를 판단하기 바란다.

〔六〕或問簿佐令者也簿所欲爲令或不從奈何伊川先生曰當以誠意動之今令與簿不和只是爭私意令是邑之長若能以事父兄之道事之過則歸己善則唯恐不歸於令積此誠意豈有不動得人

讀法 或問、簿는 佐令者也니 簿所欲爲를 令或不從이면 奈何오 伊川先生曰、當以誠意動之니라 今令與簿ㅣ不和는 只是爭私意요 令은 是邑之長이니 若能以事父兄之道로 事之하여 過則歸己하고 善則唯恐不歸於令하여 積此誠意면 豈有不動得人이리오

直譯 어떤 사람이 묻기를, 『부는 영을 돕는 사람이니, 부가 하고자 하는 바를 영이 혹 좇지 아니한다면 어찌하여야 합니까?』 하였다. 이천선생이 말하기를, 『마땅히 성의로써 이를 감동시킬 것이다. 지금 영과 부가 화합하지 못한 것은 다름이 아니고 다만 곧 사사로운 마음으로 다투는 것이고, 영은 곧 읍의 장이니 만약 능히 부형을 섬기는 도리로써 이를 섬겨서 허물인즉 자기에게 돌아오게 하고 착한 일인즉 오직 영에게 돌아가지 아니할까 두려워하여 이 성의를 쌓으면 어찌 사람에게 사랑을 받고 감동하지 않겠는가?』 하였다.

語義 ○或(혹)—여기서는 어떤 사람. ○簿(부)—「令」다음 가는 벼슬아치. 〔正字通〕 簿, 領也. 〔荀子, 正名〕 五官簿之而不知. ○令(영)—읍의 장. 「簿」의 위에 해당하는 벼슬아치. ○所欲爲(소욕위)—하고자 하는 바. ○奈何(내하)

—어찌할 것인가? ○伊川先生(이천선생)—성은 정(程)、이름은 이(頤)이다。송나라의 대유(大儒)。명도 선생(明道先生) 곧 호(顥)의 아우。주염계(周濂溪)의 제자임。저서에는 역전(易傳) 四권。이천문집(伊川文集) 八권。경설(經說) 八권。이정전서(二程全書)가 있다。(서기 一〇三三—一一〇七) ○誠意(성의)—정성스러운 마음。○只是(지시)—다만 이것임。다름이 아니고 이것일 뿐。○私意(사의)—사사로운 뜻。○唯恐(유공)—오직 …할까 두려움。○得人(득인)—남에게 사랑을 받음。

意譯 어떤 사람이 정이천선생에게 물었다。『부라는 것은 영을 돕는 것인데 부가 하고자 하는 바를 영이 혹 듣지 않는다면 어떻게 합니까?』하니、정이천선생이 대답하여 말했다。『마땅히 성의로 영을 감동시킬 것이다。지금 영이 부와 서로 맞지 않는 것은 다름이 아니고 사사로운 마음으로 다투는 것인데 영은 한 고을의 어른이니 부는 부형을 섬기는 도리로 섬겨서 만일 잘못이 있으면 이것은 자기가 잘못한 것으로 만들고 잘한 것이 있으면 그것은 영에게로 돌아가지 않을까 염려하여 영에게 돌려서 이같은 성의를 쌓고 보면 어찌 남에게서 사랑을 받고 감동하지 않을 수가 있겠는가?』고。

餘說 송나라의 대유인 정이천선생에게 어떤 사람이 「簿」와 「令」의 불화에 대한 질문에 선생의 대답을 적은 대문이다。어떤 초략본에는 「簿」가 「令」의 하위자의 관리임을 모르고 공문(公文)으로 해석한 책이 있다。또 초략본의 거의가 「只是」가 「便是」로 되어 있다。이 책은 대본에 있는대로 「只是」에 따랐다。

〔七〕劉安禮問臨民明道先生曰使民各得輸其情問御吏曰正己以格物

讀法 劉安禮(유안례)ㅣ問臨民(문임민)한데 明道先生(명도선생)이 曰(왈)、使(사)

直譯 유안례가 백성 다스리는 것을 물었는데、정명도선생이 말하기를、『백성으로 하여금 각각 그 생각

民으로 各得輸其情이니라 問御吏한대 曰、正己以格物이니라
(민 각득수기정 문어리 왈정 기이격물)

하는 것을 아뢸 수 있게 하는 것이다』하였다。 또 아전을 거느리는 것을 물었는데、 말하기를、『자기 몸을 바르게 하고 이로써 모든 물건을 바로잡을 것이다』 하였다。

語義 ○劉安禮(유안례)—북송(北宋) 때 사람으로 자는 원소(元素)다。 형 안절(安節)에게서 학문을 배우고 많은 책을 읽었다 함。 ○臨民(임민)—백성을 다스림。 여기서 「臨」은 治의 뜻임。 ○得(득)—여기서 「得」은 能의 뜻으로 할 수 있음 임。 ○輸(수)—여기서는 아뢴다는 뜻임。 ○其情(기정)—그 생각。 ○御吏(어리)—아전을 거느림。 ○格物(격물)—주자학에서는 사물의 이치를 연구함。 양명학에서는 사물에 의지가 있다고 보아 그에 의해서 마음을 바로 잡음。

意譯 유안례가 정명도선생에게 백성을 다스리는 법을 물었는데、 정명도 선생이 이 물음에 대답하여 말했다。『백성으로 하여금 각자가 생각하는 바를 아뢸 수 있게 할 것이다』고。 또 아전 거느리는 법을 물었는데、 이에 대답하여 말했다。『먼저 자기 몸을 바르게 함으로써 모든 물건을 바로잡게 할 것이다』고。

餘說 이 대문은 생략된 부분이 있다。

劉安禮ㅣ 問臨民한대

明道先生이 曰、「使民으로 各得輸其情이니라」

〔又〕問御吏한대

〔又〕曰、「正己以格物이니라」

이상과 같은 문장으로 〔又〕가 각각 생략되어 있다。 첫번째는 劉安禮ㅣ〔又〕요、 두번째는 明道先生이 〔又〕로 이들을 보충하면 뜻이 더 확실해진다。 그리고 이 대문에 나오는 한자 가운데는 해당되는 훈을 찾기 다소 어려운 것이 있다。 어의를 다시 한 번 살펴보기 바란다。

〔八〕 抱朴子云迎斧鉞而正諫據鼎鑊而盡言此謂忠臣也

讀法 抱朴子에 云, 迎斧鉞而正諫, 하며 據鼎鑊而盡言, 이면 此謂忠臣也니라
(포박자 운영부월이정간 거정확이진언 차위충신야)

直譯 포박자에 이르기를, 『형벌을 맞더라도 곧게 임금의 잘못을 말하며, 큰 가마솥에 삶아죽이는 형에 처하는 일을 당하더라도 꺼리지 않고 말을 다하면 이것을 충신이라 이른다』 하였다。

語義 ○抱朴子(포박자)—진(晉)나라 갈홍(葛洪)이 지은 책。 내외 二편으로 되었음。 내편은 신선수련(神仙修鍊)의 일, 외편은 시세(時世)의 득실과 인사의 시비 등을 논하여 있다。 ○斧鉞(부월)—① 작은 도끼와 큰 도끼。 옛날 형벌에 쓰이던 도끼임。 전하여 정벌(征伐)。 ② 형벌。 ○正諫(정간)—곧게 임금의 잘못됨을 말함。 ○據(거)—처함。 處也。 ○鼎鑊(정확)—「鼎」은 세발의 깊은 솥이고, 「鑊」은 크고 발이 없는 솥。 큰 가마솥。 옛날에는 고기를 삶는 데 쓰이다가 뒤에 사람을 형벌하는 기구로 삼음。 ○盡言(진언)—꺼리지 않고 말을 다함。 자세히 빼지 않고 다 말함。

意譯 포박자에 말했다。 『형벌을 맞아 죽는 일이 있더라도 곧게 임금의 잘못을 간할 것이며, 큰 가마솥에 삶아 죽이는 형벌에 처함을 당하더라도 꺼리지 않고 할 말을 다하면 이것을 충성스런 신하라 이를 것이다』고。

餘說 이 대문을 분석하면 다음과 같다。

抱朴子ㅣ 曰, [迎斧鉞而正諫, 하며 / 據鼎鑊而盡言, 이면] 此謂忠臣也니라

「正諫」이 이 책의 대본에는 「政諫」으로 되어 있다。

治家篇 第十四 凡八條

(치가편 제십사 범팔조)

이 편은 집을 다스리는 데에 관한 글을 모은 편으로 명심보감의 제十四 편이다. 대개 八 조목으로 되어 있다.

〔一〕司馬溫公曰凡諸卑幼事無大小毋得專行必咨稟於家長

讀法 사마온공 왈 범제비유 사무대소 무득전행 필자품어가장

司馬溫公이 曰、凡諸卑幼、는 事無大小、히 毋得專行、하고 必咨稟於家長。이니라

直譯 사마온공이 말하기를, 『무릇 모든 어린이는 일의 크고 작은 것 할 것 없이 제멋대로 행하지 말고 반드시 집어른에게 물어서 해야 한다』 하였다.

語義 ○凡(범)—무릇. 대저. 대략. 대개. ○卑幼(비유)—항렬이 낮거나 나이가 어린 사람. ○毋(무)—없음. 말음. 금지의 말. ○專行(전행)—제 마음대로 함. ○咨稟(자품)—여쭘.

意譯 사마천이 말했다. 『무릇 모든 나이가 어린이는 일의 대소를 가릴 것 없이 제 마음대로 하지 말고 반드시 집어른에게 여쭈어서 해야 할 것이다』고.

餘說 다음과 같이 끊고 묶어보면 직역하기가 쉽다.

司馬溫公이 曰、

凡諸卑幼、는 事無大小、히

〔毋得專行、하고

〔必咨稟於家長。이니라

〔二〕 待客不得不豐治家不得不儉

讀法 待客(대객)엔 不得不豐(부득불풍)。이오 治家(치가)엔 不得不儉(부득불검)。이니라

直譯 손님을 대접하는 데에는 넉넉하게 하지 않을 수 없을 것이고、집을 다스리는 데에는 검약하지 않을 수 없을 것이다。

語義 ○不得(부득)—할 수 없음。○豐(풍)—넉넉함。○儉(검)—검약。

意譯 손님을 대접하는 데는 넉넉히 해야 하고、집을 다스리는 데는 검약해야 한다。

餘說 이 대문은 상등 대립구의 문장이다。

待客엔 不得不豐。이오
治家엔 不得不儉。이니라

〔三〕 太公曰癡人畏婦賢女敬夫

讀法 太公(태공)이 曰(왈)、癡人(치인)은 畏婦(외부)、하고 賢女(현녀)는 敬夫(경부)。니라

直譯 강태공이 말하기를、『어리석은 사람은 아내를 두려워하고、어진 여자는 남편을 공경한다』하였다。

語義 ○癡人(치인)—어리석은 사람。똑똑치 못한 사람。○畏婦(외부)—자기 부인을 두려워 함。아내를 무서워 함。○賢女(현녀)—어진 여자。슬기로운 아내。○敬夫(경부)—남편을 공경함。남편을 잘 섬김。

意譯 강태공이 말했다。『어리석은 남편은 자기 아내를 두려워하고、어진 아내는 자기 남편을 공경한다』고。

餘說 太公이 曰、

癡 人은 畏∨婦、하고
賢 女는 敬∨夫。니라

이상과 같이 불상등 대립구의 문장으로 분석된다。「癡人」과 「賢女」、「畏∨婦」와 「敬∨夫」의 각각 반대어로 대립되어 있다。누차 말하거니와 한문에서는 대립구를 먼저 찾아내어 문장을 분석해 보는 습관을 붙여야 한문 해석의 실력이 진전될 것이다。

〔四〕 凡使奴僕先念飢寒

讀法 凡범使사㆓奴노僕복㆒엔 先선念념㆓飢기寒한㆒이니라

直譯 무릇 종을 부리는 데는 먼저 배고픈 것과 추운 것을 생각할 것이다。

語義 ○飢寒(기한)—굶주리고 추운 것。배고프고 추운 것。

意譯 대체로 보아 종을 부리는 데는 부리기에 앞서 그 종이 배고프지나 않은가 춥지나 않은가를 알아보아야 한다。

餘說 강태공의 말의 계속이다。「凡使㆓奴僕㆒에」로 「에」토를 달고 있는 초략본이 대부분이나 이 책에서는 「엔」토를 달아보았다。각자 검토하여 보면 조금 낫다고 느껴질 것이다。

〔五〕 子孝雙親樂家和萬事成

讀法 자효쌍친락 가화만사성
子孝雙親樂、이오 家和萬事成。이니라

直譯 자식이 효도하면 양친은 즐거워 할 것이고, 집안이 화목하면 모든 일이 이루어질 것이다。

語義 ○雙親(쌍친)―양친(兩親)。부모。○家和(가화)―집안이 화목함。

意譯 자식이 효도를 하면 부모는 즐거워하고, 집안이 화목하면 모든 일이 이루어질 것이다。

餘說 이 대문도 앞 대문의 계속으로 강태공의 말이다。

〔子孝雙親樂、이오
〔家和萬事成。이니라

이상과 같이 상등 대립구의 대문이다。 이를、

〔子孝면 雙親樂、이오
〔家和면 萬事成。이니라

로 「子孝면」·「家和면」으로 「면」 토를 달아도 좋다。 오히려 바람직한 것이다。 관례에 따라 이 책에서는 이를 생략하였다。

〔六〕 景行錄云觀朝夕之早晏可以卜人家之興替

讀法 경행록 운관조석지조안 가이 복인가지흥체
景行錄에 云、觀朝夕之早晏、하여 可以卜人家之興替。니라

直譯 경행록에 이르기를, 『아침과 저녁의 이르고 늦음을 봄으로써 사람의 집이 흥하고 쇠할 것을 점칠 수 있다』 하였다。

語義 ○早晏(조안)―이름과 늦음。早晚。○卜(복)―점침。길흉 화복을 판단함。○興替(흥체)―성하고 쇠함。盛衰。

意譯 경행록에 말했다. 『아침 저녁의 조만(早晩)을 봄으로써 사람의 집의 성쇠를 판단할 수 있다』고.

餘說 景行錄에 云、

可以 觀朝夕之早晏하여 卜人家之興替니라

이상과 같이 분석된다. 「觀」으로 보고 「卜」으로 판단한다. 무엇을 … 곧 「人家」의 「朝夕」의 「早」를 「興」으로, 「晏」을 「替」로 판단한다는 것이다. 즉 사람의 집의 조석의 이름을 흥하는 것으로 늦음을 쇠하는 것으로 판단하되 그 집의 늦고 이름을 보고 이것으로써 판단한다는 것이니 우리들은 모름지기 밤에 일찍 자고 아침에 일찍 일어나야겠다.

〔七〕 文仲子曰婚娶而論財夷虜之道也

讀法 文仲子(문중자)ㅣ 曰(왈)、婚娶(혼취)而(이)論財(논재)는 夷虜(이로)之(지)道(도)也(야)니라

直譯 문중자가 말하기를, 『시집가고 장가드는데 재물을 말하는 것은 오랑캐의 일이다』 하였다.

語義 ○文仲子(문중자)―중국 수(隋)나라의 학자. 성은 왕(王), 이름은 통(通), 자는 중엄(仲淹), 하동(河東)의 용문(龍門) 사람. 재주가 많고 똑똑하여서 인수(仁壽) 三년에 처음으로 벼슬하여 태평책(太平策)을 말함. 문중자(文仲子)는 그가 죽은 뒤에 제자들이 부른 사사로운 시호. 시호는 원래 국가에서 주는 것임. 「文仲子」를 책에 따라서는 「文中子」로 적혀 있음. 또는 책이름. 十권. 구본에는 수의 왕통 찬이라 제함. 문인과의 대문(對問)의 서로 설수(薛收)·조의(姚義)가 집록한 것이라 함. 사고제요(四庫提要)에 의하면 통의 아들 복교(福郊)·복시(福時) 등의 찬술이라고도 함. 일설에는 가탁의 서로 후세의 위서라고 함. 이 책은 논어를 모의해서 지은 것으로 또 중설(中說)이라고 함. 그 목차

는 왕도(王道)·천지(天地)·사군(事君)·주공(周公)·문역(問易)·예악(禮樂)·술사(述史)·위상(魏相)·입명(立命)·관랑(關朗)의 十편。사고제요 자 유가류(四庫提要、子、儒家類)·육자전집(六子全集) 제十 책·십자전서(十子全書) 제三十二책·한위총서(漢魏叢書) 제四十五 책·백자전서(百子全書) 제十六 책·사부총간(四部叢刊) 제三百三十九 책。(서기 五八四—六一七)。○婚娶(혼취)—시집가고 장가 듦。○論財(논재)—재물이 많고 적음이라든가 지참금(持參金)이 있고 없고 많고 적고 등을 말함。○夷虜(이로)—오랑캐。「虜」는 오랑캐의 뜻 이외에 사로잡음의 뜻도 있음。또 「虜」는 화외인(化外人) 곧 야만인。

意譯 문중자가 말했다。『시집가고 장가드는 데 재물을 말하는 것은 오랑캐의 하는 일이다』라고。

餘說 오늘날과 같이 황금만능(黃金萬能)의 시대에 좋은 경종(警鐘)의 一구가 아닐 수 없다。 대재벌의 딸이니 아들이니 또는 모회사의 사장의 아들이니 딸이니 하며 침을 흘리고 있는 족속들이여 「夷虜之道」를 흠선(欽羨)하지 마소서。

〔八〕 時時防火發夜夜備賊來

讀法 시시방화발　야야비적래
時時防火發하고 夜夜備賊來하라

直譯 때때로 불이 날까 예방하고、밤마다 도둑이 올까 방비하라。

語義 ○時時(시시)—때때로。○火發(화발)—불이 남。○夜夜(야야)—밤마다。○賊來(적래)—도둑이 옴。도둑이 듦。

意譯 때때로 불이 날까 예방하고、밤마다 도둑이 들까 예방하라。

餘說 이 대문도 강태공(姜太公)의 말이다。

時時 防火發하고
夜夜 備賊來하라

이상도 상등 대립구의 대문이다。 토에 있어 끝에 「니라」로 한 책이 대부분이다。 그러나 경계구이므로 명령형의 현토를 하는 것이 타당하다고 사료되어 「하라」 토를 달았다。 각자 검토하여 보기 바란다。

安義篇第十五 凡三條

이 편은 의에 안주(安住)하는 데 관한 글을 모은 것으로 명심보감의 열 다섯째 편이며 대개 三조목으로 되어 있다。

〔一〕顏氏家訓曰夫有人民而後有夫婦有夫婦而後有父子有父子而後有兄第一家之親此三者而已矣自玆以往至于九族皆本於三親焉故於人倫爲重者也不可不篤

讀法 顏氏家訓에 曰、夫、有二人民一而後에 有二夫婦一하고 有二夫婦一而後에 有二父子一하고 有二父子一、而後에 有二兄弟一。하니 一家之親、은 此三者而已矣。요 自玆以往、으로 至レ于二九族一、히 皆本レ於二三親一焉。이라 故로 於二人倫一에 爲二重者一也。니 不レ可レ不レ篤。이니라

直譯 안씨가훈에 말하기를、『대개 백성이 있은 뒤에 남편과 아내가 있고、남편과 아내가 있은 뒤에 아버지와 자식이 있고、아버지와 자식이 있은 뒤에 형과 아우가 있나니、한 집안의 겨레는 이 세 가지 뿐이고、이것으로써 나아가 구족에 이르기까지 다 세 가지 겨레가 근본이 된다。그러므로 인륜에 있어서 중요한 것이 되나니、두터이 아니할 수 없다』하였다。

語義 ○顏氏家訓(안씨가훈)—중국 북제(北齊) 때 안지추(顏之推)란 사람이 펴낸 책。二권。자손에게 주는 훈계의 책으로서 입신(立身)·치가(治家)의 법을 말하고 또 자획(字畫)·자훈(字訓)·전고(典故)·문예(文藝) 등에 논급함。○一

家之親(일가지친)—한 집안의 겨레. 집안의 일가. ○三者(삼자)—삼친(三親)을 말함. ○而已(이이)—뿐임. 일 따름. ○矣(의)—여기서는 구(句)의 끝에 쓰이는 단정의 종결 조사. ○自茲以往(자자이왕)—이로부터 나아감으로써. ○九族(구족)—고조(高祖)·증조(曾祖)·조(祖)·부(父)·자기·아들·손자·증손·현손(玄孫)의 九 계층을 말함. ○三親(삼친)—부모·부부·형제. 또는 부족·모족·처족. ○焉(언)—여기서는 지정의 뜻을 나타내는 종결 조사. ○不可不(불가불)—아니할 수 없음. ○篤(독)—도타움. 인정이 많음. 돈독(敦篤)히 함. 두터움.

意譯 안씨가훈에 말했다. 『대개 백성이 있은 뒤에 부부가 있고, 부부가 있은 뒤에 부자가 있고, 부자가 있은 뒤에 형제가 있나니, 한 집안의 친족이 이 삼친일 뿐이다. 이로부터 나아감으로써 구족에 이르기까지 모두 이 삼친이 근본이 된다. 그러므로 인륜에 있어 가장 소중한 것이니 돈독히 아니할 수 없다』고.

餘說 顔氏家訓에 曰、

夫、 有人民而後에 有夫婦하고
有夫婦而後에 有父子하고
有父子而後에 有兄弟하니
一家之親은 此三者而已矣요

自茲以往으로
至于九族히
皆本於三親焉이라 故로 於人倫에 爲重者也니 不可不篤이니라

이상과 같이 이 대문을 분석해 보았다. 즉

有夫婦하고
有父子하고
有兄弟하니
一家之親은 此三者而已矣요

바꿔 말하면 「一家之親」은 「夫婦·父子·兄弟」의 이 세 가지 뿐이다라고 전제하고, 다음에

〔自玆以往으로 至于九族히〕皆本於三親焉이라

이 세 가지로부터 나아감으로써 「九族」에 이르기까지 모두가 앞서 말한 「夫婦·父子·兄弟」의 「三親」에 근본하는 것이다 하였다.

그러므로

於人倫에 爲重者也니 不可不篤이니라

「人倫」에 있어서 이 「三親」은 가장 소중한 것이니 돈독히 아니할 수 없다라고 맺고 있다.

〔二〕莊子云兄弟爲手足夫婦爲衣服衣服破時更得新手足斷時難可續

讀法 莊子(장자)ㅣ 云(운), 兄弟(형제)는 爲(위)手足(수족)이오 夫婦(부부)는 爲(위)衣服(의복)이니 衣服破時(의복파시)엔 更得新(갱득신)이어니와 手足(수족)斷時(단시)엔 難可續(난가속)이니라

直譯 장자가 이르기를, 『형제는 수족이라고 생각하고, 부부는 의복이라고 생각하나니, 의복이 찢어졌을 때에는 다시 새 것을 입을 수 있겠거니와 수족이 끊어졌을 때에는 이을 수가 어렵다』 하였다.

語義 ○爲(위)―여기서는 …라고 생각함. 여김. 간주함.

意譯 장자가 말했다. 『형제간 끼리는 서로를 수족과 같이 생각할 것이고, 부부간 끼리는 의복과 같이 생각할 것이다. 의복이 찢어졌을 때에는 다시 새 것을 갈아 입을 수 있지만 수족이 한 번 끊어졌을 때에는 다시 잇기는 어렵다』고.

餘說 이 대문을 분석하면 다음과 같다.

莊子ㅣ云、(장자에 보이지 않으므로 책으로 보지 않고 사람으로 보았다。)

〔兄弟爲手足。〕〔手足斷時、難可續。〕…(兄弟의 경우)
〔夫婦爲衣服。〕〔衣服破時、更得新。〕…(夫婦의 경우)

〔三〕 蘇東坡云富不親兮貧不疎此是人間大丈夫富則進兮貧則退此是人間眞小輩

讀法 蘇東坡(소동파)ㅣ 云(운)、富不親兮貧不疎(부불친혜빈불소)、는 此是(차시) 人間大丈夫(인간대장부)。요 富則進兮貧則退(부즉진혜빈즉퇴)、는 此是(차시) 人間眞小輩(인간진소배)。니라

直譯 소동파가 이르기를、『부하다고 친하게 하지 않고 가난하다고 멀리 않는 것은 이는 바로 세상의 대장부고、부하면 가까이 하고 가난하면 멀리 하는 것은 이는 바로 세상의 진정한 소인배다』하였다。

語義 ○兮(혜)—조사。운문의 어구 중간 또는 끝에 붙여 일시 어세를 조정하여 다시 발양하는 데 쓰임。○是(시)—여기서는 바로。대개。○人間(인간)—세상。속세。○大丈夫(대장부)—사내답고 씩씩한 남자。지조가 굳어 불의에 굽히지 않는 남자。○進(진)—다아듦。가까이 함。○退(퇴)—물러감。멀리함。○眞小輩(진소배)—진짜 소인의 동아리。

意譯 소동파가 말했다。『넉넉하다고 친하게 하지 않고、가난하다고 멀리 않는 것은 이는 대개 세상의 대장부이고、넉넉하다고 가까이 하고 가난하다고 멀리 하는 것은 이는 대개 진짜 소인의 동아리이다』고。

餘說 이 대문을 분석하면 다음과 같다。蘇東坡ㅣ云、

富不親兮貧不疎는……(反對)
此是人間大丈夫요
富則進兮貧則退는……(反對)
此是人間眞小輩니라

이 대문 중에 있는 「人間」의 뜻은 본디 「人間界」곧 「世上」·「俗世」의 뜻인데 일본인(日本人)들이 사람의 뜻으로 쓰고 있는 것을 비판없이 받아들인 데서 잘못 씌어지고 있다. 여기에서는 물론 사람의 뜻은 아니다.

遵禮篇(준례편) 第十六(제십륙) 凡七條(범칠조)

이 편은 예의를 좇는 데 관한 글을 모은 것으로 명심보감의 열 여섯째로 대개 七 조목으로 되어 있다.

〔一〕子曰居家有禮故長幼辨閨門有禮故三族和朝廷有禮故官爵序田獵有禮故戎事閑軍旅有禮故武功成

讀法 子(자)ㅣ 曰(왈)、居家(거가) 有禮(유례)、故(고)로 長幼(장유) 辨(변)。하고 閨門(규문) 有禮(유례)、故(고)로 三族(삼족) 和(화)。하고 朝廷(조정) 有禮(유례)、故(고)로 官爵(관작) 序(서)。하고 田獵(전렵) 有禮(유례)、故(고)로 戎事(융사) 閑(한)。하고 軍旅(군려) 有禮(유례)、故(고)로 武功(무공) 成(성)。이니라

直譯 공자께서 말씀하시기를, 『집안에 거처하면서 예가 있으므로 어른과 어린이의 분별이 있고, 가정 안에 예의가 있으므로 부부·부자·형제 간 곧 삼족이 화목하고, 조정에 예의가 있으므로 관직과 작위에 차서가 있고, 사냥에 예의가 있으므로 전쟁에 관한 일에 숙습(熟習)할 수가 있고, 군대에 예의가 있으므로 전공(戰功)을 이룰 수가 있다』 하셨다.

語義 ○居家(거가)—집에 있음. 집안에 거처함. ○辨(변)—분별함. ○閨門(규문)—가정 안. 딴 뜻으로는 침실의 입구. 전하여 침실 안. ○三族(삼족)—부부·부자·형제. ○朝廷(조정)—나라의 정치를 의논하고 집행하는 곳. ○官爵(관작)—관직과 작위. ○序(서)—차서. ○田獵(전렵)—사냥. 「田」에도 사냥한다는 뜻이 있음. ○戎事(융사)—전쟁에 관한 일. ○閑(한)—익숙함. 숙습(熟習)함. ○軍旅(군려)—군대. ○武功(무공)—전쟁의 공.

意譯 공자께서 말씀하셨다. 『한 집안에 거처함에 예의가 있기 때문에 어른과 어린이의 분별이 있고, 가정안에 예의가 있기 때문에 삼족(三族)이 화목하고, 조정에 예의가 있기 때문에 관직과 작위에 차서가 있고, 사냥에 예의가 있기 때문에 전쟁에 관한 일을 익힐 수 있고, 군대에 예의가 있기 때문에 무공을 세울 수가 있다』고.

餘說 子ㅣ曰、

居家有禮、故로 長幼辨。하고
閨門有禮、故로 三族和。하고
朝廷有禮、故로 官爵序。하고
田獵有禮、故로 戎事閑。하고
軍旅有禮、故로 武功成。이니라

이상과 같이 「居家·閨門·朝廷·田獵·軍旅 등에 「有禮」면 차례대로 「長幼辨·三族和·官爵序·戎事閑·武功成」한다는 것으로 분석된다. 지당한 말씀이다.

〔二〕 子曰君子有勇而無禮爲亂小人有勇而無禮爲盜

讀法 子ㅣ曰、君子ㅣ有勇而無禮、면 爲亂。하고
小人이 有勇而無禮、면 爲盜。니라

直譯 공자께서 말씀하시기를, 『군자가 용기가 있고서 예의가 없으면 반란을 하고, 소인이 용기가 있고서 예의가 없으면 도둑질 한다』 하셨다.

語義 ○君子(군자)—① 심성이 어질고 덕행이 높으며 남의 사표가 될 만한 사람. ② 벼슬아치. 관리. ③ 남편. ④ 대나

무(竹)의 딴 이름。 ⑤ 연(蓮)의 딴 이름。 여기서는 ①。 ○小人(소인)—① 간사하고 도량이 좁은 사람。 덕이 없는 사람。 ② 천한 사람。 신분이 낮은 사람。 평민。 ③ 자기를 낮추어 이르는 말。 저。 소자。 ④ 키가 작은 사람。 여기서는 ①。

意譯 공자께서 말씀하셨다。『만일 관리로 있는 군자로서 용기가 있고 예의가 없으면 그 용기를 발하는 바 반란을 일으킬 염려가 있다。 또 사람에게 다스림을 받는 소인이 용기가 있고 예의가 없을 경우에는 반란을 일으키기까지는 못하지만 도둑질을 하게 될 것이다。 용기도 물론 중요하지만 그 용기를 제재하는 예의가 더욱 필요한 것이다』고。

餘說 이 대문은 이대로 공자께서 말씀하신 바는 없고 다음 두 대문을 종합하면 본 뜻은 이 대문과 같아진다。

논어 陽貨篇 제二三 장

子路ㅣ曰、君子는 尙勇乎。니이꼬 子ㅣ曰、君子는 義以爲上。이니 君子ㅣ有勇而無義、면 爲亂。하고 小人이 有勇而無義、면 爲盜。니라

논어 泰伯篇 제二 장

子ㅣ曰、恭而無禮則勞。하고 愼而無禮則葸。하고 勇而無禮則亂。하고 直而無禮則絞。니라

이상에서 살펴본 바 이 편이 「遵禮篇」이므로 예의를 강조하느라고 짐짓 양화편에 있는 앞 대문의 방점 부분만을 발췌해 가지고 태백편에 있는 대문 중 방점 부분의 「勇而無禮則爲亂」을 상기하여 「義」자 대신 「禮」자를 대치한 것으로 사료된다。 아무러나 공자의 사상을 전하는 데는 어그러짐이 없다。 단지 편저자가 대문을 의작하고 「子曰」하고 직설적으로 편한 것이 흠이라면 흠이라 하겠다。 따라서 다른 대문도 역시 이렇지나 않은가 하여 의아한 느낌이 든다。

〔三〕曾子曰朝廷莫如爵鄕黨莫如齒輔世長民莫如德

讀法 증자 왈 조정 막여작 향당 막
曾子ㅣ曰、朝廷엔 莫如爵。이오 鄕黨엔 莫
여치 보세 장민 막여덕
如齒。요 輔世長民엔 莫如德。이니라

直譯 증자가 말하기를、『조정에는 작위만한 것이 없고、고장에는 나이만한 것이 없고、세상을 돕고 백성을 교도하는 데는 덕만한 것이 없다』 하였다。

語義 ○曾子(증자)—이름은 삼(參)。공자의 제자로 춘추시대의 노나라 사람。자는 자여(子輿)。공자보다 四十六세 젊다니 서기전 五〇六년에 낳은 것으로 된다。효행이 지극하여 그 기록이 논어·효경에 실려 있다。○爵(작)—벼슬。신분의 계급。○鄕黨(향당)—萬二千五百戶의 鄕과 五百戶의 黨。전하여 향리。고장。○齒(치)—나이 年齒。○輔世(보세)—세상을 도움。○長民(장민)—백성을 교도함。

意譯 증자께서 말씀하셨다。『나라에서는 작위 높은 것이 제일이고、향리에서는 나이 많은 것이 제일이고、세상을 돕고 백성을 교도하는 데는 덕이 제일이다』고。

餘說 이 대문을 분석하면 다음과 같다。

曾子ㅣ曰、
朝　廷엔 莫如爵。이오
鄕　黨엔 莫如齒。요
輔世 長民엔 莫如德。이니라

해석에 있어 「長民」을 「백성을 다스림으로」 한 책이 대부분이다。백성을 교도하는 것이라야 「德」과 통하는 말이 된다。

〔四〕 出門如見大賓入室如有人

讀法 出門(출문)엔 如見大賓(여견대빈)하고 入室(입실)엔 如有人(여유인)하라

直譯 문밖에 나가 있을 때에는 큰 손님을 맞는 것 같이 하고, 방에 들어 있을 때에는 사람이 같이 있는 것 같이 하라.

語義 ○出門(출문)―문밖에 나가 있음. 문밖으로 나감. ○大賓(대빈)―높은 손님. 신분이 높은 손님. ○入室(입실)―방안에 있음. 방안으로 들어감.

意譯 문밖에 나가 있을 때에는 지위가 높은 손님을 만난 것처럼 조심스럽게 하고, 방안에 있을 때에는 방안에 사람이 있는 것처럼 조심하라.

餘說 이 대문은 다음과 같이 책마다 다른 바 있다.

清州版 新刊校正大字明心寶鑑(이 책의 대본)

「出門如見大賓入室如有人」

潭陽版 明心寶鑑

「子曰出門如見大賓使民如承大祭」

생각컨대 유행되고 있는 초략본 들은 전기 청주판과 똑같으나, 간혹 뒤부분이 「入室如見大祭」라 되어 있는 것도 있고, 전기 담양판은 一九二〇년 二월 二十일에 추씨(秋氏)의 종중(宗中)에서 간행한 것으로 율곡선생(栗谷先生)의 서문을 앞에 두고 있는 책인데 범례를 따르면 다시 교정하였다고 되어 있는 것으로 보아 그 때 논어의 안연편 제二장에 따라 대문을 고친 것으로 짐작된다.

論語 顏淵篇〔二〕

「仲弓問仁子曰出門如見大賓使民如承大祭己所不欲勿施於人在邦無怨在家無怨」

명심보감 중에는 이러한 부분이 간간이 있으니 원출전과 똑같지 않은 것도 있다는 것을 알아두어야 할 것이다.

〔五〕 若要人重我無過我重人

讀法 약요인중아 若要人重我、어든 무과아중인 無過我重人。이니라

直譯 만약 남이 나를 소중히 여기기를 요망하거든 내가 남을 소중히 여기는 것보다 나음이 없을 것이다.

語義 ○要(요)—요망。바람。○重(중)—중히 여김。소중하게 여김。○無過(무과)—나음이 없다。過猶勝也。

意譯 만일 남이 나를 중히 여기기를 바라거든 내가 먼저 남을 중히 여기는 것보다 나은 것이 없을 것이다.

餘說 내가 남을 중히 여겨야 남도 나를 중히 여길 것이다.

〔六〕 父不言子之德子不談父之過

讀法 부불언자지덕 父不言子之德、하고 자부담부지과 子不談父之過。니라

直譯 아버지는 아들의 덕을 말하지 말고、자식은 아버지의 허물을 말하지 말것이다.

語義 ○不言(불언)—말하지 않음。○不談(부담)—말하지 않음。

意譯 아버지는 자식들의 덕이 있고 없고를 말하지 말고、자식들은 아버지의 잘못에 대하여 말하지 말 것이다。

餘說 부모가 자식을 칭찬한다는 것은 불출에 들어간다는 것이다。자칫 생각이 미치지 못하면 사랑스러운 나머지 자식 자랑하기가 쉽다。자식은 부모의 잘못을 자칫하다가는 말하기 쉬운 것이다。이러한 일들을 신중히 생각하여 처신하라는 것이다。

〔七〕老少長幼天分秩序不可悖理而傷道也

讀法 노소장유、는 천분질서。니 불가패리이상도야。니라

老少長幼 天分秩序 不可悖理而傷道也

直譯 늙은이나 젊은이나 어른이나 어린이는 하늘이 나누어준 차례니、이치에 어긋나게 해서 도의를 상케 할 수 없다。

語義 ○天分秩序(천분질서)—하늘이 나누어준 차례。하늘이 정해 놓은 질서。○悖理(패리)—이치에 어그러짐。○傷道(상도)—도의를 상하게 함。

意譯 노소 장유에게는 천분의 질서가 있다。이치를 어긋나게 해서 도의를 다치게 할 수 없다。

餘說 이 대문은 원본이나 담양판 초략본에는 없으나 일반으로 유행되고 있는 책에는 있다。오륜의 장유유서와 같은 말이다。

存信篇第十七 (존신편제십칠)

이 편은 신의를 가져야 하는 데 관한 글을 모아 명심보감의 열 일곱째 편이다。

이 대본에 이 존신편이 없다。 원래는 있었던 것인 데 찢기어 나간 것이 아닌가 하나、 한편으로 생각하면 명나라에서 들여온 책이 결면(缺面)된 것이 아닌가 한다。 그 이유로서는 유행되고 있는 초략본(抄略本)들이 한결 같이 존신편을 두고 있지 않으며、 다음의 언어편(言語篇 第十八)도 권수의 목록에는 二十五 조목이라 되어 있으나 十七 조목 밖에 없고、 교우편(交友篇 第十九)도 二十四 조목이라고 되어 있으나 十 조목 밖에 없으며、 부행편(婦行篇 第二十)도 八 조목이라고 되어 있으나 五 조목 밖에 없다。 아까운 일이다。

言語篇第十八 凡七條 (언어편제십팔 범칠조)

이 편은 말에 관한 글은 모은 명심보감의 열여덟째 편으로 대개 七 조목으로 되어있다。 그러나 현재 전해지고 있는 것은 이십 조목 밖에 되지 않는다。

〔一〕劉會曰言不中理不如不言

讀法 유회 왈 언부중리 불여불언
劉會ㅣ 曰、言不ˇ中ˇ理、면 不ˇ如ˇ不ˇ言。이니라

直譯 유회가 말하기를、『말이 이치에 맞지 아니하면 말을 아니함만 같지 못하다』 하였다。

語義 ○劉會(유회)—인명사전에는 劉會는 없고 劉繪는 있음. 이는 남제(南齊) 팽성(彭城) 사람. 전(悛)의 아우. 자는 사장(士章). 영명(永明)의 말(末)에 도하인사(都下人士)의 문장담의(文章談義)의 영수(領袖)가 되었고 벼슬은 대사마(大司馬). 會는 繪의 잘못이 아닌가 보여짐. ○不中理(부중리)—이치에 맞지 아니함.

意譯 유회가 말했다. 『말이 이치에 맞지 아니하면 말을 하지 않는 것만 못하다』고.

餘說 이 대문과 비슷한 말을 찾아보자.

言不中理면 不如不言이니라
一言이 不中이면 千語ㅣ 無用이니라
話不投機 一句多니라

〔二〕一言不中千語無用

讀法 一言이 不中이면 千語ㅣ 無用이니라 (일언 부중 천어 무용)

直譯 한 마디 말이 맞지 아니하면 천 마디 말이 쓸데 없다.

語義 ○一言(일언)—한 마디 말. ○無用(무용)—소용 없음. 쓸 데 없음.

意譯 한 마디 말이 이치에 맞지 않으면 아무리 많은 말도 소용이 없다.

餘說 우리 인간 생활에 언어가 차지하는 폭은 대단히 큰 것이다. 그러므로 언어의 훈련 또한 중요한 것이며 말이 이치에 벗어나지 않으려면 평소에 많은 독서를 하여 교양을 쌓아야 하며, 다언(多言)을 금하여야 한다.

〔三〕君平曰口舌者禍患之門滅身之斧也

讀法 君平이 曰、口舌者는 禍患之門이오 滅身之斧也니라
(군평왈 구설자 화환지문 멸신지부야)

直譯 군평이 말하기를、『입과 혀는 화와 근심을 불러들이는 문이고、몸을 망치는 도끼와 같다』 하였다。

語義 ○君平(군평)—한(漢)나라 촉(蜀) 사람。 성은 엄(嚴)。 이름은 준(遵)。 자가 군평인데 보통 자로써 행해진다。 성도(成道)에서 복서(卜筮)를 팔았다。 양웅(揚雄)이 이에게 배웠다。 연세 九十여세에 죽음。 저서에 노자지휘(老子指揮)가 있다。 ○口舌者(구설자)—입과 혀는。 ○禍患(화환)—화와 근심。 ○滅身(멸신)—몸을 망침。

意譯 엄군평이 말했다。『입과 혀는 화와 근심을 불러들이는 문이고 몸을 망치는 도끼와 같다』고。

餘說 군평은 점을 잘쳤다고 하며、그래서 다음과 같은 말까지 생기게 되었다。

「君平卜」은 엄군평의 복서(卜筮)。 명인(名人)의 점술。〔漢書、王貢兩龔鮑傳序〕 蜀有嚴君平、卜筮於成都市、裁日閱數人、得百錢、足自養、則閉肆下簾、而講老子。〔秦觀、雙石詩〕 支機亦何據、但出君平卜。〔書言故事、卜筮類〕 稱卜者、曰習君平之業。

「君平賣卜」은 몽구(蒙求)의 표제(標題)。 한(漢)나라의 은군자(隱君子) 엄준(嚴遵：字는 君平)은、매일 성도의 시중에 나가서 매복(賣卜)하였으나、하루에 백전(百錢)을 얻어서 그 날을 보내는 데 족하면 복서(卜筮)를 그만두고 노자(老子)의 도를 배웠다는 고사(故事)。

〔四〕 利人之言煖如綿絮傷人之語利如荊棘一言利人重直千金一語傷人痛如刀割

讀法 利人之言은 煖如綿絮하고 傷人之語、
(이인지언 난여면서 상인지어)

直譯 사람을 이롭게 하는 말은 따뜻하기가 솜과 같고、사람을 해롭게 하는 말은 날카롭기가 가시나무

는 利如荊棘(이여형극)하니 一言利人(일언이인)에 重直千金(중치천금)이오 一語傷人(일어상인)에 痛如刀割(통여도할)이니라

와 같으나, 한마디 말이 사람을 이롭게 할 때에 중하기가 천금의 가치와 같을 것이고, 한마디 말이 사람을 해롭게 할 때에 아프기가 칼로 베는 것과 같을 것이다。

語義 ○利(리)—이로움。날카로움。○綿絮(면서)—솜。○傷(상)—해로움。○荊棘(형극)—가시나무。○直(치)—여기서는 값。가치。値와 같음。정직의 경우는 「곧을 직」 자임。○刀割(도할)—칼로 벰。

意譯 사람을 이롭게 하는 말은 포근하기가 솜과 같고, 사람을 해롭게 하는 말은 날카롭기가 가시나무와 같아서, 한마디 말로 사람을 이롭게 할 때에는 이 한 마디 말이 무겁기가 천금의 값이 있고, 한 마디 말로 사람을 해롭게 할 때에는 이 한 마디 말이 아프기가 칼로 베는 것같은 것이다。

餘說 다음과 같이 불상등 대립구의 문장으로 분석된다。

〔利人之言、은 煖如綿絮하고〕〔一言利人、에 重直千金이오〕
〔傷人之語、는 利如荊棘하니〕〔一語傷人、에 痛如刀割이니라〕

이상에서 살펴본 바 책에 따라서는 「一言利人」을 「一言半句」로 된 책들이 있으나 앞 부분에서 「利人」과 「傷人」을 대립시켰으니 뒷 부분에서도 「利人」과 「傷人」을 대립시킴이 무리없는 문맥이 된다。그러므로 이 책은 「一言半句」를 버리고 「一言利人」을 취하기로 했다。이 책의 대본도 역시 「一言半句」로 되어 있다。

〔五〕 口是傷人斧言是割舌刀閉口深藏舌安身處處牢

讀法 口是傷人斧、요 言是割舌刀。니 閉口深藏舌、하면 安身處處牢。니라
(구시상인부 언시할설도 폐구심장설 안신처처로)

直譯 입은 바로 사람을 다치게 하는 도끼가 될 것이고、말은 바로 혀를 베는 칼이 될 것이니、입을 다물고 깊이 혀를 감추면、몸이 편안하고 어디에서나 안온할 것이다。

語義 ○是(시)—바로。곧。○閉口(폐구)—입을 다물다。○藏舌(장설)—혀를 감춤。○處處(처처)—곳곳。여기저기。○牢(로)—여기서는 안온함。편안하고 조용함。본디 음이「로」고 관용음이「뢰」다。그러나 운(韻)자이니 원음대로「로」로 발음하여야 딴 운자와 맞게 된다。

意譯 입은 곧 사람을 다치게 하는 도끼이고、말은 곧 혀를 베는 칼이니、입을 꼭 다물고 혀를 깊이 감추면、몸이 편안하고 어딜 가나 편안하고 조용할 것이다。

餘說 이 대문은 오언절구(五言絕句)의 한시다。

口是傷人斧、요 제一구 起
言是割舌刀。니 제二구 承 刀韻
閉口深藏舌、하면 제三구 轉
安身處處牢。니라 제四구 結 牢韻

「도・로」로「고」의 운자다。어의 항에서도 말했지만「牢」자를 관용음인「뢰」로 읽으면「고」운에 어긋난다。입을 열게 되면 혀를 움직여 말이 나오게 마련이다。말이 필요 이상으로 잦게 되면 실언이 따르게 마련이니 말을 절약하여 필요한 말 이외에는 안하는 것이 실언을 막는 요체가 된다。

〔六〕 逢人且說三分話 未可全抛一片心 不怕虎生三箇口 只恐人情

兩樣心

讀法 봉인차설삼분화 미가전포일편심 불파호생삼개구 지공인정양양심
逢人且說三分話하되 未可全抛一片心이라 不怕虎生三箇口하고 只恐人情兩樣心이니라

直譯 사람을 만나서 잠시 말할 적에는 十분의 三까지를 하되, 아직 온전히 자기가 지니고 있는 한 조각 마음을 버리지 아니할 것이다. 호랑이의 산 세 개의 입을 두려워하지 말고, 오직 세상 사람의 마음에 두 가지의 마음을 두려워 할 것이다.

語義 ○且說(차설)—잠시 말함. ○三分話(삼분화)—十분의 三의 이야기. ○全抛(전포)—온전히 버림. 다 말함. ○一片心(일편심)—한 조각 깊이 간직한 마음. ○怕(파)—두려움. ○人情(인정)—세상 사람의 마음. 민심(民心). ○兩樣心(양양심)—두 모양의 마음. 두 가지 마음.

意譯 사람을 만나 잠시 말할 적에는 十분의 三만 말하되, 아직 온전히 자기 마음속 깊숙이 지니고 있는 말은 하지 않는다. 호랑이의 산 세 개의 입이 드려운 것이 아니고, 오직 세상 민심이 두 가지의 마음일까 두려운 것이다.

餘說 이 대문은 칠언율시(七言律詩)의 전련과 후련을 따온 듯하다.
〔續傳燈録、璉語〕에 비슷한 말이 있다.

逢人且說三分話하되 ⎫ 對句 心韻 承
未可全抛一片心이라 ⎭

不怕虎生三箇口하고 ⎫ 對句 心韻 轉
只恐人情兩樣心이니라 ⎭

담양판(潭陽版) 초략본에는 「只恐人情兩樣心」의 「情」자를 「懷」로 하고 있으나、이 책의 대본에는 「情」자로 되어 있고 다른 초략본도 이와 같다。

〔七〕 酒逢知己千鍾少話不投機半句多

讀法 주봉지기천종소 화불투기반구다
酒逢知己千鍾少、요 話不投機半句多。니라

直譯 술은 지기를 만나면 천잔도 적을 것이고、말은 기회를 맞추지 못하면 반 마디도 많을 것이다。

語義 ○知己(지기)—① 서로 마음을 잘 알아 뜻이 통하는 벗。참된 벗。知己之友。② 서로 아는 사람。知人。○千鍾(천종)—천잔。「鍾」은 「술잔 종」자임。○機(기)—기회。찬스。

意譯 술이란 지기지우(知己之友)를 만나면 천 잔이라도 오히려 적고、말이란 기회가 아닌 때 엉뚱한 말을 하게 되면 반 마디도 오히려 많은 것이다。

餘說 술이란 나를 알아주는 친구를 만나면 천 잔도 부족하고、말이란 혼인하는 데 장사말을 하는 엉뚱한 말이라면 반 마디 말도 많다는 것이다。(이 對文은 〔長生殿、罵賊〕에 나오는 말인데 明心寶鑑에는 「話不投機一句多」로 하고、있으나 原文半句多로 되어 있어 바로 잡았다)

交友篇 第十九 凡八條

이 편은 벗과 사귀는 데 관한 글을 모은 명심보감 열 아홉째로 대개 八 조목이라고 하나 현재 전해지고 있는 것은 十二 조목 밖에 되지 않는다。

〔一〕子曰與善人居如入芝蘭之室久而不聞其香卽與之化矣與不善人居如入鮑魚之肆久而不聞其臭亦與之化矣丹之所藏者赤漆之所藏者黑是以君子必愼其所與處者焉

直譯 공자께서 말씀하시기를, 『착한 사람과 함께 삶에 지초나 난초가 있는 방에 들어간 것과 같아서 오래 되면 그 향기를 맡을 수 없되 곧 이와 함께 동화될 것이고, 착하지 못한 사람과 함께 삶에 절인 어물 가게에 들어간 것과 같아서 오래 그 썩은 냄새를 맡을 수 없되 또 이와 함께 동화될 것이니, 단사(丹砂)를 감춘 사람은 붉고, 옻을 감춘 사람은 검을 것이다。 이런 까닭으로 군자는 반드시 그 함께 있을 바의 사람을 삼가야 한다』 하셨다。

讀法 子ㅣ曰、與善人居、에 如入芝蘭之室、하여 久而不聞其香、하되 卽與之化矣。요 與不善人居、에 如入鮑魚之肆、하여 久而不聞其臭、하되 亦與之化矣。니 丹之所藏者는 赤。하고 漆之所藏者는 黑。이라 是以로 君子는 必愼其所與處者焉。이니라

語義 ○芝蘭(지란)—영지(靈芝)와 난초(蘭草)。 모두 향초(香草)。 일설에 「芝」는 「芷」의 잘못이라 함。 전하여 선인 재자

(善人才子)의 뜻도 있음。 ○與(여)—함께。 ○化(화)—되다。 동화(同化)함。 ○鮑魚之肆(포어지사)—절인 어물 가게。 ○丹(단)—단사(丹砂)。 주사(朱砂)。 ○所藏者(소장자)—감춘 사람。 지닌 사람。 ○是以(시이)—이로써。 이런 까닭으로。 이러므로。 ○漆(칠)—옻。

意譯 공자께서 말씀하셨다。『착한 사람과 함께 살면 지초나 난초 같은 향풀이 있는 방에 들어간 것과 같아서 오래 되면 그 향기를 맡을 수 없되 그 향기와 동화될 것이고、착하지 못한 사람과 함께 살면 절인 생선 가게에 들어간 것과 같아서 오래 그 썩은 냄새를 맡을 수 없되 또 그 썩은 냄새와 동화될 것이니、단사를 지닌 사람은 붉어지고 옻을 지닌 사람은 검을 것이다。 이러므로 군자는 반드시 자기와 함께 있을 사람을 삼가야 한다』고。

餘說 이 대문은 공자가어(孔子家語) 육본(六本)과 설원(說苑)의 난(難)에 있는 말이다。

子ㅣ曰、

〔與善人居、에 如入芝蘭之室、하여 久而不聞其香、하되 卽與之化矣。요〕〔丹之所藏者는 赤。하고

與不善人居、에 如入鮑魚之肆、하여 久而不聞其臭、하되 亦與之化矣。니〕〔漆之所藏者는 黑。이라〕

是以로 君子는 必愼其所與處者焉이니라

이상과 같이 문장이 분석된다。

〔二〕〔家語云與好學人同行如霧露中行雖不濕衣時時有潤與無識人同行如厠中坐雖不汚衣時時聞臭〕與不善人同行如刀劍中雖不傷人時時驚恐

讀法 家語에 云, 與好學人同行에 如霧露中行하여 雖不濕衣라도 時時有潤하고 與無識人同行에 如厠中坐하여 雖不汚衣라도 時時聞臭하고 與不善人同行에 如刀劍中하여 雖不傷人이라도 時時警恐이니라

直譯 공자가어에 이르기를, 『학문을 좋아하는 사람과 더불어 같이 감에 안개 속을 가는 것과 같아서 비록 옷은 젖지 않을지라도 때때로 물기가 있고, 알지 못하는 사람과 더불어 같이 감에 변소 안에 앉은 것 같아서 비록 옷은 더럽히지 않을지라도 때때로 썩은 냄새가 나고, 착하지 못한 사람과 더불어 같이 감에 칼 가운데에 있는 것 같아서 비록 사람은 다치지 않을지라도 때때로 두려워서 경계할 것이다』 하셨다.

語義 ○霧(무)―안개. ○濕衣(습의)―옷을 적시다. 옷이 젖음. ○時時(시시)―때때로. ○潤(윤)―물기. ○雖(수)―비록 …할지라도. ○厠(측)―측간. 변소. ○汚衣(오의)―옷을 더럽힘. ○臭(추)―썩은 냄새. ○刀劍(도검)―칼. ○警恐(경공)―두려워서 경계함.

意譯 공자가어에 말했다. 『호학(好學)하는 사람과 함께 동행(同行)하면 안개 속을 가는 거와 같아서 비록 옷이 젖는 것같지 않을지라도 때때로 물기가 있고, 무식한 사람과 함께 동행하면 변소 안에 앉은 거와 같아서 비록 옷은 더럽혀 지지 않을지라도 때때로 썩은 냄새가 나고, 불선한 사람과 함께 동행하면 칼속을 가는 거와 같아서 비록 사람을 다치지는 않을지라도 때때로 두려워 경계한다』고.

餘說 공자가어가 위서(僞書)라는 것은 누차 말한 바와 같다. 그러므로 이 대문도 공자의 말씀인지 신빙성이 희박하다 할 것이다. 그러나 행해지고 있으니 별도리 없이 믿어야 할 것이다. 유서(類書)에 같지 않는 점이 많아 병서(並書)하여 분석 검토하기로 한다.

家語에 云,

〔與好學人同行、에 如霧中行、하여 雖不濕衣、라도 時時有潤。하고
與無識人同行、에 如廁中坐、하여 雖不汚衣、라도 時時聞臭。하고
與不善人同行、에 如刀劍中、하여 雖不傷人、이라도 時時驚恐。이니라〕

이 책의 대본의 오자는 초략본도 마찬가지지만 「與好學人同行」의 「好」자가 탈락되었고, 「雖不汚衣」의 「汚」자가 「惡」자로 되었으며, 「與不善人」의 「不善」이 「惡」으로 되어 있어 바로잡았다. 「不善」과 「惡」은 같은 말이나 위 병서를 보면 「不善」의 타당성을 알 것으로 믿는다.

〔三〕子曰晏平仲善與人交久而敬之

讀法 子(자)ㅣ 曰(왈)、晏平仲(안평중)은 善與人交(선여인교)。로다 久而敬之(구이경지)。오녀

直譯 공자께서 말씀하시기를, 『안평중은 잘 사람과 더불어 사귀었다。 오래가도록 그를 공경하였었다』하셨다。

語義 ○晏平仲(안평중)—성은 안(晏)、이름은 영(嬰)。 자는 중(仲)。 시호는 평(平)이다。 중국 춘추시대 제(齊)나라의 대부이자 정치가。 공자께서 三十五세 때 제나라에 출사(出仕)하려 했으나 안영(晏嬰)의 반대로 뜻을 이루지 못했음。 ○久而敬之(구이경지)—오래 가도록 변치 않고 공경함。

意譯 공자께서 말씀하셨다。『안평중은 사람과 잘 사귀었도다。 그리고 오래가도록 쉽사리 변치 않고 공경했었다』고。

餘說 이 대문은 논어 공야장 제十七 장에 있는 글이다。

공자께서 말씀하셨다。『안평중은 진실로 사람과의 교제에 요를 얻은 사람이다。 사람은 오랫동안 교제하면

그 사람의 결점이나 개성에 대하여 점차 존경하는 마음을 잃기 쉬우나 안평중에 한해서는 길게 사귀면 사귈수록 사람이 이것을 존경하게 된다』고。

안평중은 제나라의 대부로 당시 위(衞)의 국내에서는 제당파(諸黨派)가 분립(分立)해 있어 그 중간에 처해 있는 교제의 길은 극히 어려운 것이었었다。그런데 이 안평중은 그 어느 사람한테서도 존경을 받는 정도의 드를 체득하고 있었다고 칭찬하고 있다。공자께서 三十五세 때 제나라의 혜공(惠公)을 뵙고 이때 공자께서 제나라에 출사(出仕)하려 할 때 안평중의 방해로 뜻을 이루지 못하여 개인적으로는 호감을 가질 수 없는 경우의 사람이지만 오히려 이와 같은 평을 받았음에 대하여는 공자의 공명한 태도와 안평중의 사람 사귐이 진실로 요(要)를 얻었다고 보아진다。

〔四〕 相識滿天下知心能幾人

讀法 相識(상식)은 滿天下(만천하)ㅣ하되 知心(지심)은 能幾人(능기인)고

直譯 서로 얼굴을 아는 사람은 세상에 가득하되, 마음을 아는 사람은 능히 몇 사람이나 되겠는가?

語義 ○相識(상식)—서로 얼굴을 아는 사람。○知心(지심)—마음을 아는 사람。

意譯 서로 얼굴을 아는 사람은 세상에 가득하지만 마음을 아는 사람은 능히 몇 사람이나 되겠는가?

餘說 다음과 같이 상등 대립구의 대문이다。

相識은 滿天下ㅣ하되
知心은 能幾人고

토에 있어 유서(類書)는 「相識이 滿天下ㅣ하되 知心能幾人고」로 현토하고 있으나, 이 책은 위 분석

문과 같이 현토하였다。 다소 차이가 있으니 검토하여 보기 바란다。 이 대문은 초략본에 있는 것이다。

〔五〕 酒食兄弟千個有急難之朋一個無

讀法 주식형제 천개유 급난지붕 일개무
酒食兄弟、는 千個有、로되 急難之朋、은 一個無。니라

直譯 술이나 음식을 먹을 때에 형이니 아우니 하고 친하게 사귄 친구는 천 명이나 있되、 위급한 환난을 당했을 적에 이것을 도와주는 친구는 하나도 없다。

語義 ○酒食(주식)―술과 음식。 ○急難(급난)―위급한 환난。

意譯 술이나 음식을 먹을 때에 형이니 아우니 하는 사람은 천 개라도 있으나、 급한 환난을 당했을 적에 도와 주는 친구는 하나도 없다。

餘說 다음과 같이 불상등 대립구의 대문이다。

〔酒食兄弟는 千個有、로되
〔急難之朋은 一個無。니라

옳은 말이다。「酒食兄弟」가 많고、「急難之朋」이 없는 것이 세상이지만 이래서야 어디 살맛이 있겠는가?

이 대문도 역시 이 책의 대본에는 결루된 것을 담양판의 초략본에 의하여 수록하였다。

〔六〕 不結子花休要種無義之朋不可交

讀法 불결자화 휴요종 무의지붕
不結子花、는 休要種。하고 無義之朋、은

直譯 씨를 맺지 않는 꽃은 심지를 꼭 말게 하고、 의가 없는 친구는 사귀지 말 것이다。

不可交。니라

語義 ○子(자)—씨。열매。○休(휴)—말라。금지사。○要(요)—반드시。꼭。

意譯 열매를 맺지 않는 꽃은 절대로 심지 말고, 의가 없는 친구는 절대로 사귀지 말 것이다。

餘說 이 대문은 대본의 낙장을 보충하기 위하여 담양판에 의하여 수록하였다。씨를 맺지 않는 꽃은 심지 말고 의가 없는 친구와는 사귀지 말라는 것이다。

〔七〕 莊子云〔君子之交淡若水小人之交甘若醴〕

讀法 莊子에 云, 君子之交는 淡若水하고 小人之交는 甘若醴니라

直譯 장자에 이르기를, 『군자의 교제는 담박하기 물맛과 같고, 소인의 교제는 달기가 단술맛과 같다』하였다。

意譯 장자에 말했다。『군자의 교제는 물맛과 같이 담박하고, 소인의 교제는 단술맛과 같이 달콤한 것이다』고。

餘說 이 대문도 담양판에 있기에 수록하였다。이것은 「莊子, 山木篇」에 있는 글이다。담양판에는 「君子之交淡如水小人之交甘如醴」로 되어 있는 것을 「莊子」에 맞추었다。

〔八〕 通俗編云〔路遙知馬力日久見人心〕

讀法 通俗編(통속편)에 云(운)、路遙(노요)知(지)$_{二}$馬力(마력)$_{一}$이오 日久(일구)見(견)$_{二}$人心(인심)$_{一}$이니라

直譯 통속편에 이르기를、『길이 멀면 말의 힘을 알 수가 있을 것이고、날이 오래 지나면 사람의 마음을 알 수가 있을 것이다』 하였다。

語義 ○通俗編(통속편)—책 이름。三十八권。○遙(요)—멀다。○馬力(마력)—말의 힘。

意譯 통속편에 말했다。『가는 길이 멀어야만 타고 가는 말의 힘을 알 수가 있고、사귄지가 오래 되어야 그 사람의 마음을 알 수가 있다』고。

餘說 이 대문도 담양판 초략본에 의하여 보충하였다。이 대문의 출전을 통속편으로 본다는 것은 〔청나라 시대에 된 책인데 명나라 때에 이루어진 명심보감에 싣는다는 것은〕 모순된 것이나 원곡선쟁보은극(元曲選爭報恩劇)에 보인다고 하니 이해하기 바란다。

婦行篇(부행편) 第二十(제이십) 凡五條(범오조)

이 편은 부녀자의 행실에 관한 글을 모은 명심보감 이십째로 대개 五 조목이나 현재 전해지고 있는 것은 五 조목이다.

〔一〕益智書云女有四德之譽一曰婦德二曰婦言三曰婦容四曰婦工也婦德者不必才名絕異婦言者不必辯口利詞婦容者不必顏色美麗婦工者不必伎巧過人也其婦德者清貞廉節守分整齊行止有恥動靜有法此爲婦德也婦言者擇詞而說不談非語時然後言不厭於人此爲婦言也婦容者洗浣塵垢衣服鮮潔沐浴及時一身無穢此爲婦容也婦工者專勤紡績勿好暈酒供具甘旨以奉賓客此爲婦工也此四德者是婦人之大德而不可缺之者也爲之甚易務之在正依此而行是爲婦節

讀法 益智書(익지서)에 云(운)、女有四德之譽(여유사덕지예)하니 一曰(일왈)、婦德(부덕)이오 二曰(이왈)、婦言(부언)이오 三曰(삼왈)、婦容(부용)이오 四曰(사왈)、婦工也(부공야)니라

直譯 익지서에 이르기를、『여자에게 네 가지의 아름다운 덕이 있나니、첫째로 말하되 부인다운 덕이고、두째로 말하되 부인다운 말씨고、세째로 말하되 부인다운 용모고、네째로 말하되 부인다운 길쌈이다』하였다。

語義 ○譽(예)—아름다운 것。美也。嘉也。○婦德(부덕)—부녀가 닦아야 할 덕행。정순을 말함。○婦容(부용)—부녀의 몸차림과 몸가짐。완문(婉娩)을 말함。곧 온순함을 이름。○婦言(부언)—부녀의 말씨。사령(辭令)을 말함。곧 사람에게 응대하는 말을 이름。○婦工(부공)—「工」은 「功」으로 부녀의 길쌈。사시(絲枲)를 말함。곧 실을 뽑고 베를 짜는 것을 이름。

意譯 익지서에 말했다。『여자에게 네 가지 덕의 아름다운 것이 있으니、첫째、정순(貞順)한 행실이고、두째 안상(安詳)한 말씨고、세째 온순한 모양이고、네째 부지런히 길쌈하는 것이다』고。

餘說 부인의 四덕에 대하여 〈周禮、天官、九嬪、注〉에 「婦德은 謂貞順이오 婦言은 謂辭令이오 婦容은 謂婉娩이오 婦功은 謂絲枲니라」로 풀이하여 있고、〈禮、昏禮〉에 「婦人이 先嫁三月에 敎以婦德・婦言・婦容・婦功이니라(여자가 시집가기 전 석달 동안은 가르치되 부덕・부언・부용・부공으로써 한다)」하였다。또 〈曹昭、女誡〉에 「女有四行하니 一曰、婦德이오 二曰、婦言이오 三曰、婦容이오 四曰、婦功이니라 夫云婦德은 不必才明이 絕異也요 婦言은 不必辯口ㅣ利詞也요 婦容은 不必顏色이 美麗也요 婦功은 不必技巧ㅣ過人也니 幽閒貞靜하여 守節整齊하고 行己有恥하여 動靜有法이니 是謂婦德이오 擇辭而說하며 不道惡言하고 時然後言하여 不厭於人이니 是謂婦言이오 盥浣塵穢하여 服飾鮮潔하고 沐浴以時하여 身不垢辱이니 是謂婦容이오 專心紡績하며 不好戲笑하고 潔齊酒食하여 以奉賓客이니 是謂婦功이니라 此四者는 女人之大德이니 而不可乏之者也라 然爲之甚易하여 惟在存心耳니라 古人有言에 仁遠乎哉아 我欲仁而斯至矣는 此之謂也니라」하여 「婦德」은 꼭 재주가 밝고 월등하게 뛰어나지 않아도 되나 얌전하고 정숙하며 절개를 지키고 몸가짐을 가지런히 하며 몸소 행하는 데 부끄러움을 가져서 동정에 법도가 있는 것이 「婦德」이라고 했고、「婦言」은 꼭 말을 잘하고 말이 날카롭지 않아도 되나 할 말을 가

려서 하고 나쁜 말을 안하며 남의 말이 끝난 뒤에 말을 하여 남에게 싫게 않는 것이 「婦言」이라 했고, 「婦容」은 꼭 얼굴이 예쁘고 아름답지 않아도 되나 때를 잘 씻고 의복을 깨끗이 하며 목욕을 때때로 하여서 몸이 더럽지 않은 것이 「婦容」이라 했고, 「婦功」은 꼭 솜씨가 뛰어나지 않아도 되나 열심히 길쌈하고 희롱거리고 웃지 않으며 술과 음식을 정결하고 가지런히 하여서 손님을 접대하는 것이 「婦功」이라 하였으며, 이 네가지 것은 「婦女」의 큰 덕으로 모자라서는 안될 것이나 그러나 이를 하기에는 몹시 쉬워서 오직 마음먹기에 달려 있을 따름이라고 하였고, 이는 마치 옛 사람의 말에 있듯이 「인은 먼 것이 아니라 자신이 하고자하면 곧 인에 도달한다」라는 말과 같은 것이다 하였다。이 여설의 〔曹昭、女誡〕의 예문은 이 대문과 다음에 문단별로 다시 나오지만 원문과 비교하여 검토하면 많은 참고가 될 것이다。

讀法 婦德者(부덕자)는 不必(불필)才名(재명)이 絶異(절이)요 婦言者(부언자)는 不必辯口(불필변구)ㅣ 利詞(이사)요 婦容者(부용자)는 不必顏色(불필안색)이 美麗(미려)요 婦工者(부공자)는 不必伎巧(불필기교)ㅣ 過人也(과인야)니라

直譯 『부덕이라는 것은 재주가 있다는 평판이 뛰어난 것을 필요로 하는 것이 아니고, 부언이라는 것은 구변이 좋아 말을 잘하는 것을 필요로 하는 것이 아니고, 부용이라는 것은 안색이 아름답고 고운 것을 필요로 하는 것이 아니고, 부공이라는 것은 교묘한 손재주가 뛰어난 것을 필요로 하는 것이 아니다』하였다。

語義 ○不必(불필)―필요로 하지 않는다。○才名(재명)―재주가 있다는 평판。〔曹昭、女誡〕에는 「才明」으로 되어 있음。「名」자가 나을 것임。○絶異(절이)―뛰어남。○顏色(안색)―얼굴의 빛깔。○美麗(미려)―아름답고 고움。○辯口(변구)―잘하는 말。○利詞(이사)―「利口」와 같은 말로 구변이 좋음。「辯口利詞」는 「利口」와 「辯詞」의 합성어로 뜻이 같은 첩어(疊語)다。그러므로 뜻은 「구변이 좋아 말을 잘함」이 된다。○伎巧(기교)―교묘한 손재주。「伎」는 「技」와 같음。○過人(과인)―뛰어남。

意譯 『부덕이라는 것은 재주가 있다는 평판이 뛰어나야 한다는 것을 필요로 하는 것이 아니고, 부언이라는

것은 꼭 구변이 좋아 말을 잘하는 것을 필요로 하는 것이 아니고, 부용이라는 것은 얼굴의 빛깔이 아름답고 고운 것을 필요로 하는 것이 아니고, 부공이라는 것은 교묘한 손재주가 뛰어난 것을 필요로 하는 것이 아니다』고。

餘說 이 분단은 「婦德·婦言·婦容·婦工」의 사덕에 대한 전제적인 주(註)다。

婦德者는 不必才名이 絕異요
婦言者는 不必辯口ㅣ 利詞요
婦容者는 不必顔色이 美麗요
婦工者는 不必伎巧ㅣ 過人也니라

이상에서 살펴본 바 주의 전제적인 기문형(起文型)의 문장으로 분석된다。 이것이 다음 문단의 전제이니 연관시켜 의미를 탐구하기로 하자。

讀法 其婦德者는 淸貞廉節하되 守分整齊하고 行止有恥하여 動靜有法이니 此爲婦德也요 婦言者는 擇詞而說하되 不說非語하고 時然後言하여 不厭於人이니 此爲婦言也요 婦容者는 洗浣塵垢하되 衣服鮮潔하고 沐浴及時하여 一身無穢니 此爲婦

直譯 『그 부덕이라는 것은 정조를 깨끗이 하고 절개를 청렴 결백히 하되, 분수를 지키고 몸을 단정히 하고 행동 거지에 부끄러움을 알아서 일동 일정을 법도 있게 할 것이니, 이것이 부덕이라 하는 것이고, 부언이라는 것은 말을 가려서 말하되, 그른 말은 아니하고 때가 된 뒤에야 말하여 남에게 싫어하지 않게 하는 것이니, 이것을 부언이라 하는 것이고, 부용이라는 것은 먼지와 때를 빨되, 의복을 깁고 산뜻이 하고 목욕을 때때로 하여 한 몸에 더러움이

容也。요 婦工者는 專勤紡績하며 勿好暈酒하고 供具甘旨하여 以奉賓客이니 此爲婦工也。니라 此四德者는 是婦人之大德이니 而不可缺之者也라 爲之甚易하고 務之在正。하니 依此而行하면 是爲婦節이니라

없게 하는 것이니, 이것을 부용이라 하는 것이고, 부공이라는 것은 오로지 길쌈을 부지런히 하되, 술에 취함을 좋아하지 말고 맛 있는 음식을 갖추어 바쳐서 이로써 손님을 받들 것이니, 이것을 부공이라 하는 것이다。 이 네 가지 덕이라는 것은 바로 부인의 큰 덕이니, 이것은 없을 수 없는 것이다。 이것을 하기는 몹시 쉽고 이것을 힘써 바르게 하는 데 있으니, 이에 의하여서 행하면 바로 부인의 예의 범절이 된다』 하였다。

語義 ○淸貞(청정)—마음이 곧고 깨끗함。 ○廉節(염절)—절개가 청렴 결백함。 ○守分(수분)—분수를 지킴。 ○整齊(정제)—가지런함。 ○行止(행지)—行動擧止。 몸의 온갖 동작。 행위。 ○動靜(동정)—움직임과 정지함。 일동 일정。 ○洗浣(세완)—씻음。 씻고 빨음。 ○塵垢(진구)—먼지와 때。 ○鮮潔(선결)—곱고 산뜻함。 ○沐浴(목욕)—머리를 감고 몸을 씻음。 「沐」은 머리를 감음。 「浴」은 몸을 씻음。 ○及時(급시)—때때로。 ○紡績(방적)—길쌈。 ○暈酒(운주)—술에 취함。 ○甘旨(감지)—맛 있는 음식。 ○賓客(빈객)—손님。 ○節(절)—예의 범절。

意譯 『그 부덕이라는 것은 마음이 곧고 깨끗하며 절개가 청렴 결백해야 하되, 분수를 지키며 몸 가짐이 가지런하고 행동 거지에 부끄럼이 있어 일동 일정에 법도가 있는 것이니, 이것을 부덕이라 하는 것이고, 부언이라는 것은 말을 가리어 할 말만하되, 그른 말은 말하지 말고 때가 된 뒤에야 말을 하여 남에게 싫게 아니할 것이니, 이것을 부언이라 하는 것이고, 부용이라는 것은 먼지와 때를 씻고 빨되, 의복을 곱고 산뜻하게 하고 머리를 감고 몸을 씻는 것을 때때로 해서 온 몸에 더러움이 없게 할 것이니, 이것을 부용이라 하는 것이고, 부공이라는 것은 오로지 길쌈을 부지런히 하되, 술취하는 것을 좋아하지 말고 맛 있는 음식을 갖추어

냄으로써 손님을 받들 것이니, 이것을 부공이라 하는 것이다. 이 네 가지 덕이라는 것은 바로 부인의 큰 덕이니, 이를 빠지게 할 수 없는 것이다. 이것을 하기는 몹시 쉽고 이것을 힘써 올바르게 할 수 있는 것이니, 이에 의해서 실행한다면 바로 부인에게 있어서의 절대적인 예의 범절이 되는 것이다」고.

餘說 이 문단을 분석하면 다음과 같다.

其婦德者、는 清貞廉節、하되 守分整齊、하고 行止有恥、하여 動靜有法。이니 此爲婦德、也。요

〔其〕婦言者、는 擇詞而說、하되 不說非語、하고 時然後言、하여 不厭於人。이니 此爲婦言、也。요

〔其〕婦容者、는 洗浣塵垢、하되 衣服鮮潔、하고 沐浴及時、하여 一身無穢。니 此爲婦容、也。요

〔其〕婦工者、는 專勤紡績、하되 勿好暈酒、하고 供具甘旨、하여 以奉賓客。이니 此爲婦工、也。니라

此四德者、는 是婦人之大德、이니 而不可缺之者也。라 〔爲之甚易、하고 務之在正、하니〕 依此而行、하면 是爲婦節。이니라

현토에 있어 여러 초략본들이 구구하지만 앞의 구문을 살펴보고 정부(正否)를 구명(究明)하기 바란다.

〔二〕太公曰婦人之禮語必細

讀法 태공 왈 부인지례 어필세
太公이 曰、婦人之禮、는 語必細。니라

直譯 강태공이 말하기를, 『부인의 예절은 말이 반드시 가늘어야 한다』하였다.

語義 ○禮(예)—예절。예법。 ○細(세)—가늘음。

意譯 강태공이 말했다. 『부인의 예법은 말이 반드시 가늘어야 한다』고.

餘說 말소리가 부인답게 가늘어야만 예법에 어긋나지 않는다는 말이다. 우리 주변에서 흔히 느끼는 일이다. 부인의 말소리가 문밖까지 들리는 예는 흔한 일이니 이런 부인들은 삼가야 되겠다.

〔三〕 賢婦令夫貴佞婦令夫賤

讀法 賢婦는 令夫貴하고 佞婦는 令夫賤이니라 (현부 영부귀 영부 영부천)

直譯 어진 부인은 남편을 귀하게 하고, 영악한 부인은 남편을 천하게 한다.

語義 ○令(영)—하게 함.

意譯 현철한 부인은 자기 남편을 귀하게 하고, 영악한 부인은 자기의 남편을 천하게 한다.

餘說 다음과 같은 대립구의 글이다.

賢婦는 令夫貴하고
佞婦는 令夫賤이니라

책에 따라서는 「佞婦」가 「惡婦」로 된 책도 있으나 뜻에 있어서는 차이가 없다고 하겠다.

〔四〕 家有賢妻夫不遭橫禍

讀法 家有賢妻면 夫不遭橫禍니라 (가유현처 부부조횡화)

直譯 집에 어진 아내가 있으면 남편이 당치 않은 화를 만나지 않는다.

語義 ○遭(조)—당함. 만남. ○橫禍(횡화)—뜻밖의 재화. 당치 않은 화.

[意譯] 집에 현철한 아내가 있으면 남편이 뜻밖의 화를 입지 않는다.

[餘說] 다음과 같이 대립이 된다.

〔家 有賢妻、면
〔夫 不遭橫禍。니라

〔五〕賢婦和六親佞婦破六親

[讀法] 賢婦(현부)、는 和六親(화육친)、하고 佞婦(영부)、는 破六親(파육친)。이니라

[直譯] 어진 부인은 육친을 화목하게 하고、아첨하는 부인은 육친의 사이를 깨뜨린다.

[語義] ○六親(육친)—부·모·형·제·처·자의 여섯 가지 친족을 말함. ○佞婦(영부)—아첨하는 아내.

[意譯] 현철한 부인은 육친 사이를 화목하게 하고、아첨하는 부인은 육친의 화목을 도리어 깨뜨려 놓는다.

[餘說] 이 대문은 다음과 같이 대립된 문장이다.

〔賢 婦、는 和六 親、하고
〔佞 婦、는 破六 親。이니라

어느 가정이고 어진 부인을 바라지 않으랴만 그렇다고 해서 꼭 어진 부인만을 맞아들인다는 보장은 없다. 사람이면 가훈(家訓)을 세워 이에 익히도록 노력하면 영부(佞婦)도 현부(賢婦)가 될 수 있다. 모름지기 교육을 시켜 도야(陶冶)해야 할 것이다.

附錄(부록)

增補篇第一(증보편제일) 凡二條(범이조)

부록에 실린 글들은 본디의 명심보감에 있었던 것이 아니다。 초략본이 오래 유행됨에 따라 군살이 붙은 글들이다。 버리기 아까운 글들이기에 여기에 실어 독자의 참고에 자료가 되게 한다。

〔一〕周易曰善不積不足以成名惡不積不足以滅身小人以小善爲无益而弗爲也以小惡爲无傷而弗去也故惡積而不可掩罪大而不可解

讀法 周易(주역)에 曰(왈)、善不積(선부적)、이면 不足以成名(부족이성명)。이오 惡不積(악부적)、이면 不足以滅身(부족이멸신)。이어늘 小人(소인)、이 以小善(이소선)으로 爲无益而弗爲也(위무익이불위야)。하며 以小惡(이소악)으로 爲无傷而弗去也(위무상이불거야)。니라 故(고)로 惡積而不可掩(악적이불가엄)。이며 罪大而不可解(죄대이불가해)。니라

直譯 주역에 말하기를、『착함을 쌓지 아니하면 이로써 이름을 이루는 데 족하지 못할 것이고、악함을 쌓지 아니하면 이로써 몸을 없애는 데 족하지 못할 것이어늘 소인이 작은선으로써는 이익됨이 없다 하면서 하지 않으며、작은 악으로써는 손상됨이 없다 하면서 버리지 아니한다。그러므로 악이 쌓이어서 숨길 수 없을 것이며、죄가 커서 풀 수 없을 것이다』하였다。

語義 ○周易(주역)—역경(易經)이라고도 하며 五경의 하나。주대(周代)에 문왕(文王)·주공(周公)·공자에 의하여 대성한 역학(易學)이며 또는 그 책을 이름。九권으로 되어 있으며 위(魏)나라의 왕필(王弼)의 주(註)、당(唐)나라의 이정조(李鼎祚)의 집해 등이 있음。○成名(성명)—평판이 남。○滅身(멸신)—몸을 망침。몸을 없앰。○无(무)—「無」의 고자(古字)。○弗(불)—여기서는 「아니 불」자인데 「不」자보다 뜻이 셈。○去(거)—여기서는 「버린다」는 뜻임。○掩(엄)—가림。보이지 않게 함。숨김。

意譯 주역에 말했다。『착한 일을 쌓지 않으면 좋은 평판을 이루는 데 충분하지 못할 것이고、나쁜 일을 쌓지 않으면 몸을 망치는 데 충분하지 못할 것이다。소인이 조그마한 착한 일로써는 이익이 없다고 하여 하지 않고 조그마한 나쁜 일로써는 해가 없다고 하여 버리지 않으므로 나쁜 일이 쌓이어 숨기지 못하고 죄가 커서 풀지 못한다』고。

餘說 이 증보편은 편수(編首)에서도 말했듯이 원래의 명심보감에는 없었던 것을 뒷사람들이 더한 것이다。

이 대문을 분석하면 다음과 같다。

周易에 曰、〔繫辭下에 있음〕

善不積、이면 不足以成名。이오
惡不積、이면 不足以滅身。이어늘 〔起文〕

小人、이 以小善으로 爲无益而弗爲也。하며
以小惡으로 爲无傷而弗去也。니라 〔承文〕

故로 〔轉文〕

惡積而不可掩。이며
罪大而不可解。니라 〔結文〕

이상에서 살펴본 바와 같이 대립구로 성립된 문장이며 「起·承·轉·結」의 四단 논법으로 이루어진 전형적인 한문 문형 그대로의 구조이다.

〔二〕履霜堅冰至臣弒其君子弒其父非一旦一夕之事其由來者漸矣

讀法 履霜하면 堅氷至라하니 臣弒其君하며 子弒其父ㅣ 非一旦一夕之事라 其由來者ㅣ 漸矣니라

直譯 서리를 밟으면 굳은 얼음이 이른다 하니, 신하가 그 임금을 죽이며 자식이 그 아비를 죽임이 하루 아침이나 하루 저녁의 일이 아니라 그 말미암음이 오래다.

語義 ○履霜(이상)—서리를 밟음. ○履霜堅冰至(이상견빙지)—서리를 밟을 때가 되면 얼음이 어는 때도 곧 닥칠 것이라는 뜻으로, 어떤 일의 징후(徵候)가 보이면 멀지 않아 큰 일이 일어날 것이라는 비유. ○弒(시)—아랫 사람이 웃사람을 죽임. ○一旦(일단)—하루 아침. 짧은 기간을 말함. ○漸(점)—차츰차츰 나감. 기간이 오램.

意譯 서리를 밟을 때가 되면 얼음이 얼 때도 곧 닥치는 것과 같이 어떤 일의 징후가 보이면 멀지 않아 큰 일이 일어난다 하였으니, 신하가 자기의 임금을 죽이며 자식이 자기 아버지를 죽이는 것이 하루 아침이나 하루 저녁에 된 일이 아니라, 그 까닭은 먼 앞날부터 차츰차츰 일어난 일이다.

餘說 이 대문을 분석하면 다음과 같다.

履霜하면 堅氷至라하니 〔起文〕

〔臣弒其君하며
子弒其父ㅣ〕 〔承文〕

非一旦一夕之事라 〔轉文〕

其由來者ㅣ漸矣니라 〔結文〕

이상과 같이 「起·承·轉·結」로 나누는 연습을 하여 보자. 「起文」은 〔周易坤卦〕에 있는 말이다.

八反歌(錄桂宮誌) 第二 凡八首
(팔반가 (녹계궁지) 제이 범팔수)

이 「八反歌」도 원래의 명심보감에는 없는 것이며 후인이 첨록한 것이다. 「八反歌」는 여덟 가지의 반대되는 것을 들어 지은 시가(詩歌)로 계궁지(桂宮誌)에 수록되어 있는 것이다.

〔一〕幼兒或詈我我心覺懽喜父母嗔怒我我心反不甘一懽喜一不甘待兒待父心何懸勸君今日逢親怒也應將親作兒看

讀法 幼兒或詈我、하면 我心覺懽喜。하되 父母嗔怒我、하면 我心反不甘。이라 一懽喜一不甘、하니 待兒待父心何懸。고 勸君今日逢親怒、어든 也應將親作兒看。하라
(유아혹이아 아심각환희 부모진노아 아심반불감 일환희일불감 대아대부심하현 권군금일봉친노 야응장친작아간)

直譯 어린애가 혹시 나에게 욕하면, 내 마음에 기쁘게 생각하되, 부모가 나에게 걱정하시면, 내 마음에 도리어 달갑지 못하다. 한 쪽은 기쁘고 한 쪽은 달갑지 아니하니, 아이 대하는 것과 부모 대하는 마음이 어찌 이리 현격한고? 그대에게 권하노니 오늘 부모가 성내심이 있거든, 또 다시 부모의 성내심을 당했을 때에는 그 성내심을 어린애의 하는 말로 간주하여라.

語義 ○詈(리)—꾸짖음. 욕하고 꾸짖음. ○覺(각)—생각함. ○懽喜(환희)—기쁨. ○嗔怒(진노)—성냄. ○不甘(불감)—달갑지 아니함. 듣기 싫음. ○何懸(하현)—어찌 이리 현격한고? ○逢(봉)—…을 당함. ○也(야)—여기서는 발어사

로 「亦」보다 가벼운 뜻의 「또」임。 ○應(응)—당함。 ○將(장)—「且」와 같은 뜻。 ○作二兒看一(작아간)—아이와 같이 들어넘김。 「看」은 간주임。

意譯 어린 제자식이 혹시 날 보고 욕을 하여도, 내 마음은 도리어 기쁘게 생각하는데, 부모님이 날 보고 격정하시면 내 마음은 도리어 달갑지 않네。 한 쪽 말은 기쁘고 한 쪽 말은 달갑지 않으니, 자식 대하는 것과 부모 대하는 마음이 어찌 이리 현격한 것일까? 그대에게 권하노니 오늘 만일 부모님의 격정을 당하거든, 또 부모님의 격정이라 싫어말고서 어린 애에게서 듣는 말로 기뻐여기게。

餘說 이 팔반가(八反歌)도 원래의 명심보감에는 없는 것이며, 계궁지에 수록되어 있는 것을 후인이 첨록한 것이다。

幼兒或詈ㆍ我、하면
我心覺二懽喜。하되
父母嗔二怒我一하면
我心反不ㆍ甘。이라
一懽喜一不ㆍ甘、하니
待ㆍ兒待ㆍ父心何懸。고
勸ㆍ君今日逢二親怒一어든
也應二將親一作二兒看。하라

현토에 있어 「幼兒ㅣ」·「我心에」·「父母ㅣ」·「我心에」로 해도 무방하다。 가사(歌辭)이기 때문에 다섯 자면 다섯 자로 일곱 자면 일곱자로 끊어 현토하였다。

(二) 兒曹出千言君聽常不厭父母一開口便道多閑管非閑管親掛牽
皓首白頭多語練勸君敬奉老人言莫敎乳口爭長短

讀法 兒曹出千言(아조출천언)하되 君聽常不厭(군청상불염)하고 父母一開口(부모일개구)하되 便道多閑管(변도다한관)이라 非閑管親掛牽(비한관친괘견)이며 皓首白頭多語練(호수백두다암련)이라 勸君敬奉老人言(권군경봉노인언)하고 莫敎乳口爭長短(막교유구쟁장단)하라

直譯 아이들은 천 마디나 말을 하되, 그대는 듣기를 늘 싫어하지 않고, 부모는 한 번만 입을 열어도, 곧 한가하여 구속함이 많다고 말한다。 한가하여 구속하는 것이 아니라 부모는 걱정이 되어서이며, 늙어서 머리가 흰 이는 긴 세월에 아주 익숙하게 아는 것이 많아서다。 그대에게 권하노니 노인의 말씀을 공경으로 받들고, 젖 냄새 나는 어린 아이들에게 시비로 다투지 말게 하라。

語義 ○兒曹(아조)—아이들。 ○不厭(불염)—싫어하지 아니함。 ○出千言(출천언)—많은 말을 함。 ○開口(개구)—입을 엶。 말을 함。 ○便(변)—곧。 문득。 쉽게。 ○道(도)—말함。 ○閑管(한관)—한가하여 구속함。 ○掛牽(괘견)—마음이 쓰임。 걱정이 됨。 ○皓首(호수)—흰 머리。 노인이라는 말。 ○白頭(백두)—「皓首」와 같은 뜻。 「皓首白頭」는 늙어서 머리가 희다。 ○諳練(암련)—아주 익숙하게 알고 있음。 ○敎(교)—…로 하여금 …하게 하라。 「令」과 같음。 ○乳口(유구)—젖 냄새 나는 입。 젖내나는 어린이。 ○長短(장단)—是非。 옳고 그름。

意譯 아이들은 수없이 많은 말을 하여도 그대는 항상 듣기 싫어하지 않고, 부모는 한 마디만 하여도 곧 할 일 없어 구속한다고 한다。 할 일 없어 구속하는 것이 아니라 부모 마음에 걱정이 되어 함이다。 나이 먹고 머리가 세어 아는 것이 많다。 그대여 부디 노인의 말씀을 공경하여 받들어 모시고, 젖내 나는 아이들과 시비를 논하게 말라。

餘說 이 대문은 앞 대문의 계속이다。 그러므로 문형(文型)도 가사조(歌辭調)로 똑같다。

〔兒曹出千言하되
君聽常不厭。하고
父母一開口、하되
便道多閑管。이라
非閑管親掛牽、이며
皓首白頭多語練。이라
勸君敬奉老人言하고
莫敎乳口爭長短。하라

이상에서 살펴본 바 유서(類書)의 현토와 글자에 약간 상위된 점이 있다。 토는 앞 분석으로 전후구와 대비(對比) 토구(討究)하면 자명한 일이겠으나 「皓首白頭多語練」의 「練」자가 유서에는 모두 「諫」자로 되어 있다。 그래서 「語練」의 단어에 대한 사용례를 들어 「語諫」이 아님을 밝히고자 한다。

〔晉書、刁協傳〕 久在中朝、語練舊事。

〔弘道館記述義、下〕 大抵老成語練於事、後輩欲輕變革之、其爲害甚矣。

위의 예에서 살펴본 바와 같이 「皓首白頭多語練」도 「語練」이어야 옳다고 알았을 것으로 믿는다。

〔三〕 幼兒屎糞穢君心無厭忌老親涕唾零反有憎嫌意六尺軀來何處
父精母血成汝體勸君敬待老來人壯時爲爾筋骨敝

讀法 유아시분예 군심무염기 노친—
幼兒屎糞穢、는 君心無厭忌。로되 老親—

直譯 어린 아이의 오줌과 똥 같은 더러운 것은 그대

涕唾零(체타령)은 反有憎嫌意(반유증혐의)라 六尺軀來何處(육척구래하처)오
父精母血成汝體(부정모혈성여체)라 勸君敬待老來人(권군경대노래인)하라
壯時爲爾筋骨敝(장시위이근골폐)니라

마음에 싫어하지 아니하되, 늙은 부모의 눈물과 침이 뚝뚝 떨어지는 것은 도리어 미워하고 싫어하는 마음을 갖는다. 여섯 자 정도의 몸은 어디서 왔는고? 아버지의 정기와 어머니의 피로 네 몸을 이루웠다. 그대에게 권하노니 늙은 사람을 공경으로 대접하라, 젊었을 때 너를 위하여 살과 뼈가 해지도록 애쓰셨다.

語義 ○屎糞(시분)—오줌과 똥。 ○穢(예)—더러움。 ○厭忌(염기)—싫어하고 꺼림。 ○涕唾零(체타령)—눈물과 침이 뚝뚝 떨어짐。 ○憎嫌意(증혐의)—미워하고 싫어하는 마음。 ○六尺軀(육척구)—여섯 자 정도의 몸。 ○父精(부정)—부모의 정기。 ○敬待(경대)—공경으로 대접함。 ○壯時(장시)—젊었을 때。 ○筋骨(근골)—근육과 뼈。 ○敝(폐)—해짐。 피로하여 야위게 함。

意譯 어린 아이의 오줌과 똥 같이 더러운 건 그대 마음에 싫어 않지만, 늙은 부모의 눈물과 침 흘리는 건 도리어 미워하고 싫어한다。 그대의 六척되는 몸뚱이는 어디서 왔는가? 아버지의 정기와 어머니의 피로 그 몸뚱이가 생겨났다。 그대여 부디 늙어가는 부모님을 잘 대접하라。 젊었을 때 그 부모님이 너를 위하여 살과 뼈가 해어졌다。

餘說 이 대문도 앞 대문의 계속이다。

幼兒屎糞穢는
君心無厭忌로되

老親涕唾零은
反有憎嫌意라

六尺軀來何處오
父精母血成汝體라
勸君敬待老來人하라
壯時爲爾筋骨敝니라

이 팔반가의 구조를 살펴보면 오언이 四행、六언이 一행、칠언이 三행 순으로 합하여 八행 四十七자로 된 것이 특징이며 그 내용은 부모에게 효도할 것을 권하는 데 어린 자식에게 대하는 것과 부모에게 대하는 반대적인 행위를 들어 효도를 역권(力勸)하고 있다.

〔四〕看君晨入市買餠又買餻少聞供父母多說供兒曹親未啖兒先飽子心不比親心好勸君多出買餠錢供養白頭光陰少

讀法 看君晨入市하여 買餠又買餻하되 少聞供父母하고 多說供兒曹라 親未啖兒先飽하니 子心不比親心好라 勸君多出買餠錢하여 供養白頭光陰少하라
(간군신입시 매병우매고 소문공부모 다설공아조 친미담아선포 자심불비친심호 권군다출매병전 공양백두광음소)

直譯 그대는 보라 새벽에 시장에 들어가서 보리떡을 사고 또 가루 떡을 사되、부모를 공양한다는 말은 적게 듣고、아이들에게 준다고 많이 말한다。부모는 아직 맛도 못보았는데 아이들은 먼저 배가 부르니、자식된 마음은 부모된 마음이 좋아하는 데 비하지 못한다。그대에게 권하노니 떡 살 돈을 많이 내어서 사실 날이 얼마 남지 않은 늙은 부모를 공양하라。

語義 ○晨(신)—새벽。○市(시)—저자。시장。○餠(병)—보리 떡。○餻(고)—가루떡。○供(공)—공양함。줌。○啖(담)—먹음。삼킴。○光陰(광음)—세월。시간。

意譯 그대여 일찍 시장에 가서 보게、보리떡 사고 가루떡 사는데、부모님 공양한다는 말은 적고、어린 아이들 준다는 말은 많더。부모는 아직 입도 안댔는데 아이들은 벌써 배불리 먹으니、이는 자식된 마음 부모된 마음만 못함일레。그대여 떡 살 돈 아끼지 말고 많이 내어서、세월이 많이 남잖은 늙은 부모를 공양하게。

餘說 이 대문도 역시 팔반가인 앞 대문의 계속으로 문형도 그와 똑같다。

看君晨入市、하여
買餠又買餻。하되
少聞供父母、하고
多說供兒曹。라
親未啖兒先飽、하니
子心不比親心好。라
勸君多出買餠錢、하여
供養白頭光陰少。하라

이상에서 살펴본 바와 같이 二행씩 짝은 짝이되 대를 이루지 못하고 뜻의 계속에 지나지 않는다。

〔五〕市間賣藥肆惟有肥兒丸未有壯親者何故兩般看兒亦病親亦病
醫兒不比醫親症割股還是親的肉勸君亟保雙親命

讀法 市間賣藥肆(시간매약사)、에 惟有肥兒丸(유유비아환)。하되 未有壯親者(미유장친자)、하니 何故兩般看(하고양반간)。고 兒亦病親亦(아역병친역)

直譯 시장에 있는 약 파는 가게에 오직 아이들 살찌게 하는 약이 있을 뿐이로되、아직 부모를 건강하게 하는 것은 있지 않으니 무슨 까닭으로 두 가지를 보

病、에 醫兒不比醫親症。이라 割股還是親的
(병의아불비의친증 할고환시친적)

肉、이니 勸君亟保雙親命。하라
(육 권군극보쌍친명)

는고? 아이들도 병이고 부모도 또 병인데, 아이들의 병을 고치는 것은 부모의 병을 고치는 것에 비하지 못할 것이다. 자기의 다리를 베어 부모를 고치는 일이 있더라도 이는 도로 부모의 살이니, 그대에게 권하노니 빨리 양친의 목숨을 보전케 하라.

語義 ○賣藥肆(매약사)—약 파는 가게. ○肥兒丸(비아환)—아이를 살찌게 하는 환약. ○壯親(장친)—부모의 혈기가 왕성하게 함. ○何故(하고)—무슨 까닭에. ○兩般(양반)—두 가지. ○醫(의)—병을 고침. ○症(증)—증세. 병의 성질. ○割股(할고)—「割股啖腹」의 割股로 허벅다리의 살을 베어서 먹임. ○還是(환시)—곧. 이는 도리어. ○亟(극)—빨리. ○雙親(쌍친)—양친.

意譯 시장 안 약 파는 가게에, 다만 아이들을 살찌게 하는 약은 있되, 아직 부모를 혈기가 왕성하게 하는 건 없으니, 이 무슨 까닭으로 두 가지를 보는가? 아이나 부모나 병들기는 마찬가진데, 아이들은 고치고 부모는 그렇지 못 하네. 제 다리의 살을 베어도 역시 부모의 살인 것이니, 그대여 부디 양친의 명을 보전하라.

餘說 이 대문도 팔반가의 다섯째의 가사다.

市間賣藥肆、에
惟有肥兒丸。하되
未有壯親者、하니
何故兩般看。고
兒亦病親亦病、에
醫兒不比醫親症。이라

(割股還是親的肉、이니
勸君亟保雙親命하라

이상과 같이 분석된다。 가사조는 五언이면 五자씩 六언이면 六자씩 七언이면 七자씩 되는 것이 원칙이다。

〔六〕 富貴養親易親常有未安貧賤養兒難兒不受饑寒一條心兩條路
爲兒終不如爲父勸君養親如養兒凡事莫推家不富

讀法 富貴(부귀)養親(양친)이 易(이)로되 親常有未安(친상유미안)하고 貧賤(빈천)養兒(양아) 難(난)하되 兒不受饑寒(아불수기한)이라 一條心(일조심) 兩條路(양조로)에 爲兒終不如爲父(위아종불여위부)라 勸君養親如(권군양친여) 養兒(양아)하고 凡事莫推家不富(범사막추가불부)하라

直譯 부귀롭게 살 적엔 부모 봉양하기가 쉬웠는데、 부모는 늘 아직 편안치 못함이 있고、 빈천할 적엔 아이 기르기가 어려웠는데 아이는 주리고 추운 것을 받지 아니 하였다。 한 줄기 마음과 두 줄기 길에、 아이를 위함이 마침내 부모를 위하는 것과 같지 않다。 그대에게 권하노니 부모 봉양하기를 아이를 기르는 것 같이 하고、 모든 일을 집이 넉넉치 못하다고 미루지 말 것이다。

語義 ○饑寒(기한)—배고프고 추위에 떪。 전하여 의식이 모자라 고생함。 ○一條心(일조심)—한 줄기 마음。 ○兩條路(양조로)—두 줄기의 길。

意譯 부귀로 살적에는 부모 봉양하기가 쉬웠는데、 부모는 항상 편치 못하였고、 빈천하게 살적에는 아이 기르기 어려웠는데、 그 아이 주리지 않았네。 한 줄기 마음에 두 줄기 길이니、 아이 위하는 것이 부모 위하는 것만 못하다고 하네。 그대여 부모 봉양을 아이 기르듯 하고、 모든 일을 집이 가난하다 미루지 말게。

餘說 이 대문도 팔반가의 여섯째 글이다.

富貴養親易로되
親常有未安하고
貧賤養兒難하되
兒不受饑寒이라
一條心兩條路에
爲兒終不如爲父라
勸君養親如養兒하고
凡事莫推家不富하라

이 대문도 앞 대문들과 같이 분석된다.

〔七〕養親只二人常與兄弟爭養兒雖十人君皆獨自任兒飽煖親常問父母饑寒不在心勸君養親須竭力當初衣食被君侵

讀法 養親只二人(양친지이인)이로되 常與兄弟爭(상여형제쟁)하고 養兒雖十人(양아수십인)이나 君皆獨自任(군개독자임)이라 兒飽煖親常問(아포난친상문)하되 父母饑寒不在心(부모기한부재심)이라 勸君養親須竭力(권군양친수갈력)하라 當初衣食被君侵(당초의식피군침)이니라

直譯 부모를 봉양하는 데는 단지 두 사람 뿐인데, 항상 형제간에 더불어 다투고, 아이를 기르는 데는 비록 열 사람이라 할지라도, 그대는 모두 홀로 스스로가 맡는다. 아이가 배부르고 따뜻한 것은 어버이인 그대가 항상 묻는데, 부모의 배고프고 추운 것은 마음에 두지도 않는다. 그대에게 권하노니 부모를 봉

양하기를 모름지기 힘을 다하여 하라。 당초에 입을 것과 먹을 것을 그대에게 침탈 당하였다。

語義 ○獨自任(독자임)—홀로 스스로 맡음。○飽煖(포난)—배부르고 따뜻함。○被(피)—당함。○侵(침)—침탈。빼앗김。

意譯 부모 봉양하는 데는 두 사람 뿐인데、항상 형제끼리 서로 다투고、자식 기르는 데는 열 명이 있어도、모두 다 자기 혼자 맡아 기르네。아이는 배부른지 춥지 않은지 항상 물어도、부모의 주림과 추위는 묻지 않네。그대여 부모 봉양에 모름지기 힘을 다하라。당초에는 옷 입고 밥 먹는 것 모두 부모의 것이었네。

餘說 이 대문은 팔반가의 일곱째 대문이다。

養親只二人、이로되
常與兄弟爭。하고
養兒雖十人、이나
君皆獨自任。이라
兒飽煖親常問、하되
父母饑寒不在心。이라
勸君養親須竭力、하라
當初衣食被君侵。이니라

이상과 같이 구문이 분석된다。

〔八〕親有十分慈君不念其恩兒有一分孝君就揚其名待親暗待兒明
誰識高堂養子心勸君漫信兒曹孝兒曹親子在君身

讀法 親有十分慈(친유십분자)하되 君不念其恩(군불념기은)하고 兒有一分孝(아유일분효)로되 君就揚其名(군취양기명)이라 待親暗待兒明(대친암대아명)하니 誰識高堂養子心(수식고당양자심)고 勸君漫信兒曹孝(권군만신아조효)어든 兒曹親子在君身(아조친자재군신)이니라

直譯 부모는 십분 사랑함이 있는 데, 그대는 그 은혜를 생각치 않고, 아이는 조금만 효도하여도, 그대는 나아가 그 이름을 들어낸다. 부모 대접에는 어둡게 하고 아이 대접에는 밝게하니, 누가 부모의 자식 기르는 마음을 알리오? 그대에게 권하노니 부질없이 아이들의 효도를 믿거든, 아이들의 어버이요 그대 부모의 자식인 그대의 처신에 있다.

語義 ○慈(자)—부모가 자식을 사랑함. ○一分(일분)—기장(糯黍)한 알의 길이. 아주 작은 것. ○揚(양)—드날림. ○高堂(고당)—부모. ○漫信(만신)—부질없이 믿음.

意譯 부모는 십분이나 사랑하는 데, 그대는 그 은혜 생각치 않고, 자식은 조금만 효도를 하였어도, 그대는 그 이름을 들어내고 있네. 부모 대접은 어둡게 하고 자식 대접은 밝게 하니, 부모가 자식 기르는 마음 누가 알리오? 그대여 부질없이 자식들의 효도를 믿거든, 그들의 어버이요 부모의 자식인 그대 처신에 있네.

餘說 이 대문은 팔반가의 끝인 여덟째의 글이다.

親有十分慈하되
君不念其恩하고
兒有一分孝로되
君就揚其名이라
待親暗待兒明하니
誰識高堂養子心고

勸君漫信兒曹孝어든
兒曹親子在君身이니라

이 팔반가 八수는 가사조의 문형이며 八수 전부가 자수나 문형이 완전히 각수 공통형으로 四十七자 씩이다.

孝行篇(增補) 第三 (효행편 제삼)

凡三條 (범삼조)

〔一〕孫順家貧與其妻傭作人家以養母有兒每奪母食順謂妻曰兒奪母食兒可得母難再求乃負兒往歸醉山北郊欲埋掘地忽有甚奇、石鐘驚恠試撞之春容可愛妻曰得此奇物殆兒之福埋之不可順以爲然將兒與鐘還家懸於樑撞之王聞鐘聲淸遠異常而覈聞其實曰昔郭巨埋子天賜金釜今孫順埋兒地出石鐘前後符同賜家一區歲給米五十石

讀法 孫順(손순)이 家貧(가빈)、하여 與其妻(여기처)로 傭作人家(용작인가)하여 以養母(이양모)할새 有兒每奪母食(유아매탈모식)이라 順(순)이 謂妻(위처) 曰(왈)、兒奪母食(아탈모식)。하니 兒(아)는 可得(가득)、이어니와 母(모)는 難再求(난재구)。라하고 乃負兒往歸醉山北郊(내부아왕귀취산북교)하여 欲埋掘地(욕매굴지)。러니 忽有甚奇石鐘(홀유심기석종)이어늘 驚恠試撞之(경괴시당지)。하니 春容可愛(용용가애)。라 妻(처)ㅣ 曰(왈)、得此奇物(득차기물)은

直譯 손순이 집이 가난하여 그의 아내로 더불어 남의 집에 고용되어 일을 함으로써 어머니를 봉양하였는데, 아이가 있어 늘 어머니의 음식을 빼앗는 것이었다. 순이 아내에게 타일러 말하기를, 『아이가 어머니의 음식을 빼앗으니, 아이는 또 얻을 수 있거니와 어머니는 다시 얻기 어렵다』 하고, 곧 아이를 업고 취산 북쪽 교외에 가서 묻으려고 땅을 팠더니, 별안간 몹시 기이한 돌로 된 종이 있거늘 놀라 괴이하게 여겨 시험 삼아 이것을 두드려보니, 두드려서 나

殆兒之福。이라 埋之不可。라하니 順이 以爲然、하여 將兒與鐘으로 還家、하여 懸於樑하고 撞之。러니 王이 聞、하고 鐘聲이 清遠異常、하여 而覈聞其實。하고 曰、昔에 郭巨ㅣ 埋子、엔 天賜金釜。러니 今에 孫順이 埋兒、엔 地出石鐘。하니 前後符同。이라하고 賜家一區、하고 歲給米五十石。하니라

는 소리가 사랑할만 하였다。 아내가 말하기를、『이 기이한 물건을 얻은 것은 거의 아이 복이다。 그대를 묻는 것은 옳지 못하다』 하니、 순이 생각컨대 그러리라하여 마침내 아이와 종으로 더불어 집에 돌아와서 들보에 달아놓고 이를 두드렸더니、 왕이 듣고 종소리가 맑고 은은하고 이상하여서 그 사실을 조사케 하여 듣고 말하기를、『옛적에 곽거가 자식을 묻을적에는 하늘이 금솥을 주시더니、 이제에 손순이 아이를 묻으려는 데는 땅에서 석종이 나오니、 앞뒤의 일이 꼭 같다』 하고、 집 한 채를 주고 해마다 쌀 五十석을 주었다는 것이다。

語義 ○孫順(손순)—신라 모량리(牟梁里) 사람。 ○傭作(용작)—고용되어 일을 함。 ○每奪(매탈)—늘 빼앗음。 ○難再求(난재구)—다시 얻기 어려움。 ○往歸(왕귀)—가다。 여기서는 「歸」도 往과 같은 뜻임。 ○醉山(취산)—산 이름。 손순이 가 살았다는 모량리(牟梁里) 가까운 곳에 있었을 듯함。 ○北郊(북교)—북쪽에 있는 인가가 없는 들。 ○忽(홀)—문득。 별안간。 ○甚奇(심기)—몹시 기이함。 ○石鐘(석종)—돌로 된 종。 ○驚恠(경괴)—놀라 괴이히 여김。 ○撞(당)—두드림。 ○春容(용용)—두드림。 〔禮、學記〕 待其從容。 〔註〕 從、讀如富父以戈舂喉之舂、舂容、謂重撞擊也。 〔疏〕 言、鐘之爲體、必待其擊、每一舂而爲一容、然後盡其聲、言善答者、亦待其一問、然後一答。 종을 침。 ○以爲然(이위연)—생각컨대 그러함。 「以爲」는 생각컨대。 ○覈(핵)—조사함。 ○郭巨(곽거)—융려(隆慮) 사람으로 이 대문에 나오는 이야기의 주인공。 ○符同(부동)—「符合」。 부신(符信)이 서로 들어맞는 것같이 조금도 틀림없이 꼭 들어맞음。 부신은 나무 조각 또는 대 조각에 글을 쓰고 증인(證印)을 찍은 후에 두 쪽으로 쪼개어 한 조각은 상대자에게 주고 다른 한 쪽은 자기가 보관하였다가 후일에 서로 맞추어 증거로 삼는 것。 ○一區(일구)—한

구획의 땅。 ○歲給(세급)—해마다 줌。

意譯 손순이 집이 몹시 가난하여 자기 아내와 함께 남의 집에 고용되어 일을 함으로써 자기 어머니를 봉양하였는데、순에게 어린 자식이 있어 늘 어머니의 음식을 빼어 먹는 것이다。순이 자기 아내에게 말했다。『아이가 어머님의 음식을 빼어 먹으니 아이는 또 낳을수 있지만 어머님은 다시 얻지 못합니다』하고。곧 아이를 업고 취산 북쪽 인적이 드문 들에 가서 묻으려고 땅을 팠더니 별안간 이상한 석종이 나오기에 놀라 괴이하게 여겨 시험삼아 이 종을 쳐봤더니 두드리어 나는 종소리가 몹시 아름다웠다。아내가 말했다。『이 기이한 물건을 얻은 것은 거의 아이의 복이오、땅에 묻는 것은 옳지 못한 짓이오。』하니 순이도 생각컨대 그러리라하여 마침내 아이를 업고 종을 가지고 집으로 돌아와서 들보에 달아매고 이를 쳤더니、마침 왕이 이를 듣고、종소리가 맑고 은은하고 이상하여 그 사실을 조사케 하여 듣고 말했다。『옛적에 곽거가 자기 자식을 땅에 묻으려 할 적에는 하늘이 금솥을 주시더니、이제 손순이가 아이를 땅에 묻으려 하는 데는 땅에서 석종이 나오니、앞일과 뒷일이 서로 부합한다』하고 집 한채를 주고 해마다 쌀 오십석을 주었다 한다。

餘說 삼국시대 신라 설화(說話)의 한 토막이다。독자들의 참고가 될가하여 원문을 다시 적어가며 현토도 하고 새김 부호도 달아 보겠다。설화체의 문장 해득을 위하여 문형을 익혀두기 바란다。

孫順이 家貧、하여 與其妻、로 傭作人家、以養母。할새 有兒每奪母食。이라 順이 謂妻曰、兒奪母食。하니 〔兒는 可得、이니와 母는 難再求。라하고〕 乃負兒往歸醉山北郊、하여 欲埋掘地。러니 忽有甚奇石鐘、이어늘 驚怪試撞之。하니 春容可愛。라 妻ㅣ曰、「得此奇物、은 殆兒之福。이라 埋之不可。」라하니 順이 以爲然、하여 將兒與鐘으로 還家、하여 懸於梁하고 撞之。러니 王이 聞、하고 鐘聲이 清遠異常、하여 而

覈聞其實하고 曰、「昔에 郭巨ㅣ 埋子엔 天賜金釜하고 今에 孫順이 埋兒에 地出石鐘하니 前後符同。」이라하고 賜家一區하고 歲給米五十石하니라

유서(類書)의 현토가 다른 점이 있다。 비교하여 보자。 이 효행편도 역시 원래의 명심보감에는 없는 것이다。 후인이 버리기 아까운 것으로 생각한 나머지 증보한 것이리라。

〔二〕 向德値年荒癘疫父母飢病濱死向德日夜不解衣盡誠安慰無以爲養則刲髀肉食之母發癰吮之卽癒王嘉之賜賚甚厚命旌其門立石紀事

讀法 向德이 値年荒癘疫하여 父母ㅣ 飢病濱死라 向德이 日夜不解衣하고 盡誠安慰하되 無以爲養則刲髀肉食之하고 母發癰에 吮之卽癒라 王이 嘉之하여 賜賚甚厚하고 命旌其門하고 立石紀事하니라

直譯 상덕이 흉년과 질병을 만나서 부모가 굶주리어 병으로 죽음에 다다렀다。 상덕이 낮이나 밤이나 옷을 풀지 않고 정성을 다하여 안심하도록 위로를 하였는데、 가지고 봉양할 것이 없어 넓적다리의 살을 베어 이것을 잡수시도록 하고 어머니가 종기가 남에 이것을 입으로 빨아서 곧 낫게 하였다。 왕이 이것을 가상히 여기어 몹시 후하게 물건을 하사하고 그 집 문앞에 정문을 세우게 명하고 비석을 세워 사실을 기록하게 하였다。

語義 ○向德(상덕)—신라 사람으로 덕행이 지극하여 이웃의 칭송이 자자 했던 분임。○値(치)—만남。○年荒(연황)—흉년。○癘疫(여역)—전염병。○濱死(빈사)—죽음에 임박함。거의 죽게 됨。「瀕死」와 같음。○不解衣(불해의)—옷을 벗지 아니함。○安慰(안위)—안심하도록 위로함。○刲(규)—벰。○髀肉(비육)—넓적다리의 살。○發癰(발옹)—종기가 남。○吮(연)—입으로 빪음。○卽瘉(즉유)—곧 병이 나음。○嘉(가)—가상히 여김。칭찬함。기림。○賜賚(사뢰)—물건을 하사함。또 하사품。○甚厚(심후)—몹시 후하게。퍽 많이。○旌(정)—표창함。여기서는「旌門」의 뜻으로 쓰임。「旌門」은 충신・효자・열녀 등을 표창하기 위하여 그 집 앞에 세운 붉은문。紅門。○立石(입석)—비석을 세움。○紀事(기사)—사실을 적음。「紀」는 記와 같음。

意譯 신라 때 상덕이라는 사람은 흉년이 들고 전염병이 유행하는 해를 만나서 부모님은 굶주리고 전염병으로 거의 죽게 되었다。상덕이는 낮이나 밤이나 옷을 입은 채로 정성을 다하여 부모님을 안심시키고 위로했으나 아무 것도 없어서 부모님을 봉양할 수가 없이 되자 자기의 넓적다리의 살을 베어 부모님께 이를 잡수시게 하고 어머니가 종기가 나자 입으로 종기를 빨아서 곧 낫게 하였다。왕이 이 일들을 칭찬하여 하사품을 퍽 많이 주고 그 집문 앞에 정문을 세우게 지시하고 비석을 세워 이 사실을 적게 하였다。

餘說 이 대문도 삼국시대 신라에 있었던 설화다。이 대문도 앞 대문과 똑같은 문형의 글이다。이런 것을 기전체(紀傳體)의 문장이라 한다。

〔三〕都氏家貧至孝賣炭買肉無闕母饌一日於市晚而忙歸鳶忽攫肉都悲號至家鳶既投肉於庭一日母病索非時之紅柿都彷徨柿林不覺日昏有虎屢遮前路以示乘意都乘至百餘里山村訪人家投宿俄而主人饋祭飯而有紅柿都喜問柿之來歷且述己意答曰亡父嗜柿故每秋擇柿二百個藏諸窟中而至此五月則完者不過七八今得五十個完者故心異之是天感君孝遺以二十顆都謝出門外虎尙俟伏

乘至家曉鷄喔喔後母以天命終都流血淚

讀法 都氏는 家貧至孝라 賣炭買肉하여 無闕母饌이러라 一日은 於市에 晩而忙歸러니 鳶忽攫肉이어늘 都ㅣ悲號至家하니 鳶旣投肉於庭이러라 一日은 母病索非時之紅柿어늘 都ㅣ彷徨柿林이라가 不覺日昏이러니 有虎屢遮前路하고 以示乘意라 都ㅣ乘至百餘里山村하여 訪人家投宿이러니 俄而主人이 饋祭飯而有紅柿라 都ㅣ喜問柿之來歷하고 且述己意한대 答曰、亡父嗜柿故로 每秋擇柿二百個하여 藏諸窟中而至此五月則完者不過七八이라가 今得五十個完者라故로 心異之러니 是天感君孝라하고 遺以

直譯 도씨는 집은 가난하나 효도가 지극하였다。 숯을 팔아 고기를 사서 어머니의 반찬을 빠짐이 없이 하였다。 하루는 시장에서 늦게 바삐 집으로 돌아오는데 소리개가 홀연히 고기를 채가거늘 도씨가 슬피 울며 집에 이르르니 소리개가 이미 뜰안에 고기를 던졌었다。 하루는 어머니가 병이 나서 때가 아닌 홍시를 찾거늘 도씨가 감나무 수풀에서 방황하다가 날이 저물은 것도 깨닫지 못하고 있었는데、 호랑이가 있어 여러번 앞길을 가로 막으며 이로써 타라는 뜻을 나타내었다。 도씨가 타고 백여리나 되는 산 동내에 이르러 사람의 집을 찾아 잠을 잤는데、 얼마 안되어서 주인이 제사 밥을 차려주는데 홍시가 있었다。 도씨가 기뻐하면서 홍시의 내력을 묻고 또 자기의 뜻을 말하였는데 대답하여 말하기를、『돌아가신 아버지가 감을 즐기셨으므로 해마다 가을에 감 이백 개를 가려서 모두 굴 안에 감추어두었다가 이 오월에 이르르면 상하지 않은 것이 칠 팔개에 지나지않다가

二十顆(이십과)ㅣ어늘 都(도)ㅣ 謝出門外(사출문외)ㅣ하니 虎尙俟伏(호상사복)。이라 乘至家(승지가)ㅣ하니 曉鷄喔喔(효계악악)。이러라 後(후)에 母(모)ㅣ 以(이) 天命(천명)으로 終(종)ㅣ에 都(도)ㅣ 流血淚(유혈루)ㅣ러라

이제 쉰개나 완전한 것을 얻었으므로 이를 이상히 여겼더니 바로 하늘이 그대의 효성에 감동한 것이다』라고, 스무개를 내어주거늘 도씨가 고마운 뜻을 말하고 문밖에 나오니 호랑이는 아직도 누어서 기다리었다。 호랑이를 타고서 집에 당도하니 새벽 닭이 울었다。 뒤에 어머니가 천명으로 돌아가심에 도씨가 피눈물을 흘리었다。

語義 ○都氏(도씨)—예천(醴泉) 사람。 名은 始復、 자(字)는 士弘、 호(號)는 也溪、 本貫은 星州。 이조(李朝) 철종(哲宗) 때에 있었다。 ○無闕(무궐)—빠지는 일이 없음。 ○饌(찬)—반찬。 ○鳶(연)—소리개。 ○攫肉(확육)—고기를 움켜 감。 ○悲號(비호)—슬피 큰 소리를 내어 울음。 ○索(색)—찾음。 ○紅柿(홍시)—연시。 ○彷徨(방황)—일정한 방향이나 목적이 없이 이리저리 돌아다님。 배회함。 ○柿林(시림)—감나무 수풀。 ○日昏(일혼)—날이 저물어。 ○屢遮(누차)—여러번 가로 막음。 ○饋(궤)—식사를 권함。 음식을 보냄。 ○嗜(기)—즐김。 ○完者(완자)—완전한 것。 ○顆(과)—낱알。 ○尙(상)—아직。 ○俟伏(사복)—누어서 기다림。 ○曉鷄(효계)—새벽 닭。 ○喔喔(악악)—닭 우는 소리。

意譯 도씨는 집은 가난하나 효심은 지극하였다。 늘 숯을 팔아 고기를 사서 어머니의 반찬에 고기가 빠지는 일이 없었다。 하루는 시장에서 늦게 바삐 집으로 돌아오는데 소리개가 느닷없이 고기를 움켜가는 것이었다。 도씨가 엉엉 울며 집에 다다라 집안에 들어와보니 뜰안에 소리개가 이미 고기를 던져놓았었다。 또 하루는 어머니가 병이 나시어 철 아닌 연시를 찾으시어 감나무 수풀을 왔다갔다하다가 날이 늦는 것도 모르고 있었는데 호랑이가 나타나서 여러번 앞길을 막으며 등에 타라는 뜻을 보이었다。 도씨가 타니 백여리 밖 산 마을에 이르러 인가를 찾아 투숙하려 했더니 갑자기 주인이 제사 음식을 내오는데 연시가 있었다。 도씨가 기뻐하면서 연시에 대한 내력을 물으며 또 자기의 뜻을 설명하였더니 주인이 대답하여 말했다。『돌아가신 자기 아버

지가 여시를 좋아하셨으므로 매년 가을에 감 이백 개를 골라서 모두 굴속에 저장하였다가 오월이 되면 상하지 않은 것 불과 일곱 여덟 개던 것이 금년에는 쉰 개가 완전하므로 마음에 이상했더니 이는 당신의 효심이 하늘에 감동된 것이다』하고, 스무 알을 주기에 도씨는 고마운 뜻을 말하고 문밖으로 나오니 호랑이는 아직 엎드려 기다리고 있었다。 타고 집에 이르니 새벽 닭이 울고 있었다。 뒤에 어머니가 천명으로 돌아가시니 도씨는 피눈물을 흘리었다 하였다。

餘說 지성(至誠)이면 감천(感天)이란 말은 이 대문과 같은 일을 두고 한 말 같다。 여러번 읽고 또 읽어 효심(孝心)도 기를 것이고 설화체의 한문 문형도 익히기 바란다。

廉義篇(염의편) 第四(제사) 凡三條(범삼조)

이 편은 염치와 의리에 관한 글을 모은 것으로 원래의 명심보감에는 없는 것인데 초략본에 후인들이 첨록한 것이다。특히 우리 나라의 글이기에 이 책에서는 삭제하지 않았다。

〔一〕印觀賣綿於市有署調者以穀買之而還有鳶攫其綿墮印觀家印觀取歸市署調曰鳶墮汝綿於吾家故還汝署調曰鳶攫綿與汝天也吾何爲受印觀曰然則還汝穀署調曰吾與汝者市二日穀已屬汝矣二人相讓幷棄於市而歸掌市官以聞王並賜爵

讀法 印觀(인관)이 賣綿於市(매면어시)할새 有署調者(유서조자)ㅣ 以穀(이곡) 買之而還(매지이환)。이러니 有鳶(유연)이 攫其綿(확기면)하여 墮印觀家(타인관가)。어늘 印觀(인관)이 取歸市(취귀시) 署調曰(서조왈)、鳶墮汝綿於(연타여면어) 吾家(오가)。라 故(고)로 還汝(환여)。하노라 署調曰(서조왈)、鳶(연)이 攫綿與(확면여) 汝(여)、는 天也(천야)。라 吾何爲受(오하위수)。리오 印觀曰(인관왈)、然則(연즉) 還汝穀(환여곡)。하리라 署調曰(서조왈)、吾與汝者(오여여자)、ㅣ 市二日(시이일)、

直譯 인관이 시장에서 솜을 파는데、서조라는 사람이 있어 곡식으로써 이것을 사가지고 돌아가더니 소리개가 있어 그 솜을 채가지고서 인관의 집에 떨어뜨리었거늘、인관이 가지고 시장에 돌아와 서조에게 말하기를、『소리개가 너의 솜을 내집에 떨어뜨리었다。그러므로 너에게 도로 보낸다』하였다。서조가 말하기를、『소리개가 솜을 채다가 너에게 준 것은 하늘이 한 것이다。내가 어찌 받을 수 있겠는가?』하니、인관이 말하기를、『그렇다면 너의 곡식을 돌

이니 穀已屬汝矣(곡이속녀의)ㅣ라하고 二人(이인)이 相讓(상양)이라가 幷(병)棄於市而歸(기어시이귀)하니 掌市官(장시관)이 以聞王(이문왕)하여 並(병)賜爵(사작)하니라

려보내겠다』하였다. 서조가 말하기를, 『내가 너에게 준지가 두 장이 되었으니 곡식은 이미 너의 것이다』하고, 두 사람이 서로 사양하다가 시장에 버리어 두고 돌아가니, 시장을 맡아서 다스리는 사람이 임금에게 이로써 아뢰어 다 같이 벼슬을 주었다는 것이다.

語義 ○印觀(인관)—신라 때 사람. ○署調(서조)—신라때 사람. ○鳶(연)—소리개. ○攫(확)—움키다. 채다. ○墮(타)—떨어뜨림. ○相讓(상양)—서로 양보함. 서로 사양함. ○幷棄於市(병기어시)—모두 시장에다 버림. ○掌市官(장시관)—시장을 관장하는 벼슬아치. ○並賜爵(병사작)—모두 벼슬을 내림.

意譯 신라 때 인관이란 사람이 시장에서 솜을 파는데, 서조라는 사람이 있어 곡식으로써 그 솜을 사가지고 돌아가는 도중에 소리개가 나타나 그 솜을 채어다가 인관의 집에 떨어뜨리었다. 그래서 인관이 그를 가지고 시장에 돌아와서 서조에게 말했다. 『소리개가 자네의 솜을 채어다가 내 집에 떨어뜨리었으므로 자네에게 도로 돌려보낸다』고 하니, 서조가 말했다. 『소리개가 솜을 채다가 자네를 준 것은 하늘이 한 짓이니 내가 어찌 도로 받겠나?』하고 사양하니, 인관이 다시 말했다. 『그렇다면 자네의 곡식을 돌려보내겠네』하니, 서조가 이에 말했다. 『내가 자네에게 곡식을 준지는 두 장이나 지났으니 곡식은 이미 자네 것일세』하고, 두 사람이서로 사양하다가 솜과 곡식을 시장에 버려두고 돌아가니 시장을 관리하는 관리가 이를 왕에게 아뢰어 두 사람에게 벼슬이 내리었다 한다.

餘說 이 대문은 삼국사절요(三國史節要)에 있는 신라 때의 설화(說話)이다. 이러한 설화체의 대문을 반복하여 익혀두면 고설화(古說話)의 원문 해독에 큰 힘이 될 것이다.

「幷·並」자의 풀이인데 「幷」은 并의 본자로 자전의 「干部 五畫」과 「三畫」에 각각 수록되어 있다。 훈(訓)을 살펴보면 ㊀ 아우를병。 ㉠ 합침 「合并」。 ㉡ 아울러 가짐。 겸하여 가짐。 「兼并」 ㊁ 어울림병。 조화됨。 ㊂ 물리칠병。 「屛」과 통용。 「並」은 자전 「一部 七畫」에 수록되어 있다。 훈은 ㉮ ㊀나란히 설 병。 나란히 할 병。 가지런히 섬。 가지런히 함。 「並列」。 ㊁나란할병。 가지런함。 같음。 ㊂나란히병。 가지런히。 모두。 함께 「並育」。 「並擧」。 ㊃아우를병。 병합함。 ㉯ 연할방。 연접함。

이상에서 살펴본 바 같은 듯하며 같지 않음을 알았으리라고 본다。

〔二〕洪耆燮少貧甚無料一日早婢兒踊躍獻七兩錢曰此在鼎中米可數石柴可數馱天賜天賜公驚曰是何金卽書失金人推去等字付之門楣而待俄而姓劉者來問書意公悉言之劉曰理無失金於人之鼎內果天賜也盍取之公曰非吾物何劉俯伏曰小的昨夜爲窃鼎來還憐家勢蕭條而施之今感公之廉价良心自發誓不更盜願欲常侍勿慮取之公卽還金曰汝之爲良則善矣金不可取終不受後公爲判書其子在龍爲憲宗國舅劉亦見信身家大昌

讀法 洪耆燮이 少貧甚無料。러니 一日早에 婢兒ㅣ 踊躍獻七兩錢曰、此在鼎中、하니 米可數石。이오 柴可數馱。니 天賜天賜。니다 公이 驚曰、是何金。고 卽書失金人推去等字、하여 付之—

直譯 홍기섭이 어렸을 때 가난이 심하여 말할 수 없더니、하루 아침에 계집종 아이가 기뻐하여 뛰면서 일곱냥의 돈을 바치며 말하기를、『이것이 솥 가운데 있으니 쌀이 두 서너 섬이 될 것이고、나무가 두 서너 바리가 될 것이니 하늘이 주신 것일 겝니다。 공

之門有而待。러니 俄而姓劉者ㅣ 來問書意어늘 公이 悉言之。한대 劉ㅣ 曰、理無失金於人之鼎內하니 果天賜也라 盍取之。니꼬 公이 曰、非吾物에 何。오 劉ㅣ 俯伏曰、小的이 昨夜에 爲竊鼎來라가 還憐家勢蕭條而施之。러니 今感公之廉价하고 良心自發하여 誓不更盜하고 願欲常侍하오니 勿慮取之。하소서 公이 卽還金曰、汝之爲良則善矣。나 金不可取。라하고 終不受。러라 後에 公이 爲判書하고 其子在龍이 爲憲宗國舅하며 劉亦見信。하여 身家大昌。하니라

이 놀라며 말하기를、『이것이 어찌된 돈인고』하고、곧 돈 잃은 사람은 찾아가라는 등의 글자를 써서 이것을 문미에 붙이고 기다리더니 이윽고 성이 유라는 사람이 와서 글의 뜻을 묻거늘 공이 이 말을 자세히 하였는데、유가 말하기를、『남의 솥 속에 돈을 잃어버릴 이가 없으니 정말 하늘이 주신 것입니다。어찌 이것을 갖지 아니합니까?』하니、공이 말하기를、『내 물건이 아니니 어찌하겠소?』하니、유가 엎드려 말하기를、『소인이 어제 밤에 솥을 훔치러 왔다가 도리어 가세가 쓸쓸하여 가엾게 여기어 이를 베풀었더니、지금 공의 청렴 결백함에 감동하고 양심이 스스로 생기어 맹세코 다시 도둑질을 아니 하고 늘 모시기를 원하오니、염려 마시고 이것을 가지십소서』하니、공이 곧 돈을 도로 주며 말하기를、『네가 좋게 된 것은 좋지만 돈을 가질 수는 없다』하고 끝끝내 받지 아니하였다。뒤에 공이 판서가 되고 그 아들 재룡이 헌종(憲宗)의 부원군이 되며 유도 또한 믿음을 보여서 몸과 집이 크게 번창하였다。

語義 ○洪耆燮(홍기섭)—본관은 남양(南陽)、공조판서(工曹判書)를 지냄。「夔燮」으로된 책이 있으나 「耆燮」이 옳음。〔餘

說」「在龍」항을 보라。○料(료)—헤아림。추측함。○早(조)—여기서는 아침。○婢兒(비아)—여자 아이종。○踴躍(용약)—좋아서 뜀。「踴」은 踊의 속자。○獻(헌)—드림。바침。○柴(시)—땔 나무。○數駄(수태)—두서너 바리의 짐。「駄」는「馱」의 속자임。짐의 경우는 음이「타」이고、「싣는다。태운다」의 경우는 음이「태」로 되나 본음은「타」이다。○推去(추거)—추심하여 가라。찾아감。○門楣(문미)—문 위에 가로댄 상인방。○俄而(아이)—이윽고。○鼎(정)—세발솥。○盍(합)—어찌 아니할까? ○俯伏(부복)—엎드림。○蕭條(소조)—쓸쓸한 모양。○廉价(염개)—「廉介」로 쓰이보통이며 청렴하고 결백함。○國舅(국구)—부원군。임금의 장인。왕비의 생부。○憲宗(헌종)—조선조 제二十四 대왕。휘(諱)는 환(奐)。호는 원헌(元軒)。순조의 손자。八세에 즉위、五년에 천주교를 탄압하여 기해사옥(己亥邪獄)이 일어났음。(재위 一八三四—一八四○)。○大昌(대창)—크게 번창함。크게 창성함。

意譯 홍기섭이 어려서 가난이 심하여 말할 수 없더니、어느날 아침에 계집종 아이가 좋아라 뛰어와 돈 일곱냥을 바치며 말했다。『이 돈이 솥 속에 있아옵니다。쌀로 치면 여러 섬이고、나무로 치면 여러 바리가 될 것입니다。이것은 실로 하늘이 주신 것일 것입니다』하고 아뢰니、공이 놀라며、말하기를、『이게 무슨 돈인고?』하고、곧 돈을 잃은 사람은 찾아가라고 글을 써서 이것을 문미에 붙이고 기다렸더니、이윽고 성이 유라는 사람이 찾아와 글 뜻을 묻기에 공이 그 일을 자세히 말하였더니、유가 하는 말이『남의 솥 속에 돈을 잃을 까닭이 없으니 정말 하늘이 주신 것입니다。어찌 갖지 않으십니까?』하니、공이 말했다。『내 물건이 아닌데 어찌 가질 것인가?』하니、유가 엎드려 말했다。『소인이 어제 밤에 솥을 훔치러 왔다가 공의 집의 형세가 너무 쓸쓸함을 도리어 가엾게 여겨 이것을 놓고 돌아갔더니、지금 공의 마음이 청렴 결백함에 감동이 되어 양심이 스스로 나서 다시 도둑질을 아니할 것을 맹세하옵고 늘 모시기를 원합니다。염려마시고 그것을 가지십시오』하니、공이 곧 돈을 돌려주며 말했다。『네가 좋은 사람이 된 것은 참으로 좋으나 돈을 가질 수는 없다』하고、끝끝내 받지 않았다。뒤에 공이 공조 판서가 되고 공의 아들인 재룡이 조선조 제二十四대의 헌종왕의 부원군이 되었으며 유도 또한 믿음을 보여서 몸과 집이 크게 번창하였다 한다。

餘說 이 더믄은 조선조 제二十四 대 헌종왕 때의 홍기섭에 대한 일화이다. 전기체의 문장이다.

이 대국의 운락을 알게 위하여 「耆燮」의 아들 「在龍」에 대한 약력을 소개하면 一七九四년(정종 十八년)부터 一八六三년(철종 十四년)까지 산 사람이다. 조선조 헌종의 장인. 자는 경천(景天), 본관은 남양(南陽), 공조판서(工曹判書) 기섭의 아들. 一八六五년(헌종 一년) 증광문과(增廣文科)에 병과로 급제, 대호군(大護軍)을 지내고, 一八四四년 딸이 왕의 계비(繼妃 : 明憲王后)로 책봉되자 영돈령부사(領敦寧府事)에 올라 익풍원부원군(益豐原府院君)에 봉해졌다. 그 후 총융사(摠戎使)·어영대장(御營大將)·훈련대장(訓練大將)을 역임. 一八六二년(철종 十三년) 광주부유수(廣州府留守)가 되었다. 영의정(領議政)에 추증, 시호는 익헌(翼憲)이다.

〔三〕高句麗平原王之女幼時好啼王戲曰以汝將歸于愚溫達及長欲下嫁于上部高氏女以王不可食言固辭終爲溫達之妻蓋溫達家貧行乞養母時人目爲愚溫達也一日溫達自山中負楡皮而來王女訪見曰吾乃子之匹也乃賣首飾而買田宅器物頗富多養馬以資溫達終爲顯榮

讀法 高句麗(고구려) 平原王(평원왕) 之女(지녀)ㅣ 幼時(유시)에 好啼(호제)러니 王(왕)이 戲曰(희왈), 以汝(이녀)로 將歸于愚溫達(장귀우우온달)하리라. 及長(급장)에 欲下嫁于上部高氏(욕하가우상부고씨)한대 女(여)ㅣ 以王不可(이왕불가)

直譯 고구려 평원왕의 딸이 어렸을 때에 울기를 좋아하더니, 왕이 희롱하여 말하기를, 『너로써 장차 바보 온달에게 시집보내겠다』 하였다. 자라매 상부 고씨에게 시집을 보내려 하였는데, 딸이 왕으로써

食言으로 固辭、하고 終爲溫達之妻。하니라 盖溫達이 家貧、하여 行乞養母。러니 時人이 目爲愚溫達也。러라 一日은 溫達이 自山中으로 負楡皮而來。하니 王女ㅣ 訪見曰、吾乃子之匹也。라하고 乃賣首飾、而買田宅器物、하여 頗富。하고 多養馬以資溫達、하여 終爲顯榮。하니라

식언할 수 없다는 것으로 굳이 사양하고 마침내 온달의 처가 되었다。 어찌 온달이 집이 가난하여 다니며 구걸하여 어머니를 봉양하더니、그 때 사람들이 보고서 바보 온달이라 하였다。 일일은 온달이 산중으로부터 느릅나무 껍질을 지고서 돌아오니、왕녀가 찾아와 보고서 말하기를、『나는 곧 그대의 아내라』하고、곧 목걸이를 팔아서 전답과 집과 세간을 사서 매우 넉넉하게 되고、많이 말을 기르므로써 온달을 도와서 마침내 벼슬과 명망이 높고 빛나게 되었다。

語義 ○高句麗(고구려)—서기 전 三十八년 경에 압록강을 중심으로 고주몽(高朱蒙)이 세운 나라로 북쪽은 만주 지방과 남쪽은 대동강 유역까지 영토를 가졌던 큰 나라다。 주몽은 동명성왕(東明聖王)이라 하며 고구려의 시조이다。 고구려는 二十八왕 七백五十년 동안 성하였다。 ○平原王(평원왕)—제二十五 대의 왕。 평강왕(平岡王)이라고도 함。 ○溫達(온달)—고구려 평원왕 때 사람으로 사람들이 바보 온달이라고 하였는데、이 대문과 같이 공주를 만나 잘 살게 되고 공주에게서 글도 배우고 말타기를 익히었는데、고구려에는 三월 三일이 되면 해마다 고구려회렵(高句麗會獵)이라 하여 말을 타고 사냥을 하는 행사가 있었다。 어느 해에는 공주가 온달도 이 회렵에 참가시키어 말을 잘 타고 사냥도 가장 많이 하여 평원왕의 칭찬을 받았는데 그것이 온달이라는 것을 알고난 왕은 깜짝 놀라며 더욱 칭찬하였다。 그후 후주(後周) 무제(武帝)가 요동(遼東)을 쳐들어오니 평원왕은 온달을 시켜 배산(拜山)에서 싸우게 하여 이를 물리치고 큰 공을 세웠다。 평원왕은 온달의 공이 크다하여 궁(宮)안에 들어와 살게 하고 대형(大兄)이라는 벼슬을 주었다。 평원왕이 죽으매 다시 싸움에 나아가 전사하였다。 죽은 시체가 움직이지 아니하여 공주가 가서 울으니 그 때에야 비로소 움직이었다고 함。 ○食言(식언)—거짓말。 ○盖(개)—대개。 발어사(發語辭)。 여기서는 어찌의 뜻。 또는 대개。 ○楡皮(유피)—느릅나무 껍질。 ○首飾(수식)—목걸이。 ○顯榮(현영)—입신하여 번영함。 ○資(자)—도움。

(意譯) 고구려 평원왕의 딸이 어렸을 때에 잘 울었는데, 왕이 놀리는 말을 하였다. 『너는 장차 바보 온달에게 시집을 보낼 것이다』고. 딸은 자라서 상부 고씨에게 시집을 보내려고 하였는데, 딸은 임금으로써 거짓말을 할 수 없다 하며 끝끝내 굳이 사양하고 마침내 온달의 아내가 되었다. 어찌 온달의 집이 가난한지 다니면서 구걸을 하여 어머니를 봉양하였는데 그 때 사람들이 보고 바보 온달이라고 하였다. 어느 날 온달이 산에서 땔나무로 느릅나무 껍질을 지고 집으로 돌아오니 공주가 찾아와 보고 말했다. 『나는 곧 당신의 배필이다』하고, 즉시 목걸이를 팔아서 전답과 집과 살림 기구를 사들이어 매우 넉넉하게 되고 많은 말을 길러가지고 온달을 도와서 마침내 지위가 높아지고 영화롭게 되었다 한다.

(餘說) 삼국사기(三國史記) 권 제四十五 열전(列傳) 제五에 수록되어 있는 설화(說話)이다. 원문과 이 대문과는 똑같지는 않으나 뜻은 거의 같다. 이것도 원래의 명심보감에는 없는 것인데 뒤에 증보한 것이다.

勸學篇 第五 (권학편 제오) 凡四條 (범사조)

이 편은 학문을 권장하는 글로 명심보감 부록 제五편으로 대개 四조목이다.

(一) 朱文公曰勿謂今日不學而有來日勿謂今年不學而有來年日月逝矣歲不我延嗚呼老矣是誰之愆

讀法 주문공 왈물위금일불학이유내일
朱文公이 曰勿謂今日不學而有來日。
물위금년불학이유내년 일월서
하며 勿謂今年不學而有來年。하라 日月逝
세불아연 오호노의 시수지건
의 矣、나 歲不我延。이니 嗚呼老矣、라 是誰之愆。
고

直譯 주문공이 말하기를, 『말하지 말라 오늘 배우지 않고서 내일이 있다고, 말하지 말라 금년에 배우지 않고 내년이 있다고, 세월은 가나, 나이는 나와 같이 늘지 않나니, 아! 늙었도다, 이 누구의 허물인가?』 하였다.

語義 ○日月逝矣(일월서의)—세월이 흘러가다. ○歲不我延(세불아연)—세월은 자꾸자꾸 가는데 나와 같이 나가주지는 않는다. 자기의 능력의 진보가 늦는데 그것과는 보조를 맞추어주지 않는다는 뜻. ○嗚呼(오호)—감탄사. 아! ○愆(건)—허물.

意譯 주문공이 말했다. 『말해서는 안된다고 오늘 면학(勉學)하지 않아도 내일이 있다고. 또 말해서는 안된다, 금년에 면학하지 않아도 내년이 있다고. 여기에 좋은 일례가 있다. 세월은 흘러가버렸다. 세월이라는 것은 나를 기다려서 나와 함께 걸어가주지는 않았다. 아! 늙어버렸다. 대체 이것은 누구의 허물일까, 아무의 잘못도 아니다. 자기 자신의 잘못인 것이다』고.

餘說 「矣」자는 말이 끝나는 뜻, 또는 단정의 뜻을 표시하는 조자(助字)인 것이다. 현재의 경우의 예—「祿在

其中矣(論語、衛靈公篇)。」 과거의 경우의 예—「至則行矣(論語、微子篇)。」 장래의 경우의 예—「苟志於仁矣、無惡也(論語、里仁篇)。」 또 어중에 두어서 「哉」와 같이 쓰인다。「逖矣西土之人(書經、牧誓篇)」 甚矣吾衰也(論語、述而篇)」 또 반어의 조사로서 쓰인다。「則將焉用彼相矣(論語、季氏篇)。」또 「耳」와 같은 뜻으로 쓰인다。「則連有赴東海死」단정의 뜻을 가지고 있는 구의 끝에 오는 자로 그 밖에 「也·焉·耳」등이 있다。「也」는 어세가 평명(平明)하고、「矣」는 급직(急直)하다。국어의 「…인 것이다」와 「…이다」의 상위로 견주면 된다。

〔二〕 少年易老學難成 一寸光陰不可輕 未覺池塘春草夢 階前梧葉已秋聲

讀法 少年은 易老하고 學難成하니 一寸光陰인들 不可輕하라 未覺池塘에 春草夢인데 階前梧葉이 已秋聲이로다

直譯 소년은 늙기는 쉽고 학문을 이루기는 어렵나니、짧은 시간이라도 가벼이 여기지 말라。아직 연못 가의 봄풀은 꿈에서 깨어나지 않았는데、뜰앞의 오동나무의 잎은 벌써 가을 소리를 내는구나。

語義 ○一寸光陰(일촌광음)—아주 적은 시간。○未覺(미각)—아직 깨어나지 못하였음。「未」는 아직 ……하지 못함。재역문자。○池塘(지당)—못。연못。○階前(계전)섬돌 앞。○梧葉(오엽)—오동나무 잎。

意譯 소년은 노년되기는 쉽지만 학문을 이루기는 어려운 것이니、짧은 시간이라도 가벼이 할 수는 없다。아직 연못가의 봄풀이 봄꿈에서 깨어나지 못하였는데、벌써 뜰앞의 오동잎은 가을 소리를 낸다는 세월의 더없이 빨름을 일깨워 주는 주자 권학의 시다。

餘說 이 시는 주자의 권학시로 일찌기 인구(人口)에 회자(膾炙)된 명시다。앞 대문과 같이 어찌어찌하다 가는 시간이 흘러 늙어버리고 만다。부지런히 공부하여 학문을 완성하라는 경구(警句)의 시이다。

〔三〕 陶淵明詩云盛年不重來一日難再晨及時當勉勵歲月不待人

讀法 陶淵明詩(도연명시)에 云(운)、盛年(성년)은 不重來(부중래)、하고 一日(일일)은 難再晨(난재신)。이니 及時(급시)ㅣ 當勉勵(당면려)、하라 歲月(세월)은 不待人(부대인)。이니라

直譯 도연명의 시에 이르기를、『젊은 때는 두번 거듭 오지 아니하고、하루는 두번이나 새벽이 있기 어렵나니、젊을때에 당연히 학문에 힘쓰지 않으면 안된다。세월은 사람을 기다려 주지 않고 자꾸 흘러간다』고 하였다。

語義 ○陶淵明(도연명)—중국의 진(晉)나라의 시인。심양(尋陽)출생。이름은 잠(潛)。四〇五년에 팽택(彭澤)의 영(令)이 되었으나 八十여일 뒤에《귀거래사(歸去來辭)》를 남겨두고 귀향。자연을 노래한 시가 많으며 서경시(敍景詩)는 이때부터 발달하였다。(三六五—四二七)。○晨(신)—새벽。

意譯 도연명의 시에 말했다。『사람의 일생에서 원기 왕성한 나이는 두번 다시 안온다。그와 마찬가지로 하루에 새벽이 두번 있지 않으니 때에 당해서는 당연히 힘써 목적한 바에 힘을 다하라。세월은 머물지 않고 가기만 하는 것이다』고。

餘說 도연명의 시다。세월의 덧없음을 말한 내용으로 볼 때、앞의 주자의 권학시와 같다。아울러 음미하기 바란다。

〔四〕 荀子曰不積蹞步無以至千里不積小流無以成江河

讀法 순자 왈, 부적규보, 면 무이지 천리。요
荀子ㅣ曰 不積蹞步면 無以至千里요
부적소류, 면 무이성강하。니라
不積小流면 無以成江河니라

直譯 순자가 말하기를,『반 걸음을 쌓지않으면 이로써 천리를 이르지 못할 것이고, 작게 흐르는 물이 쌓이지 않으면 이로써 강물이나 하수를 이루지 못한다』하였다。

語義 ○蹞步(규보)—반 걸음。

意譯 순자가 말했다。『천리길도 한 걸음이란 말과 같이 반 걸음을 쌓지 않으면 천리를 갈 수 없고, 하해가 세류를 가리지 않는 것과 같이 작은 흐름이 쌓이지 않으면 강물이나 하수가 되지 못한다』고。

餘說 천리의 길이나 강하와 같이 작은 것이 쌓이어 큰 것이 되듯 학문도 하나하나 쌓이어 성가하는 것이라는 것을 가르치고 있다。모든 것이 단번에 되는 것이 아니다。개미나 벌과 같이 부단한 노력 끝에 하나의 큰 것이 이루어진다는 것을 명심하고 학문에 힘쓰기 바란다。

語句索引

一、이 語句索引은 각 對文에 出典名이 있는 것은 出典名과 그 첫句를, 出典名이 없는 것은 첫句만을 뽑아서 실었다。

二、排列은 가、나、다順으로 하되、첫 글자가 같은 語句는 한데 모으고、그 語句도 역시 가、나、다順으로 하였다。

【ㅌ】

【ㅍ】

【ㅎ】

新譯 明心寶鑑

初版 發行●1982年 11月 5日
重版 發行●2005年 4月 1日

譯著者●金 星 元
發行者●金 東 求

發行處●明 文 堂
서울특별시 종로구 안국동 17~8
대체 010041-31-001194
전화 (영) 733-3039, 734-4798
(편) 733-4748
FAX 734-9209
Homepage www.myungmundang.net
E-mail mmdbook1@myungmundang.net
등록 1977. 11. 19. 제1~148호

정가는 표지에 표기되어 있습니다.
ISBN 89-7270-207-2 93140